근대 일본과 번역의 정치

SNU일본연구총서 14

근대 일본과 번역의 정치

대의정체 개념의 수용과 변용

초판 1쇄 발행 2023년 12월 30일

지은이 김범수·홍철기·이관후·송경호
김 현·김태진·김도형·소진형

펴낸곳 서울대학교출판문화원
주소 08826 서울 관악구 관악로 1
도서주문 02-889-4424, 02-880-7995
홈페이지 www.snupress.com
페이스북 @snupress1947
인스타그램 @snupress
이메일 snubook@snu.ac.kr
출판등록 제15-3호

ISBN 978-89-521-3216-1 94340
978-89-521-1086-2 (세트)

이 연구는 서울대학교 일본연구소 일본학연구지원사업의 지원을 받았습니다.

SNU일본연구총서
14

근대 일본과 번역의 정치

대의정체 개념의 수용과 변용

김범수 · 홍철기 · 이관후 · 송경호
김 현 · 김태진 · 김도형 · 소진형 지음

서울대학교출판문화원

The Politics of Translation in Modern Japan

The Conceptual Transformation of Representative Government

Bumsoo KIM
Chulki HONG
Kwanhu LEE
Kyungho SONG
Hyun KIM
Taejin KIM
Dohyung KIM
Jeanhyoung SOH

Seoul National University Press

머리말

근대 일본에서 서양 서적의 번역 출판은 서구 열강의 지식과 제도, 문화와 기술을 일본에 전파함으로써 일본의 근대화에 기여했을 뿐만 아니라 일본인들의 가치관과 세계관 형성에 큰 영향을 미쳤다. 특히 메이지유신(明治維新) 이후 근대화와 부국강병을 실현하는 방법론과 관련하여 국가 또는 천황의 역할을 강조하는 '국권론'과 인민의 자유와 권리를 강조하는 '자유민권론'이 대립하는 상황에서 스펜서(Herbert Spencer), 블룬칠리(Johann Kaspar Bluntschli), 밀(John Stuart Mill), 루소(Jean Jacques Rousseau), 몽테스키외(Charles-Louis de Secondat, Baron de La Brède et de Montesquieu) 등이 저술한 정치·사회 관련 서적의 번역 출판은 일본 사회와 정체를 어떻게 구축할 것인가의 문제를 두고 벌인 '정치적·이데올로기적 투쟁'의 성격을 갖고 있었다. 실제로 당시 일본 지식인들은 번역 과정에서 단순히 정치·사회 관련 서양 서적의 단어를 일본어 단어로 번역하는 것에서 더 나아가 자신들의 입장에 맞게 개념을 변용하고 때로는 새로운 개념으로 창조함으로써 자신들의 논리를 뒷받침하는 논거로 활용하고자 했다.

본서는 근대 일본에서 번역이 담당했던 이러한 역할에 주목하여 번역을 매개로 일본 사회와 지식인들의 대의정체 인식에 대해 살펴보고자 한다. 구체적으로 제I부 「'대의민주주의'의 개념사와 번역사」에서는 근대 일본의 역사적 맥락에서 '대표(代表)'를 의미하는 'representation'을 '대신 토의하다'라는 의미의 '대의(代議)'로, 정부 형태 또는 정치 체제로서 '민주정(民主政)' 또는 '민주제(民主制)'를 의미하는 'democracy'를 사회주의(社會主義, socialism), 공산주의(共産主義, communism), 자유주의(自由主義, liberalism) 등의 용례에 나타나는 바와 같이 '이념(ism)'을 의미하는 '주의(主義)'와 결합하여 '민주주의(民主主義)'로 번역한 배경과 과정을 살펴보고 이러한 번역이 갖는 함의에 대해 논의한다. 다음으로 제II부 「번역에 나타난 근대 일본의 대의정체 구상」에서는 밀의 『대의정부론』, 블룬칠리의 『국법범론』, 루소의 『사회계약론』, 몽테스키외의 『법의 정신』 등의 텍스트 번역에 초점을 맞춰 당시 일본 지식인들의 대의정체 인식에 대해 살펴본다.

본서의 최종 편집 과정에서 최대한 가독성을 높이기 위해 노력했음에도 불구하고 책의 성격상 현재 시점에서 이해하기 어려운 부분이 여러 군데에서 나타난다. 특히 근대 일본 지성사에 대한 사전 지식이 없는 일반 독자의 경우 다소 어렵게 느낄 수도 있을 것 같다. 이 점에 대해서는 독자들의 양해를 구한다. 아무쪼록 본서의 논의가 근대 일본에서 번역을 매개로 한 동서양의 만남과 이 과정에서 이루어진 지식과 제도의 수용과 변용, 창조의 역사를 이해하는 데 도움이 되기를 기대한다.

마지막으로, 이 기회를 빌려 본서를 출간하는 데 도움을 주신 분들에게 감사를 표하고자 한다. 우선, 본서를 처음 기획하고 연구를 시작할 당시 서울대학교 일본연구소 소장으로 계시며 필자들의 연구를 '서울대학교 일본연구소 일본학연구지원사업'으로 선정하여 지원해 주신 서울대학교 국제대학원 한영혜 명예교수님과 김현철 교수님께 감사드린다. 다음으로, 본서 연구와 집필 기간에 연구소 행정 일을 깔끔하게 처리해 준 서울대학교 일본연구소 정연우 선생님과 출판을 맡아 주신 서울대학교출판문화원에 감사드린다. 그리고 무엇보다 바쁜 와중에도 훌륭한 연구를 수행하고 좋은 원고를 써주신 일곱 분의 필자께 감사드린다. 특히 기획 단계부터 중추적 역할을 해주신 동국대학교 김태진 교수님께 다시 한번 감사 인사를 전한다.

2023년 11월
관악산 연구실에서
필자를 대표하여 김범수

차례

표 차례

그림 차례

서론

번역과 근대 일본의 대의정체 인식

김범수

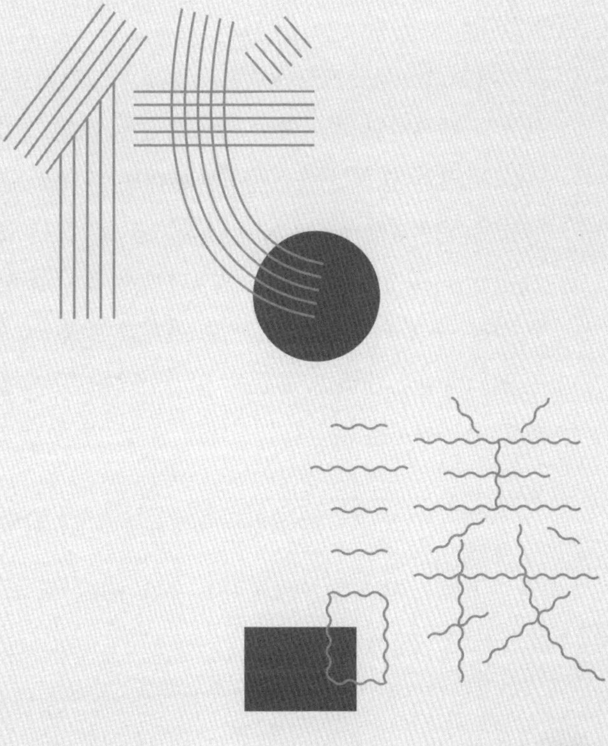

1. 번역과 일본의 근대화

서양 서적의 일본어 번역 출판은 서구 열강을 모델로 근대화를 추진한 일본의 근대화 과정에서 매우 중요한 견인차 역할을 수행했다. 잘 알려진 바와 같이 일본은 에도(江戸) 막부 시기 나가사키(長崎)를 통해 네덜란드와 교류하며 18세기 말부터 다양한 서양 서적을 일본어로 번역 출판했다. 실례로 난학(蘭學)의 개척자로 꼽히는 스기타 겐파쿠(杉田玄白)와 마에노 료타쿠(前野良澤) 등은 독일 의학자 쿨무스(Johann Adam Kulmus)가 1722년 독일에서 출판한 해부학 서적 『해부도표(*Anatomische Tabellen*)』의 네덜란드 번역판을 다시 일본어로 번역하여 1774년 『해체신서(解體新書)』라는 제목으로 출판했다. 이후 난학에 대한 관심은 과학, 수학, 천문학 등으로 이어져 다양한 서양 서적이 일본어로 번역 출판되었고, 19세기 들어 서양과의 교류가 증대되면서 번역 출판은 더욱 확대되었다.

특히 1854년 개항(開港)과 1868년 메이지유신(明治維新) 이후 일본 정부가 본격적인 근대화를 추구하면서 서양 문명을 배우고 따라잡기 위한 번역의 필요성은 더욱 증대되었다. 이에 일본 정부는 1870년 외무성에 '번역통변(飜譯通辯)'을 설치하고 1872년 정부 기관으로 '번역국(飜譯局)'을 설치한 데 이어 1874년까지 문부성·내무성·대장성·태정관 등 정부 주요 기관에 번역 전문 부서를 두고 국가 차원에서 서양 서적을 번역했다.[1] 이러한 흐름에 민간이 합류하면서 19세기 말과 20세기 초에 일본에서는 "번역의 시대라 불릴 만큼 번역이 쏟아져 나왔다."[2]

---

1 마루야마 마사오·가토 슈이치, 임성모 옮김, 『번역과 일본의 근대』(서울: 이산, 2000), p.166.

2 윤상인, 「[주제서평] 번역과 이데올로기: 마루야마 마사오·가토 슈이치, 『번역과

팔리(Peter Parley)의 『만국사(*Universal History*)』와 버클(Henry T. Buckle)의 『영국개화사(*History of Civilization in England*)』, 기조(François Guizot)의 『유럽문명사(*Histoire de la civilisation en Europe*)』 같은 역사서와 세계 곳곳의 지리와 관련한 지리서, 휘턴(Henry Wheaton)의 『만국공법(*Elements of International Law*)』과 배젓(Walter Bagehot)의 『영국 헌정론(*The English Constitution*)』 같은 법제 관련 서적, 스펜서(Herbert Spencer)의 『사회정학(*Social Statics*)』과 토크빌(Alexis de Tocqueville)의 『미국의 민주주의(*De la Démocratie en Amérique*)』, 밀(John Stuart Mill)의 『자유론(*On Liberty*)』 같은 정치·사회 관련 서적, 이 외에 군사 및 과학기술 관련 서적 등 다양한 분야에서 수많은 책이 홍수처럼 번역 출판되었다.

이처럼 이 시기에 대대적으로 번역 출판된 서양 서적은 단순히 서양의 지식과 기술을 일본으로 전달하는 것을 넘어 당시 일본인들의 사고방식과 세계관 형성에 큰 영향을 미쳤다. 실례로 마루야마 마사오(丸山眞男)가 가토 슈이치(加藤周一)와의 대담에서 언급한 바와 같이 19세기 번역을 통해 일본에 소개된 진화론은 사회유기체설과 결합해 일본 '국체론(國體論)'의 기초를 만드는 데 결정적 역할을 수행했으며, 배젓, 토크빌, 기조 등의 번역서는 후쿠자와 유키치(福澤諭吉)를 비롯한 당시 일본 지식인의 사고방식과 사회 인식에 강한 영향을 미쳤다.[3] 특히 당시 일본 사회 내부적으로 근대화와 부국강병을 실현하는 방법론과 관련하여 국가 또는 천황의 역할을 강조하는 '국권론'과 인민의 자유와 권리를 강조하는 '자유민권론'이 대립하는 상황에서 스펜서의 사회진화론, 블룬칠리(Johann Kaspar Bluntschli)의 국민국가론, 밀의 자유론과 공리주의,

---

일본의 근대』, 임성모 옮김(이산, 2000)」, 『당대비평』 제13호(2000), pp. 462-464.

3 마루야마 마사오·가토 슈이치, 『번역과 일본의 근대』, pp. 153, 160-161.

루소(Jean Jacques Rousseau)의 사회계약론 등의 논의를 담은 정치·사회 관련 서적의 번역 출판은 단순히 지식 전달 차원을 넘어 일본 사회와 정체를 어떻게 구성할 것인가의 문제를 두고 벌어진 이데올로기적 투쟁의 성격을 갖고 있었다. 이러한 점에서 근대 일본에서의 번역은 윤상인이 언급한 바와 같이, 단순히 서양의 지식과 기술을 전달하는 역할뿐 아니라 "새로운 체제에 상응하는 인식과 가치 체계의 생성에 주도적 역할을 수행"했다.[4]

본서는 근대 일본에서 번역의 이러한 역할에 주목하여 번역을 매개로 일본 사회와 지식인들의 대의정체 인식에 대해 살펴보고자 한다. 우선 제I부 「'대의민주주의'의 개념사와 번역사」에서는 근대 일본의 역사적 맥락에서 '대표(代表)'를 의미하는 'representation'을 '대신 토의하다'라는 의미의 '대의(代議)'로, 정부 형태 또는 정치 체제로서 '민주정(民主政)' 또는 '민주제(民主制)'를 의미하는 'democracy'를 '이념(ism)'을 의미하는 '주의(主義)'와 결합하여 '민주주의(民主主義)'로 번역하게 된 배경과 과정을 살펴보고 이러한 번역이 갖는 함의에 대해 논의한다. 다음으로 제II부 「번역에 나타난 근대 일본의 대의정체 구상」에서는 밀의 『대의정부론』, 블룬칠리의 『국법범론』, 루소의 『사회계약론』, 몽테스키외의 『법의 정신』 등의 텍스트 번역에 초점을 맞춰 당시 일본 지식인들의 대의정체 인식에 대해 살펴본다. 본서에서 다루는 내용을 간략히 소개하면 다음과 같다.

4 윤상인, 「[주제서평] 번역과 이데올로기」, p. 466.

2. 왜 '대의민주주의'로 번역되었는가?

제I부 「'대의민주주의'의 개념사와 번역사」에서는 근대 동아시아의 역사적 맥락에서 '민(民)'이 선거를 통해 '대표'를 선출하고 권한을 위임하여 통치하는 정부 형태 또는 정치 체제를 의미하는 'representative democracy'를 '대표민주정' 또는 '대표민주제'가 아니라 정치 엘리트가 '민'을 '대신하여 토의하는' 방식으로, 즉 '대의(代議)'의 방식으로, 통치하는 '이념' 또는 '주의'를 의미하는 '대의민주주의'로 번역한 배경과 과정을 살펴보고 이의 함의에 대해 논의한다. 구체적으로 제I부는 근대 동아시아의 역사적 맥락에서 다음 질문에 대한 답을 추적하고자 한다.

첫째, 어떠한 이유에서, 또는 어떠한 배경에서 영어 'representation'의 번역어로 '대신하다' 혹은 '대리하다'라는 의미의 '대(代)'와 원래 어휘에는 명시적으로 포함되어 있지 않은 '의논하다' 혹은 '토의하다'라는 의미의 '의(議)'를 결합한 '대의'라는 신조어를 사용했을까? 'proportional representation'을 '비례대의제'가 아니라 '비례대표제'로 번역하여 사용하면서 'representative democracy'는 왜 '대표(제)민주주의'가 아니라 '대의(제)민주주의'로 번역하여 사용했을까?

둘째, 왜 영어 'democracy'를 'ism'의 의미에 해당하는 '주의'와 결합하여 사용했을까? 왜 '다수의 통치' 혹은 '인민의 권력'이라는 의미에서 예컨대 '민주국(民主國)', '민주정(民主政)', '민주제(民主制)', 또는 '민정(民政)'이나 '민치(民治)'라는 용어 대신 정치 이념이나 가치의 의미를 명백하게 나타내는 '주의'와 결합하여 '민주주의'라는 말을 사용했을까?

이러한 질문에 답하기 위해, 우선 제1장 「대의민주주의 개념의 서양사: 대표, 민주주의, 의회제의 역사」에서 홍철기는 '대의민주주의' 개념의 번역사를 살펴보기 위한 전(前) 단계 작업으로 '대의민주주의' 개념의 서양사, 즉 서양에서 'representative democracy' 개념이 어떠한 과정을 거쳐 발전해 왔는지 개념사의 관점에서 살펴본다. 홍철기에 따르면, 원래 단순히 고대 로마의 라틴어 어휘에 불과했던 'repraesentare/repraesentatio'를 '대표(representation)' 개념과 제도로 처음 구체화한 것은 중세 말 교회법 학자들이었다. 이들은 교황 개인이 아닌 주교들의 공의회가 교회 전체를 '재현한다'는 법 이론을 정당화하려는 의도에서 '대표' 개념을 정교화했다. 이후 17~18세기를 거치며 홉스(Thomas Hobbes), 매디슨(James Madison), 시에예스(Emmanuel Sieyès), 버크(Edmund Burke) 등의 저작을 통해 '대표' 개념은 국민들로부터 권리를 '양도(transfer)', '수탁(entrust)' 또는 '위임(delegate)'받아 통치하는 정부, 즉 '대의정부(representative government)'를 의미하는 개념으로 발전했다. 그러나 이들의 용례에서 '대표' 개념은 아직 '민주제'와 결합된 것이 아니었으며, 홉스의 『리바이어던』에 나타나는 바와 같이 민주주의와 상관없는 절대군주 또한 국민을 '대표'하는 통치자로 간주될 수 있었다.

홍철기에 따르면, 대표제가 오늘날과 같이 민주주의와 결합된 형태로 개념화된 것은 페인(Thomas Paine), 콩도르세(Marquis de Condorcet), 해밀턴(Alexander Hamilton) 등의 저작에서다. 특히 해밀턴의 1777년 서한은 '대의민주정'을 오늘날과 같은 의미에서 정의한 최초의 용례로, "선거의 권리가 제대로 보장되고 규제되며, 입법권, 집행권, 사법권이 엄선된 인사들, 즉 정말로, 명목상의 방식이 아닌 방법으로 인민이 선출한 인사들에 의해 행사되는" 정체를 '대의민주정'으로 정의한다. 그러나 해밀턴의 용례는 18~19세기 당시 더 이상 일반화되지 못했고 대신 19세기 중반 블룬칠리와 밀의 논의 속에서 '대의민주주의'는 직접민주주의와 구별되는 의미에서, '뛰어난 능력과 지성'을 갖춘 선출된 엘리트에 의한 통치를 지칭하는 용어로 의미가 변용되었다. 한편 20세기 대표적인 민주주의 이론가로 꼽히는 켈젠(Hans Kelsen)과 슘페터(Joseph Alois Schumpeter)는 '대표'를 구체제의 이데올로기적 유산으로 간주하여 '대의민주주의'란 용어 대신 다원적 정당제 혹은 경쟁적 선거체제를 민주주의로 지칭했다.

홍철기는 이러한 검토를 바탕으로 19세기 중·후반 동아시아에서 'representation'의 번역어로 '대의'가 정착한 배경을 설명하기 위해서는 무엇보다 당시 영국을 중심으로 발전한 의회주의 또는 의회제(parliamentarism)에 주목해야 한다고 주장한다. 즉, 19세기 중·후반에 이 개념이 서양에서 동아시아로 전파될 당시 서양의 representative democracy는 선거를 통해 선출된 대표자들의 '토의에 의한 정부(government by discussion)'를 강조하는 의회제와 긴밀하게 결부되었기 때문에 이의 번역어 또한 '대표민주주의' 대신 '토의' 역할을 강조하는 '대의민주주의'로 정착되었다는 것이다.

다음으로 제2장 「왜 '대의민주주의'가 되었을까?: 용례의 기원과 함의」에서 이관후는 서양에서 형성된 'representation' 개념이 19세기 이후 동아시아, 특히 한국과 일본에서 '대의'로 번역되어 정착하는 과정을 추적한다. 이관후에 따르면, '대표'와 '대의'라는 단어는 근대 이전 동아시아에 존재하지 않았다. 실례로 '대표'라는 단어가 『조선왕조실록』에 처음 등장한 것은 대한제국이 선포되기 1년 전인 1896년 『고종실록』 34권에 기록된 '제1차 일로 협상'에 대한 기록이며, 이관후는 이러한 용례가 『고종실록』과 『순종실록』이 일제강점기인 1927년 이후 경성제국대학 오다 쇼고(小田省吾) 교수의 책임 아래 편찬된 점을 감안할 때 일본식 번역어가 유입된 것으로 추론한다. 마찬가지로 '대의'라는 단어가 조선에서 공식적으로 처음 사용된 것은 1884년 1월 『한성순보』가 서구 각국의 역사와 정치 제도를 소개하면서였다. 이관후는 이러한 용례의 기원을 당시 『한성순보』의 간행 실무를 맡았던 유길준이 후쿠자와 유키치가 설립한 게이오의숙(慶應義塾)에서 공부하던 시기에 후쿠자와 유키치로부터 '대의' 개념을 배워 국내에 소개한 것으로 추론한다.

이처럼 구한말 일본을 통해 유입된 '대표'와 '대의' 개념 가운데 당시 조선의 개화파 지식인들은 '대표' 개념이 "무지한 자들의 통치" 가능성을 열어 둔다는 점에서 비판적이었던 반면, '대의' 개념은 "높은 수준의 지식과 교양을 갖춘" "탁월한 자(들)의 통치"를 의미한다는 점에서 더 쉽게 받아들일 수 있었다고 이관후는 주장한다. 요컨대 구한말 일본을 통해 유입된 '대표'와 '대의' 개념 가운데 대표 개념은 "무지한 자들"이 대표가 될 수 있는 가능성을 열어 두었다는 점에서 당시 조선의 지식인들이 받아들이기 어려웠던 반면, 소수 정치 엘리트들의 토론 또는 의논을 통한 통치를 의미하는 '대의' 개념은 상대적으로 더 쉽게 받아들여질 수 있었고, 그렇기 때문에 'representation'의 번역어로 '대의'가 수용되어 정착되었다는 것이다.

한편 제3장 「데모크라시는 어떻게 '민주주의'가 되었을까?: 19~20세기의 번역어 성립 과정」에서 송경호와 김현은 서구에서 형성된 'democracy' 개념이 19~20세기 동아시아로 전파되어 '민주주의'로 번역되는 과정을 살펴본다. 송경호와 김현에 따르면, 'democracy'의 그리스어 어원인 '데모크라티아(dēmokratia)'가 '민(民)'을 의미하는 '데모스(demos)'와 통치를 의미하는 '크라토스(kratos)'의 결합임을 고려한다면 'democracy'의 적역(適譯)은 19세기 일본에서 번역어로 널리 통용된 '민정(民政)'이어야 하며, 'democracy'와 함께 언급되는 '아리스토크라시(aristocracy)'와 '모나키(monarchy)'가 각각 '귀족제(정)'와 '군주제(정)'로 번역된다는 점을 고려할 경우 '민주제(정)'가 더 적합함에도 불구하고 동아시아에서는 이데올로기를 의미하는 '이즘(ism)'의 대응어인 '주의(主義)'

를 뒤에 결합한 '민주주의'가 'democracy'의 번역어로 정착되었다.

그렇다면 '민주주의'가 'democracy'의 번역어로 채택된 이유는 무엇이며 어떠한 과정을 거쳐 번역어로 정착되었는가? 송경호와 김현은 이 과정을 다음과 같이 설명한다. 우선, 동아시아 전통에서 '민(民)의 주인(主)'을 지칭하는 용어로 사용되었던 '민주'라는 개념이 19세기 중반 '민이 뽑은 주인'이란 의미로 재해석되었고, 이런 의미가 'republic'을 표현하는 데 적절했기 때문에 '민주'는 애당초 'republic'의 번역어로 쓰였다. 그러나 1860년대와 1870년대를 거치며 '민주'의 의미가 '민이 뽑은 주인'에서 '민이 주인'이란 의미로 재해석되었고, 이러한 의미가 'democracy'의 핵심적 특징인 인민주권과 맞아떨어지면서 'democracy'의 번역어로 '민주'가 사용되기 시작했다. 이와 더불어 19세기 유럽에서 'democracy'의 개념이 단순히 군주제 또는 귀족제와 대비되는 대안적 정체를 의미하는 것에서 정치와 사회의 구성 원리(principle)를 의미하는 것으로 확대됨에 따라 이러한 변화에 조응하여 동아시아에서도 1880년대 이후부터 '민주정치' 또는 '민주국'이라는 표현 대신 'principle'과 'ism'의 번역어인 '주의'가 '민주'와 결합된 '민주주의'가 번역어로 등장하기 시작했다.

이후 1910년대 제1차 세계 대전이 촉발시킨 데모크라시 담론의 전 세계적 확산이라는 맥락에서 일본에서도 '민주주의'란 번역어가 유행했고, 이에 따라 이전 시기 예외적 번역어였던 '민주주의'가 일반적으로 사용되었다. 나아가 제2차 세계 대전 패전 이후 GHQ가 일본의 'democratization'을 추진하는 과정에서 'democracy'가 '민주주의'로 번역되면서 최후 경쟁자였던 '데모쿠라시'와의 대결에서 승리했고, 그 결과 '민주주의'가 일본 사회의 기본 개념으로 자리 잡았다고 송경호와 김현은 주장한다. 요컨대 서구에서 'democracy' 개념이 근대 초기 정부 형태 또는 정치 체제를 의미하는 것에서 점차 정치·사회를 구성하는 기본 원리 또는 이데올로기를 의미하는 것으로 확대됨에 따라, 즉 이데올로기화함에 따라 이러한 변화에 조응하여 번역어 또한 이데올로기를 의미하는 '이즘'의 대응어인 '주의'를 뒤에 결합한 '민주주의'로 정착했다는 것이다.

이와 같은 제I부의 논의는 단순 의미상으로는 'representative democracy'의 번역어로 '대표민주정' 또는 '대표민주제'가 더 적합함에도 불구하고 19세기 당시 서양에서 '토의에 의한 정부' 또는 '토의에 의한 통치'를 의미하는 의회주의가 민주주의의 핵심 요소로 부상함에 따라, 그리고 'democracy' 개념이 근대 초기 정부 형태 또는 정치 체제를 의미하는 것에서 정치·사회를 구성하는 기본 원리를 의미하는 것으로 확대되고 이데올로기화함에 따라, 이러한 변화에 조응하여 'representative democracy'의 번역어 또한 '대표민주정' 또는 '대표민주제' 대신 '대의민주주의'로 정착하는 과정을 설득력 있게 보여 준다.

이와 더불어 이관후의 논의는 이 시기 동아시아, 특히 일본과 조선의 지식인 엘리트들 사이에 널리 공유되었던 일반 대중에 대한 불신이 'representation'의 번역어로 '무지한 자들'이 대표가 될 수 있는 가능성을 열어 두었던 '대표' 개념 대신 소수 정치 엘리트들의 토론 또는 의논을 통한 통치를 의미하는 '대의' 개념에 대한 선호로 이어졌고, 이러한 선호가 'representative democracy'의 번역어로 '대의민주주의'가 정착하는 데 기여했음을 보여 준다. 이러한 분석은 번역어가 성립하고 정착하는 과정이 한편으로는 '기원적 개념(original concept)'을 이해하고 적용하는 과정이기도 하지만, 동시에 수용자가 처한 역사적·사회적·문화적 맥락에 따라 토착화와 변용 과정을 거칠 수밖에 없음을 잘 드러내 준다.

3. 번역에 나타난 근대 일본의 대의정체 구상

본서 제II부 「번역에 나타난 근대 일본의 대의정체 구상」에서는 밀의 『대의정부론』, 블룬칠리의 『국법범론』, 루소의 『사회계약론』, 몽테스키외의 『법의 정신』 등의 텍스트 번역에 초점을 맞춰, 당시 일본 지식인들의 대의정체 인식에 대해 살펴본다.

우선, 제4장 「밀의 『대의정부론』 번역: 대의/대표/상징을 둘러싼 번역의 정치」에서 김태진은 메이지 시기 지식인들이 밀의 『대의정부론』을 번역하고 수용하는 과정에서 'representation'의 어떤 측면에 주목했는지, 그리고 그들의 문제의식은 무엇이었는지 살펴본다. 김태진에 따르면, 밀의 『대의정부론』은 당시 일본 사회 내에서 민선의회 설립을 주장하는 측과 민선의회 '시기상조론'을 주장하는 측 사이 논쟁이 격화되던 상황에서 민선의회 설립 필요성을 이론적으로 뒷받침하는 근거로 사용되었다. 실례로, 당시 민선의회 설립을 강력히 주장했던 정한론파는 1874년 1월 17일 발표한 「민선의원설립건백서(民撰議院設立建白書)」에서 "정부가 민선의원을 설립해 인민들로 하여금 '천하의 걱정과 즐거움을 함께할 수 있도록' 교육시켜야 한다"고 주장했는데, 이러한 주장은 밀이 대의제의 필요성을 강조하며 주장한 내용과 정확히 일치한다. 또한 밀의 『대의정부론』을 처음 번역했던 나가미네 히데키(永峰秀樹)도 밀이 주장하는 대의제의 핵심을 단순히 인민이 정치에 참여하여 대표를 선출하는 것이 아니라 이 과정을 통해 인민의 '덕의(德義)'와 지식을 증진하는 것으로 파악하고 이러한 해석 위에 대의제의 필요성을 주장했다.

이러한 민권파의 해석과 달리 국가 상징으로서 천황의 역할에 주목한 국권파 지식인들은 'representation'의 다양한 측면 가운데 '표창(表

彰)' 또는 '심벌(symbol)'에 주목했다. 실례로, 이토 히로부미(伊藤博文)는 국민통합의 상징으로 천황의 역할을 강조하며 천황이 일본국을 "리프레젠트(represent)"한다고 주장하면서 'represent'의 번역어로 '대표' 대신 '표창'이라는 용어를 사용했다. 또한 메이지 헌법의 기초자였던 이노우에 고와시(井上毅)는 천황을 "전체 신민의 통일성"을 대표하는 "국권의 초상", 즉 '심벌(シンボル)'로 규정했다. 요컨대 민권파는 'representation'의 다양한 측면 가운데 '대표' 또는 '대의'에 주목한 반면, 국권파는 국민통합의 상징으로 천황의 역할을 강조하며 '표창'과 '상징'에 주목했다. 이러한 분석을 통해 김태진은 당시 일본 사회 내에서 'representation'의 해석을 두고 벌어진 논쟁이 좋은 정부와 국가를 만들기 위한 일종의 정치 투쟁이었다고 해석한다.

다음으로, 제5장 「블룬칠리의 『국법범론』 번역: 가토 히로유키의 대의제 인식과 '공론'의 탈각」에서 김도형은 메이지 초기 일본에서 블룬칠리의 번역 수용이 번역자인 가토 히로유키(加藤弘之)와 일본 사회의 대의제 인식에 어떠한 영향을 미쳤는지 살펴본다. 김도형에 따르면, 19세기 후반 도쿠가와(德川) 막부는 외적으로부터 일본을 방어하는 데 실패하고 "대표성의 위기"에 직면하자 이를 극복하기 위한 방법으로 '공의(公議)'를 통한 '공론(公論)' 형성을 도모했다. 구체적으로는 기존 로쥬(老中) 중심의 폐쇄적인 의사결정 방식을 다이묘들과 하타모토(旗本)들이 폭넓게 참여하는 '공의'를 통한 정책 결정 방식으로 변경하는 등 정치 참여 범위를 확대했다. 이후 막부와 메이지 신정부에서 '공의'는 중요한 문제가 발생할 때 반드시 등장하는 용어가 되었고, 이를 둘러싼 사상가들의 각종 논의도 활발해졌다.

이처럼 '공의'에 대한 관심이 높아진 상황에서 가토는 블룬칠리의 *Allgemeines Staatsrecht*를 『국법범론(國法汎論)』이라는 제목으로 번역했다. 김도형에 따르면, 가토는 이러한 번역을 통해 일본에서 처음으로 “생명과 활동의 권리”, “타인으로 인해 속박되거나 억제당하지 않는 권리”와 같은 “사권(私權)”과 “국사(國事)에 관여할 수 있는 권리”를 의미하는 “공권(公權)”을 구별했고, 인민의 정치 참여 권리가 “천부적 권리”로 존재함을 인정했다. 그러나 가토의 ‘천부인권’ 주장은, ‘사권’에 대해서는 국가를 포함한 그 누구도 침범할 수 없는 권리로 설명하지만 ‘공권’에 대해서는 매우 유보적인 태도를 취했다. 실례로 가토는 국가가 사적 자유에 대해서는 절대로 침해하면 안 되지만, “국사에 참여할 권리와 같은 것은 결코 인권이라 칭할 수 있는 것이 아니”며, “허락하여 해가 될 것 같은 자에게 이 권리를 허락하지 않는 것이 정리(正理)”라고 주장하기까지 했다. 즉, ‘사권’은 모든 사람에게 보장되어야 하지만 ‘공권’은 성별이나 연령, 신분, 빈부 등에 따라 제한된 사람들에게만 부여할 수 있다는 것이었다. 김도형은 ‘공권’에 대한 가토의 이러한 유보적 인식이 결국 민선의회 설립에 대한 ‘시기상조론’과 대의정체를 ‘정론’으로서의 ‘공론’을 논의하는 장이 아니라 단순히 ‘사리사욕’을 논의하는 장으로 보는 인식으로 이어졌다고 설명한다.

한편 제6장 「루소의 『사회계약론』 번역: 루소의 ‘일반의지’ 번역어로서 조민의 ‘공지(公志)’」에서 김태진은 나카에 조민(中江兆民)이 루소의 『사회계약론』을 번역하는 과정에서 ‘일반의지’ 개념을 어떻게 번역했는지 살펴보고, 이러한 번역이 메이지 시기 일본에서 대의민주주의 수용과 어떠한 연관이 있는지 살펴본다. 당시 ‘동양의 루소’라 불리던 나카에 조민은 프랑스 유학 후 귀국하여 1874년 루소의 『사회계약론』을 번역해 『민약론(民約論)』으로 출판했고, 이후 8년 뒤인 1882년 한역 형태로 『사회계약론』을 다시 번역하여 『민약역해(民約譯解)』라는 제목으로 출판했다. 김태진에 따르면, 두 번에 걸친 출판 과정에서 조민은 처음

『민약론』을 출판할 당시 루소의 '일반의지'를 '의회 중 다수의 뜻'으로 파악하고 이를 '중의(衆意)' 내지 '중지(衆志)'로 번역했으나 나중에 출판한 『민약역해』에서는 "중지(= 일반의지)란 '사'로 나아가는 중인의 뜻(= 전체 의지)과 달리 항상 '공'으로 나아간다"고 주장하며 '일반의지'를 단순히 숫자상 다수의 문제가 아닌 '공'과의 관계에서 설명한다. 조민은 특히 『민약역해』에서 '일반의지'의 번역어로 '중지'와 '공지(公志)'를 함께 사용하면서도, '중지'는 양적인 측면에서 다수의 동의를 얻은 경우에 사용하고, '공지'는 '보편적인 공'을 찾는 과정인 '의(議)'를 통해 도출한 의지를 지칭하는 것으로 사용하며 양자를 구별한다. 김태진은 이러한 구별에 주목하여 조민이 대의민주주의를 '의'의 과정을 통해 '중정(中正)', 즉 보편적 '올바름'을 찾아가는 과정으로 이해했다고 해석한다. 김태진은 더 나아가 조민이 '공'과 '사'를 구분하고, 이러한 구분을 바탕으로 대의민주주의를 통해 일반의지를 도출하는 과정을 공적인 논의를 통해 공적 가치를 체현한 집합체로서 인민을 구성하는 과정으로 이해했다고 설명한다.

마지막으로, 제7장 「몽테스키외의 『법의 정신』 번역: 19세기 말 20세기 초 일본과 중국의 번역본들」에서 소진형은 19세기 말 일본과 20세기 초 중국에서 이루어진 몽테스키외의 『법의 정신』 번역에서 정치 개념어가 어떻게 번역되었는지 비교한다. 소진형에 따르면, 몽테스키외의 『법의 정신』은 동아시아 지역에서 삼권분립(三權分立)을 주장한 최초의 책으로 받아들여졌으며, 서양의 법과 정치에 대한 관심이 증가하던 19세기 말과 20세기 초 집중적으로 번역되었다. 실례로, 일본의 경우 1874년 「민선의원설립건백서」 사건으로 시작된 자유민권운동이 활발하게 진행되던 1875~1876년에 가 노리유키(何禮之)와 스즈키 유이치(鈴木唯一)에 의해 각각 『만법정리(萬法精理)』와 『율례정의(律例精義)』라는 제목으로 번역 출판되었다. 그리고 중국의 경우 서양의 정치 개념에 대한 관심이 증가하면서 20세기 초 역서휘편사(譯書彙編社), 장샹웬(張相文)과 청빙시(程柄熙)에 의해 『만법정리』라는 제목으로 일부 번역되었고, 이후 1904년부터 1909년에 걸쳐 옌푸(嚴復)에 의해 『법의(法意)』라는 제목으로 완역 출판되었다.

『법의 정신』은 이처럼 19세기 말과 20세기 초 동아시아에서 집중적으로 번역 출판되었으나, 번역어 선택은 번역자가 서양의 정치 개념 및 제도를 어떻게 이해하고 무엇을 전달하고자 했는지에 따라 달랐다. 같은 해 『법의 정신』을 번역한 가 노리유키와 스즈키 유이치는 같은 책을 번역했다고 믿기지 않을 정도로 다른 번역어를 선택했으며, 가 노리유키의 번역본을 재중역한 역서휘편사와 장샹웬·청빙시의 번역에서도 번역어의 선택이 매우 달랐다. 실례로, '입헌군주정(monarchical government)'을 가 노리유키와 역서휘편사는 '입군정치(立君政治)', 스즈키 유이치는 '일군정치(一君政治)'로 번역한 반면, 장샹웬·청빙시는 '입헌정치(立憲政治)', 옌푸는 '군주형질(君主形質)'로 옮겼다. 소진형은 이러한 번역어 선택상 차이를 번역자가 '입헌'에 초점을 맞추는지 '군주'에 초점을 맞추는지에 따른 것으로 추론한다. 또한 『법의 정신』의 중국어 번역본을 살펴보면 번역자들이 일본어 번역본을 그대로 옮기거나 번역어를 그대로 수용하지 않고 자신들의 방식으로 재번역하는 모습을 보인다고 소진형은 주장한다. 요컨대, 이러한 번역어 선택의 차이가 19세기 말 20세기 초 동아시아인들이 서양의 정치 제도를 어떻게 이해했는지 파악할 수 있는 단초를 드러내 준다는 것이다.

4. 번역과 일본의 대의민주주의

메이지 시기 일본에서 서양 서적의 번역 출판은 단순히 서양어를 일본어로 옮기는 데 그치는 것이 아니라 서구 열강을 모델로 근대화를 추진한 일본에 서구의 지식과 제도, 문화, 의미 체계를 전파하고, 더 나아가 일본 내에서 새로운 지식과 개념을 만드는 과정이었다. 본서 제2장에서 이관후가 지적하듯이 "정치적 개념의 번역 과정은 필수적으로 새로운 개념의 구성을 낳"으며, "개념의 번역은 기존 개념의 내용이 그대로 다른 언어를 통해 나타나는 것이 아니라, 그 자체로 하나의 개념이 탄생하는 과정이다." 이러한 점에서 볼 때 'representative democracy'를 '대의민주주의'로 번역하는 과정은 한편으로는 서양에서 유래한 'representative democracy' 개념을 이해하고 수용하는 과정이기도 하지만, 동시에 일본 사회 내에서 'representative democracy'의 여러 측면 가운데 특정 면을 선택적으로 받아들이는 토착화와 변용 과정이자 근대 일본의 맥락에서 '대의민주주의'라는 새로운 개념을 만드는 재창조 과정이었다.

실례로, 위에서 언급한 바와 같이 당시 일본과 조선의 엘리트 지식인들은 'representative democracy' 개념을 수용하는 과정에서 한편으로는 정치 참여 확대의 필요성에 공감하면서도 동시에 일반 대중에 대한 불신으로 인해 'representation'의 번역어로 "무지한 자들"이 대표가 될 가능성을 열어 두었던 '대표' 개념 대신 소수 정치 엘리트들의 토론 또는 의논을 통한 통치를 의미하는 '대의' 개념을 선호했고, 이러한 선호는 '대표민주주의' 대신 '대의민주주의'가 'representative democracy'의 번역어로 정착하는 결과로 이어졌다. 이처럼 근대 일본과 동아시아의 맥락에서 'representative democracy'의 번역어로 채택된 '대의민주주의'

는 서구의 원래 개념과 다른 맥락에서 새로운 역사성을 갖는 개념으로 재창조되었고, 이후 동아시아의 역사적 경험과 맞물려 새로운 부가적 의미를 갖는 개념으로 발전했다.

또한 이러한 번역 과정을 통해 당시 일본의 지식인 엘리트들은 자연스럽게 서구와 일본의 차이에 대해 인식했다. 즉, 서구에서 'representative democracy' 개념이 어떠한 역사적·사회적·문화적·제도적 맥락에서 성립되었는지 이해하고 수용하는 과정은 서구와 일본이 처한 상황과 맥락이 다르다는 인식으로 이어질 수밖에 없었고, 이는 서구와 다른 일본에 대한 자각으로 이어졌다. 이러한 점에서 볼 때 이 시기 일본에서 이루어진 번역은 임성모가 언급한 바와 같이 "단지 외국의 개념과 사상을 수용하는 지적 행위가 아니라 그 과정에서 이루어지는 타자와의 대화를 통해 자기 정체성을 자각하는 문화적 실천"이었다. 특히 "에도 시대의 번역이 '일본(인/어)'이라는 정체성을 형성시킬 단초적 계기를 마련했다면, 메이지유신 이후 근대화 과정에서 번역은 명실공히 국민국가 건설을 위한 국가화/국민화 프로젝트"였으며, 무엇을 어떻게 번역할 것인가의 문제는 "어떠한 국민적 정체성을 구축할 것인가를 둘러싼 정치적·이데올로기적 투쟁"의 성격을 갖고 있었다.[5] '대의민주주의' 개념의 번역 과정에 초점을 맞춰 근대 일본 사회와 지식인들의 대의정체 인식을 살펴보는 본서의 논의가 근대 일본에서 번역을 매개로 이루어진 이러한 정치적·이데올로기적 투쟁의 일면을 이해하는 데 도움이 되기를 기대한다.

5 임성모, 「옮긴이의 말」, 마루야마 마사오·가토 슈이치, 『번역과 일본의 근대』, pp. 221-222.

제 I 부

'대의민주주의'의 개념사와 번역사

제1장

대의민주주의 개념의 서양사

대표, 민주주의, 의회제의 역사

홍철기

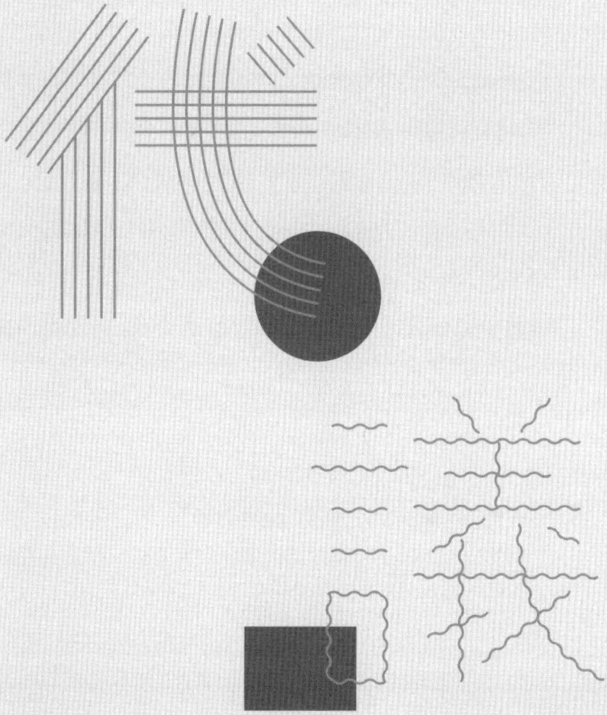

1. '대의정체'의 의회주의적 기원

본장은 '대의제'와 '대의민주주의'라는 번역 개념의 성립사 관점에서 이 개념의 서양사를 추적한다. 이를 위해서는 '대의민주주의'가 서양에 기원이 있는 'representative democracy'의 번역어라는 점을 밝히는 것만으로 부족하다. 왜냐하면 '대의민주주의'의 어원이 되는 '대의사'나 '대의정체'와 같은 용어들이 성립되었던 메이지 초기에 참조점이 된 서양 정치사상의 지배적인 개념과 담론은 대표제나 민주정이 아닌 의회제 혹은 의회주의(parliamentarism)였기 때문이다.

따라서 본장에서는 우선 서양에서 'representative democracy' 개념의 역사를 추적하고 대표, 민주주의, 선거, 투표와 같은 인접 및 관련 개념의 의미사에 대해 살펴본다. 이는 주로 '대의민주주의'에서 '대(代)의'와 '민주주의'의 역사에 해당한다. 다음으로는, '대의(議)'에 해당하는 19세기 서양 의회제(parliamentarism), 즉 '토의에 의한 정부(government by discussion)'[1]의 개념사를 검토한다. 구체적으로는 19세기 의회제에서 '토의' 혹은 '심의(deliberation)'의 정치적 역할에 관한 논의의 역사뿐만 아니라 20세기에 대두한 이에 대한 비판과 위기론, 그리고 역사적 대안에 대해서도 검토한다. 이를 통해 '대표'보다 협소하고 특정한 의미로만 사용될 수 있는 '대의'가 'representation'의 번역어로 정착한 이유를 설명하고자 한다. 마지막으로, 결론에서는 '대의민주주의' 개념사 연구의

---

* 이 글은 홍철기, 「정치적 개념으로서의 '대의민주주의'의 역사: '대표', '민주주의', '토의에 의한 정부'의 개념사 및 지성사 연구에 대한 비판적 검토」, 『한국정치연구』 제30집 3호(2021)를 수정·보완한 것이다.

1 Walter Bagehot, *Physics and Politics Or, Thoughts on the Application of the Principles of "Natural Selection" and "Inheritance" to Political Society* (New York: D. Appleton and Company, 1873).

현대적 의의를 살펴보고자 한다.

2. 대표, 대의, 그리고 민주주의

원래는 정치와 무관한 라틴어 어휘에 불과했던 'repraesentare/repraesentatio'를 우리가 알고 있는 '대표' 개념 및 제도로 처음 구체화한 것은 중세 말의 교회법 학자들이었다.[2] 이들은 교황 개인이 아닌 주교들의 공의회가 교회 전체를 '재현한다'는 법 이론을 정교화하고 정당화하고자 '대표' 개념을 구체화했다. 물론 전근대 대표제가 교회 안에서만 성장한 것은 아니다. 근대 민주주의와 의회제의 전근대적 기원으로 간주되는 '피치자의 동의'라는 관념은 원래 로마 민법에서 특정 사안의 판결에는 당사자 모두의 동의를 요한다는 원칙을 의미한 이른바 'Quod omnes tangit'(혹은 'Q.O.T.')를 중세 말에 재발견하면서 공적인 국가 의사결정 영역에 적용한 것이 계기가 되어 발전하기 시작했다.[3] 마넹(Bernard Manin)은 중세 말부터 등장한 이러한 '동의에 의한 정부(government by consent)'라는 관념이 근대 초기의 자연권 사상과 결합하면서, 기존에 추첨과 제도적으로 공존·경쟁해 온 선거가 자신의 경쟁자를 완전히 배제하고 최종적인 승리를 거두는 계기가 되었다고 설명

---

2 Hasso Hofmann, *Repräsentation: Studien zur Wort- und Begriffsgeschichte von der Antike bis ins 19. Jahrhundert* (Berlin: Duncker & Humblot, 1974); Adalbert Podlech, "Repräsentation", in Otto Brunner, Werner Conze, and Reinhart Koselleck (hrsg.), *Geschichtliche Grundbegriffe: Historisches Lexikon zur politisch-sozialen Sprache in Deutschland*, Bd. 5 (Stuttgart: Klett-Cotta, 1984), pp.509-547.

3 Gaines Post, *Studies in Medieval Legal Thought: Public Law and the State 1100-1322* (Princeton: Princeton University Press, 1964).

하기도 한다.[4]

이처럼 '대표' 개념의 기원이 중세로 거슬러 올라간다고 해서 중세 말의 교회법 이론이나 초기 의회제로부터 근대 대의민주주의의 기원을 직접 찾을 수는 없다. 근대 대의민주주의의 기원을 찾기 위해서는 좀 더 직접적인 연관성이 필요하며 소위 '근대의 시작'으로 이야기되는 17세기 이후를 주목해야 한다. 실제로 피트킨(Hanna Fenichel Pitkin), 비에이라(Mónica Brito Vieira), 런시먼(David Runciman) 등 대의민주주의 주요 연구자들은 근대 대의민주주의의 기원을 17~18세기 서양의 근대적 대표제 혹은 대의민주주의에서 찾는다. 이들은 특히 17세기 영국을 대표하는 정치철학자 홉스(Thomas Hobbes)의 1651년 작 『리바이어던(*Leviathan*)』 영어본 제16장을 근대적 대표제의 출발점으로 간주한다.[5] 반면 마넹은 포콕(J. G. A. Pocock)이 제시하는 이른바 '대서양 공화주의 전통(Atlantic Republican Tradition)'[6]이라는 관점에서 18세기 말 대서양 양쪽 편에서 공화주의 전통을 대표하는 매디슨(James Madison)과 시에예스(Emmanuel Sieyès)에 의해 (대의민주주의가 아닌) 근대적 대의정부(representative government)가 탄생했고, 우리가 알고 있는 대의민주주의는 이들로부터 유래한 것이라고 주장한다. 이와 달리 네덜란드 정치철학

4 버나드 마넹, 곽준혁 옮김, 『선거는 민주적인가: 현대 대의 민주주의의 원칙에 대한 비판적 고찰』(서울: 후마니타스, 2004).

5 Hanna Fenichel Pitkin, *The Concept of Representation* (Berkeley: University of California Press, 1967); Mónica Brito Vieira and David Runciman, *Representation* (Hoboken: Wiley, 2013); David Runciman, "Hobbes's Theory of Representation: Anti-Democratic or Proto-Democratic?" in *Political Representation,* edited by Ian Shapiro, Susan C. Stokes, Elisabeth Jean Wood, and Alexander S. Kirshner (Cambridge: Cambridge University Press, 2010), pp. 15-34.

6 J. G. A. 포칵, 곽차섭 옮김, 『마키아벨리언 모멘트: 피렌체 정치사상과 대서양의 공화주의 전통』(파주: 나남, 2011).

자 안케르스미트(Frank Rudolf Ankersmit)는 대의민주주의의 출발점을 버크(Edmund Burke)에게서 찾는다.[7] 그에 따르면, 전근대 대표제가 대표자와 피대표자 사이의 유사성과 모방 논리의 지배를 받은 반면, 근대 대의민주주의는 양자 사이의 미적 거리에 대한 수용을 조건으로 삼는 이른바 심미적 대표(aesthetic representation)의 제도화다. 그리고 이때 버크가 반동적 보수주의가 아닌 심미적 낭만주의의 시조이자 근대 대표제의 철학자로 제시된다.

분명 이러한 연구들이 '대의민주주의'에 대한 우리의 지식과 이해의 지평을 확장시켜 준다는 점은 부인하기 힘들다. 특히 '대표'가 그 기원이나 본질에서 민주주의와 구별된다는 점, 그리고 대표의 본질이 민주주의 혹은 민의라는 원본에 대한 충실한 '모방'이나 '반영'이 결코 아니라는 점을 확인시켜 준다. 이 장이 강조하려는 'representation'과 '대의'의 간극 또한 이러한 연구들 덕분에 보다 분명하게 가시화되는 효과가 있다. 하지만 동시에 이들 연구는 대표와 대의민주주의에 대한 우리의 인식을 19세기 이전 시대에 가두는 문제점이 있다. 실례로, 매디슨과 시에예스 이후 지난 200년 동안 대의제 정부가 본질적으로 변화를 겪지 않고 안정적으로 유지되어 왔다고 강조하는 마넹과 셰보르스키(Adam Przeworski) 등의 주장은 근대 대표제의 제도적인 최소치가 무엇인지 밝혀 준다는 분명한 장점이 있다.[8] 하지만 동시에 대표제와 민주주의가 그 후 겪은 변화에 대한 인식의 폭을 최소한도로 제한한다는 한계도 지적하지 않을 수 없다. 단적으로 마넹이나 안케르스미트 등이

7 F. R. Ankersmit, *Aesthetic Politics* (Stanford: Stanford University Press, 1996); F. R. Ankersmit, *Political Representation* (Stanford: Stanford University Press, 2002).

8 마넹, 『선거는 민주적인가』; Adam Przeworski, Susan C. Stokes, and Bernard Manin (eds.), *Democracy, Accountability, and Representation* (Cambridge: Cambridge University Press, 1999).

근대 대표제라는 이름으로 엘리트 통치와 민주주의를 성공적으로 결합시키는 데 결정적 역할을 한 것으로 평가하는 선거 혹은 투표의 의미는 유럽에서 최소한 16세기부터 20세기에 이르는 기간 동안 장기적인 변화 과정을 겪었다. 이 기간 중 초기에는 투표자에 대한 공동체의 영향력이 당연시되었기 때문에, 투표란 모든 개인의 보편적 권리가 아니라 일부 개인의 특수한 의무 혹은 공동체에 의해 맡겨진 '신탁(trust)'으로 인식되었고, 따라서 투표의 결과는 언제나, 최소한 외형상으로라도 만장일치로 귀결되어야 하며, 투표권을 갖지 않는 공동체의 다른 사람들에게 투표 행위가 공개되어야 한다고 믿어지기도 했다.[9] 그리고 이러한 믿음이 19세기 중반까지도 완전히 사라지지 않았다는 사실을 감안하면, 17~18세기 정치가와 사상가들로부터 지금의 대표제와 대의민주주의의 기원을 찾는 연구들에 전적으로 찬성하기는 어렵다.

현대 대표 이론가들이 대의민주주의 창시자라고 주장하는 개별 사상가들을 역사적 관점에서 조명하면 이러한 생각은 오히려 더 강해진다. 17세기 영국 철학자 홉스의 경우 19~20세기 '대표' 개념이 재발견되기 전까지 전형적인 절대주의적 '대표' 개념의 이론가로 간주되었

9 Hilary Bernstein, "The Benefit of the Ballot? Elections and Influence in Sixteenth-Century Poitiers", *French Historical Studies* 24-4(2001), pp.621-652; Malcolm Crook and Tom Crook, "The Advent of the Secret Ballot in Britain and France, 1789-1914: From Public Assembly to Private Compartment", *History* 92-4(2007), pp.449-471; Malcolm Crook and Tom Crook, "Reforming Voting Practices in a Global Age: The Making and Remaking of the Modern Secret Ballot in Britain, France, and the United States, c.1600-c.1950", *Past and Present* 212(2011), pp.199-237. 비밀투표 시행 여부를 중심으로 서양 전근대와 근대의 투표와 선거의 의미 변화에 대한 개괄로는 홍철기, 「비밀투표는 어떻게 민주적 제도가 되었는가?: 서양 전근대 투표절차에서의 공개성과 비밀주의를 중심으로」, 『현대정치연구』 제14권 2호(2021), pp.67-100 참고.

는데, 이러한 수용사 전체를 오해와 왜곡이라고 말하기는 어렵다. 매디슨, 시에예스, 버크는 모두 민주주의가 19세기 초에 이르러 자기들이 유력한 대안으로 생각했던 혼합제적 혹은 비혼합제적 '공화정' 혹은 영국식 '옛 정체(ancient constitution)' 등을 완전히 대체하리라고는 짐작하지 못했다. 게다가 의회제의 원형으로 간주되었던 이 시기 영국은 전형적인 구체제 제한선거 국가였다. 버크는 당시 전체 인구의 1%가 되지 않는 유권자를 국민의 "자연 대표(natural representative)"로 부르고, 이들로부터 구성되는 의회를 국민의 "인위 대표(artificial representative)"로 부를 정도로 제한선거를 당연시했으며, 민주주의, 즉 하원의 지배력이 국교회, 왕, 그리고 상원과의 혼합적 균형을 유지해야 한다고 믿었다.[10] 또한 버크가 주장하는 대표에 대한 '수탁자(trusteeship) 이론'은 영국 구체제에서 국가 법인격설의 역사와 분리하기 힘든 개념이다. 더 나아가 프랑스 혁명을 지지한 시에예스 또한 사실은 1789년의 「인간과 시민의 권리 선언(Déclaration des droits de l'homme et du citoyen)」에 반영된 능동 시민과 수동 시민의 구별을 옹호하면서 오직 전자에게만 참정권을 보장하는 것을 당연시했다.

이러한 문제점을 비판하며 대의민주주의의 대안적 정치사상사를 제시한 중요 사례가 바로 우르비나티(Nadia Urbinati)의 연구다.[11] 그는 기존에 근대 대의민주주의의 선구적 사상가들로 간주해 온 버크, 매디슨, 시에예스, 그리고 칸트(Immanuel Kant) 등이 실은 민주정이 아닌 대

10 Edmund Burke, *The Writings and Speeches of Edmund Burke, Vol. IX. I: The Revolutionary War, 1794-1797; II: Ireland*, edited by R. B. McDowell (Oxford: Clarendon Press, 1991), p. 224; 에드먼드 버크, 이태숙 옮김, 『프랑스 혁명에 관한 성찰』(파주: 한길사, 2017), pp. 164-165.

11 Nadia Urbinati, *Representative Democracy: Principles and Genealogy* (Chicago: The University of Chicago Press, 2006).

의제 정부, 즉 대의제 공화정 사상가들이었으며, 이들 모두 민주주의 자체에 거부 입장을 공유한다는 점에 착안했다. 구체적으로 우르비나티는 버크 대신 그의 당대 논쟁 상대로 민주주의의 수사를 동원한 페인(Thomas Paine), 그리고 페인과 함께 지롱드파의 대표적 이론가로 매디슨이나 시에예스와 달리 대표제와 민주정의 결합 가능성을 적극적으로 옹호하며 이를 헌법적으로 구현하고자 했던 콩도르세(Marquis de Condorcet)에게서 대의민주주의의 기원을 찾는다. 우르비나티에 따르면, 페인과 콩도르세는 민주주의를 고대 '순수 민주정(pure democracy)'으로 축소시킨 당대 공화주의자들과 달리 민주주의를 대표 개념과 결합함으로써 순수 민주정의 공간적·시간적 고립성을 극복할 수 있었다.

우르비나티의 연구는 18세기 말 대표제와 민주제의 결합 가능성을 둘러싼 지적·정치적 논쟁 지형에 관한 우리의 이해 방식을 교정하는 데 중대한 공헌을 한 것은 분명하다. 그러나 우르비나티의 주장에 따른다고 하더라도 18세기 말부터 현재에 이르는 대의민주주의 역사에서는 어떠한 유의미한 변화도 일어나지 않았다고 가정하는 일을 피하기 힘들다. 게다가 여전히 우르비나티가 18세기 말의 민주적 대안으로 검토한 '대의민주주의자'들까지도 현대적 민주주의의 상식과 명확하게 충돌하는 생각을 공유한 것으로 보인다. 그들의 '대의민주주의'에서도 다수의 서로 다른 이념이나 강령을 내세우는 정당 간 경쟁은 결코 이상적인 정치로 생각되지 않았다.[12] 이는 실제로 다수결 및 정당민

12 민주주의와 공화주의의 소위 '고전' 사상가들에 만연한 정당정치에 대한 뿌리 깊은 불신의 역사에 대해서는 Nancy Rosenblum, *On the Side of the Angels: An Appreciation of Parties and Partisanship* (Princeton: Princeton University Press, 2008); 로젠블럼의 연구를 우르비나티의 연구와 대비시키면서 기존의 정당 연구와 대표 연구 사이의 상호 배제 관계를 지적한 서평으로는 David Runciman, "The Paradox of Immediacy", *Political Theory* 38-1 (2010), pp. 148-155 참고.

주주의의 핵심어인 ‘다수(majority)’ 정파와 ‘소수(minority)’ 정파라는 용어가 19세기 중반까지도 서유럽 언어에서 긍정적인 의미로 받아들여지지 않았다는 사실과도 무관하지 않다.[13]

그렇다면 이 시기 실제로 어떤 변화가 있었을까? 현재까지 ‘대의민주주의’라는 말의 최초 용례로 기록되고 있는 것은 해밀턴(Alexander Hamilton)의 1777년 서한이다. 그는 ‘대의민주정’을 정의 내리면서 “선거의 권리가 제대로 보장되고 규제되며, 입법권, 집행권, 사법권이 엄선된 인사들, 즉 정말로, 명목상의 방식이 아닌 방법으로 인민이 선출한 인사들에 의해 행사되는 그런 민주정”이라고 말했다.[14] 하지만 해밀턴의 이 사적인 용례가 이후 ‘대의민주주의’ 개념의 역사에 어떤 영향을 미쳤는지는 확인하기 어렵다. 오히려 ‘대의민주주의’ 개념사의 실질적인 기원은 프랑스 혁명 시기로 봐야 할지도 모른다. 김민철의 지적처럼 ‘대의민주주의’라는 말이 사용되었다면 이 말이 “대부분의 18세기 사상가들에게 충격을 주었을 것인데, 그들은 이 용어를 구성하는 두 단어 사이에서 오직 정반대 것들의 대립만 보았기 때문이다.”[15] 그럼에도 불구하고 프랑스 혁명 시기 ‘대의민주주의’는 대표와 민주주의를 연결하려는 다양한 언어·수사적 시도들의 경합, 그리고 이러한 시도들 전체에 대해 반대하는 정치적 지형 속에 등장한 것으로 보인다.

---

13 이는 민주주의가 19세기까지도 긍정적인 의미에서는 다수결이 아닌 만장일치로 인식된 것과 무관하지 않다. Pierre Rosanvallon, *The Populist Century: History, Theory, Critique* (Cambridge: Polity, 2021), pp. 126-128.

14 Alexander Hamilton, “From Alexander Hamilton to Gouverneur Morris, 19 May 1777”, Founders Online, National Archives (2019), at https://founders.archives.gov/documents/Hamilton/01-01-02-0162 (검색일: 2021. 8. 1).

15 Minchul Kim, “Condorcet and the Viability of Democracy in Modern Republics, 1789-1794”, *European History Quarterly* 49-2 (2019), p. 180.

1793년 국민공회 의원 귀요마르(Pierre Guyomar)는 아직 새로운 민주정의 이름이 확정되지 않았던 시대에 "대의민주정(démocratie représentative)은 권리의 평등에 기초한 것으로 대표자의 선출에 모든 시민이 투표할 것을 요한다"고 말했다.[16] 1798년에는 독일에서도 이 말의 용례가 발견되는데, 필명 노발리스(Novalis)로 잘 알려진 시인이자 철학자 하르덴베르크(Friedrich von Hardenberg)는 "완벽한 민주정(vollkommene Demokratie)에서 나는 대다수의 자의적 운명에 종속되며, 대의민주정(repräsentative Demokratie)에서는 소수에, 그리고 군주정에서는 한 사람에 종속된다"고 쓰고 있다.[17]

그러나 이러한 초기 용례들은 결코 현대 용례들의 사용 빈도나 범위와 비교할 수 없으며 19세기 중반 이후 중요한 의미 변화도 포착된다. 이제 '대의민주주의'는 18세기 계몽주의자들과 공화주의자들의 상식을 완전히 거스르는 신조어가 아니다. 그것은 보통선거로 구현되는 민주주의의 다수결 원리 혹은 '수의 힘'을 수용하면서도 이를 순치시킴으로써 여전히 19세기 유럽의 자유주의 엘리트가 통치를 주도할 수 있는 방식을 의미했다. 이러한 용례는 스위스 출신의 독일 법학자 블룬칠리(Johann Kaspar Bluntschli)가 1857년에 출간한 *Allgemeines Staatsrecht*(일반국법)에서 발견된다. 당대 전형적인 자유주의자였던 블룬칠리는 우선 가장 바람직한 국가 형태를 입헌군주제로 전제하면서도 이미 1848년을 기점으로 더 이상 막을 수 없는 흐름이 된 보통선거로서의 민주주의를 입헌군주제에 가장 가깝게 접근시킬 수 있는 형태로

16 Claudine Wolikow, "1789-an III: l'émergence de la《Démocratie Représentative》", *L'an I et l'apprentissage de la démocratie,* sous la direction de Roger Bourderon (Saint-Denis: Éditions PSD, 1995), p.65.

17 Novalis, *Novalis Werke* (Müchen: C.H.Beck, 1981), pp.501-502.

('직접민주주의'와 구별 및 대립되는 민주주의 유형으로) '대의민주주의'를 제시했다. 그는 시민 전체의 투표는 기본적으로 다수결 원리에 따르지만 이것만으로는 충분치 않다고 지적하며 "가장 뛰어난 사람들을 공동체의 대표로 세우는 것이 목적일 때는" 투표에서 수의 많고 적음 외에 "재산, 교육, 직업, 생활 방식 등의 다른 자격"을 고려해야 한다고 주장했다. 블룬칠리는 특히 상이한 투표 방식을 보통선거와 결합하는 혼합을 통해 사회를 구성하는 다양한 특징 혹은 재능이 대표에 "올바른 비율"로 반영되도록 보장할 수 있으며, '대의민주주의'는 바로 이 혼합 제도의 명칭이라고 주장했다.[18]

'대의민주주의' 개념의 이러한 용법은 밀(John Stuart Mill)에게서도 찾아볼 수 있다. 밀은 1861년에 출간한 『대의정부론』에서 헤어(Thomas Hare)의 비례대표제론의 영향을 받아 지적으로 뛰어난 소수를 대표자로 선출할 수 있는 투표 제도와 ('다수의 폭정'의 위험을 안고 있는) 보통선거 민주주의의 결합을 '대의정부' 내지는 '대의민주주의'로 지칭했다. 밀은 "민주적 다수의 본능에 맞서 부족한 것을 보완하고 잘못된 것을 고치려면 지성을 갖춘 소수밖에 의지할 데가 없다"라고 말하면서, 민주적 보통선거에 바로 이러한 '지성을 갖춘 소수'를 대표자로 선발할 수 있는 부가적인 투표 방식이 결합되어야 한다고 주장했다.[19] 즉, 민주주의에 이른바 (헤어의 비례대표제 명칭인) '개인 대표(personal representation)'가 결합된 것이 밀이 말하는 '대의민주주의'이다. 심지어 밀은 지적으로 뛰어난 소수가 대표자로 선출될 수 있도록 보장하기 위해 지적으로 뛰어난 소수가 투표에서 더 큰 영향력을 행사할 수 있도록 투표 제도를 설

18 Johann Kaspar Bluntschli, *Allgemeines Staatsrecht*, Bd. 1 (Müchen: Literarisch-Artistische Anstalt, 1857), pp. 285-286.

19 존 스튜어트 밀, 서병훈 옮김, 『대의정부론』(파주: 아카넷, 2012), p. 152.

계해야 한다고 주장했다. 이러한 이유로 밀은 재산에 따른 참정권 제한에 반대하면서도 투표자가 자신의 투표 이유를 공적으로 정당화해야만 하는 공개투표제, 그리고 학력에 따른 차등투표제를 옹호했으며, 특히 후자에 대해서는 "대의정부가 지향해야 할 참된 이상"이라고 주장했다.[20]

이러한 용례들의 등장에도 불구하고 '대의민주주의'는 여전히 일반화된 개념이 되지는 않았던 것으로 보인다. 심지어 20세기 중반에 이르기까지 '인민이 선거로 대표자를 선출하여 입법권이나 통치권을 위임하는 체제'를 지칭하는 단어는 어떤 수식어도 붙지 않는 '민주주의'였던 것으로 보인다. 이를 보여 주는 단적인 사례는 바로 켈젠(Hans Kelsen)과 슘페터(Joseph A. Schumpeter)의 용례다. 켈젠과 슘페터는 구체적인 내용에서는 분명한 입장 차이를 보였지만, 일관되게 정당제 혹은 경쟁적 선거제를 '민주주의'라 부르며, 결코 '대표'라는 수식어를 붙이지 않았다. 그들에게 '대표'란 오히려 구체제의 부정적 유산이었다. '대표'란 언제나 '주권자 인민의 대표'라는 의미이기 때문에 켈젠과 슘페터 모두에게 '탈주술화된' 시대에 결코 정당화될 수 없었다. 그들은 '대표' 관념을 17~18세기 영국 법학자들과 그들의 후예들만 믿는 '허구' 내지는 '이데올로기'로 간주했다. 그들의 후예 중에는 켈젠이 비판한 19세기 말·20세기 초의 대표적 자유주의 법학자이자 법실증주의자인 옐리네크(Georg Jellinek)도 포함된다.[21] 이러한 이유로 민주주의에 관한 켈젠과 슘페터의 대표 저작인 『민주주의의 본질과 가치』나 『자본주의, 사회주의, 민주주의』의 어느 구절에서도 '대의민주주의'라는 어휘는 발견되

20 밀, 『대의정부론』, p. 176.

21 Georg Jellinek, *Allgemeine Staatslehre* (Berlin: O. Häring, 1905); Hans Kelsen, *Allgemeine Staatslehre* (Berlin: Springer, 1925).

지 않는다.[22] 물론 이들의 특수한 용례를 이 시기 전체를 규정하는 패러다임으로 일반화할 수는 없을지도 모른다. 또한 그들이 말하는 '민주주의'의 의미와 내용이 이후 세대의 '대의민주주의'론 형성에 기여한 사실을 부정할 의도도 없다. 하지만 분명한 것은 '대의민주주의'가 최소한 이 시기까지도 현재와 같이 완전히 일반화된 용어는 아니었다는 사실이다.

3. 의회주의 혹은 토의에 의한 정부

동아시아에서 '대의'가 'representation'의 번역어로 정착한 19세기 중·후반 서양 정치의 가장 중요한 흐름 중 하나는 대의제가 아니라 의회주의 혹은 의회제, 즉 '토의에 의한 정부'였다.[23] 의회제의 개념사와 지성사를 본격적으로 살펴보기에 앞서, 우선 서양 의회제 등장 이전 심의 내지 숙의를 의미하는 'deliberation'이 현대 영어의 'deliberative democracy'의 경우처럼 공개적으로 시민 전체가 직간접적으로 참여하는 토의를 수반하는 것은 아니었다는 점을 기억할 필요가 있다. 15~16세기 피렌체 공화국의 공적 의사결정 과정을 분석한 연구에서

22 Hans Kelsen, *Vom Wesen und Wert der Demokratie* (Tübingen: J. C. B. Mohr, 1929); Joseph A. Schumpeter, *Capitalism, Socialism and Democracy* (New York: Harper & Brothers, 1942); John Medearis, *Joseph A. Schumpeter* (London: Continuum, 2009), pp. 81-82.

23 개념사와 지성사 분야에서 의회주의에 관한 가장 중요한 최신 연구로는 Kari Palonen, *Parliamentary Thinking: Procedure, Rhetoric and Time* (Cham: Palgrave Macmillan, 2018); William Selinger, *Parliamentarism: From Burke to Weber* (Cambridge: Cambridge University Press, 2019) 참고.

생토메르(Yves Sintomer)는 현대 영어에서와 달리 'deliberation'이란 "집합적 기관의 결정을 의미하지만 반드시 집합적 토의를 의미한 것은 아니다"라고 주장한다.[24] 피렌체 공화국의 공적 의사결정에서 토의는 분명 중요한 기제이자 절차였지만, 토의가 전체 시민에게 공개되지는 않았다는 것이다. 전체 시민 혹은 시민 전체를 대상으로 추첨을 통해 구성한 회의체에서는 토의 없이 결정이 내려진 반면 토의에 중요한 역할이 부여된, 구성원 자격이 제한된 회의체에서는 결정 권한이 주어지지 않았다.

의회제 정치사상 전체가 영국 의회제를 모델로 삼고 있다 해도 과언이 아닐 정도이기 때문에 '토의에 의한 정부'의 사상사 또한 영국 정치사상사에서 출발하지 않을 수 없다. 그 출발점은 당연하게도 18세기 영국의 철학자이자 정치가인 버크가 될 것이다. 그는 흔히 현대 정치이론가들에게 '심의민주주의(deliberative democracy)' 이론의 출발점으로 간주된다.[25] 앞서 살펴보았듯이 정말로 버크가 민주주의자였다고 말할 수는 없지만, 배젓(Walter Bagehot)의 표현을 빌리자면, 그가 '토의의 시대'를 열었다고 할 수는 있다. 흔히 유권자에 대한 대표자의 자율성과 판단의 우월성을 뒷받침하기 위해 일부만 인용되는 그의 유명한 1774년 브리스틀에서의 투표 종료 후 연설에서 이를 명확히 확인할 수 있다.

> 만일 정부가 어떤 면에서든 의지(Will)의 문제라면 의문의 여지없이 여러분의 의지가 [대표자의 판단보다] 우월해야만 합니다. 하지만 정부와 입법

24 Yves Sintomer, "Random Selection, Republican Self-Government, and Deliberative Democracy", *Constellation* 17-3(2010), p.474.

25 Jon Elster (ed.), *Deliberative Democracy* (Cambridge: Cambridge University Press, 1998).

은 이성과 판단의 문제이지 의향의 문제가 아닙니다. 그리고 토의보다 결정을 우선시하고 일부 사람들이 심의를 하면 다른 사람들이 결정을 내리며, 결론을 내리는 사람들이 아마도 그 주장을 들을 사람들로부터 삼백 마일은 떨어져 있는 상황에서 무엇을 이성이라고 해야 할까요? 의견을 전달하는 것은 만인의 권리이며, 선거구민들의 의견은 중대하고 존중받아야 하는 의견으로서 대표자는 언제나 즐겁게 이를 청취해야 하고, 또한 언제나 가장 진지하게 고려해야 하는 것이 맞습니다. 하지만 권위적인 지시, 발부되는 명령(Mandate)에 의원이 맹목적으로, 그리고 암암리에 따르고, 표결하고 그것을 옹호하여 주장한다는 것, 특히 자신의 판단과 양심의 너무나도 명확한 확신에 반해서 그렇게 한다는 것은 이 나라의 법률에 완전히 맞지 않는 것이며, 우리 헌법의 전체 질서와 취지에 대한 근본적인 오해에서 일어나는 일입니다.[26]

이어서 버크는 "의회(Parliament)는 상이하고 적대적인 이해 당사자들이 파견한 대사들의 모임 장소(Congress)가" 아니라고 덧붙인다. "의회는 하나의 이익, 즉 전체의 이익만 갖는 한 나라(Nation)의 심의하는 회의체(deliberative Assembly)"라는 유명한 주장이 이어진다. 대표자는 분명 선거구민의 선택을 받지만, 그는 선거구민의 일원이 아니라 "의회의 일

---

26 Edmund Burke, *The Writings and Speeches of Edmund Burke*, Vol. III: Party, Parliament, and the American War 1774-1780 (London: Clarendon Press, 1996), p.69. 그런데 버크의 이 연설은 당시 선거에서 우세 경쟁 후보의 연설에 제시된 기속위임론에 대한 반론으로 제시된 것이다. 따라서 이 연설 내용을 글자 그대로 해석해 버크 자신이 브리스틀의 지역적 이해관계를 초월한 의정 활동을 했을 것으로 생각하면 대단히 곤란하다. 이 연설의 정치적 맥락에 대해서는 Richard Bourke, *Empire and Revolution: The Political Life of Edmund Burke* (Princeton: Princeton University Press, 2015), pp.376-390 참고.

원"이라는 것이다.[27] 이 연설 이후 1세기 넘게 지나 영국의 정치학자 래스키(Harold Laski)가 19세기 의회주의의 전형을 버크에게서 찾은 것은 결코 우연이 아니다. 그는 "토의에 의한 정부"라는 표현을 최초로 사용한 배젓을 언급하지 않으면서도 이를 곧바로 버크와 연결시킨다. 그에 따르면, 19세기 의회제에서 "의회의 의원 개개인은 버크의 웅장한 개념화에서처럼 정부가 제시하는 법안에 대해 자신이 할 수 있는 최선의 판단을 하고 자신의 교양 있는 정신의 요구가 보장할 것으로 보이는 바에 따라 투표해야 한다." 래스키는 또한 "물론 그와 같은 이상이 심지어 비슷하게 실현되었던 시대는 존재한 적이 결코 없다"고 덧붙인다.[28]

래스키의 이와 같은 관찰과 회고적 판단에도 불구하고 '토의에 의한 정부'라는 이상은 확실히 19세기에 철학적이고 정치적인 수준에서 영향력을 행사한 것으로 보인다. 버크의 정치사상 자체는 19세기 유럽 대륙에서는 보수주의의 시작을 알렸지만, 버크가 칭송한 영국 의회제로부터 영감을 받은 토의의 정치와 토론하는 사회라는 생각은 19세기 유럽 자유주의자들에게 퍼져 나갔다. 그들에게 영국 의회제 모델은 사회의 자유주의적 개혁과 다가오는 민주주의 시대에 주권자가 될 시민의 계몽·교육 및 사회 전체의 진보를 위한 보편적인 수단이라는 영감을 준 것으로 보인다.

프랑스 7월 왕정의 재상이자 역사학자로 프랑스 자유주의 정치사상의 핵심 인물 중 하나였던 기조(François Guizot)는 1821년에 출간한 『유럽에서 대표 정부의 기원과 역사(*The History of the Origin of Representative*

27 Burke, *The Writings and Speeches of Edmund Burke*, Vol. III, p. 69.

28 Harold J. Laski, *The Foundations of Sovereignty and Other Essays* (New York: Harcourt, Brace and Company, 1921), p. 36.

Government in Europe)』에서 영국 의회제를 근대 대표제의 모델로 삼고 역사를 추적하여 "권력 분립, 선거, 공개성"을 의회제의 세 가지 구성 요소로 제시했다. 삼권분립이 아닌 양원제를 의미하는 권력 분립, 주기적이고 빈번하게 시행되는 선거, 그리고 마지막으로 토의와 토론의 원칙을 의미하는 공개성이 바로 그것이다. 특히 그는 공개성 혹은 공개 토론을 통해 통치 권력은 "공동의 진리" 추구라는 목표에 종속되며, 시민은 이 권력을 비로소 감시할 수 있기 때문에 이러한 공개 토론을 사회 수준에서 유지하기 위한 가장 중요한 수단이 바로 언론과 "출판의 자유"라고 주장한다. 그는 이러한 의회제 정부의 권력이 "이성, 정의, 진리"의 권력이라고 선언하며, 특히 의회제가 군주주권이나 인민주권과 구별되는 "이성주권"의 담지자라고 주장한 것으로 유명하다. 그는 공개 토론에 의한 통치가 "사회 안에 산재된 이성의 요소들을 찾아내고 응축시켜서 이를 그 통치에 집중"시킬 수 있다고 확신한 것으로 보인다.[29]

19세기 중반 프랑스 자유주의 사상과 의회 정치의 중요 관찰자 중 한 사람이었던 밀 또한 공개 토론과 자유 여론을 의회제 정치와 사회의 핵심 원리로 보았다. 그는 한편으로는 통치기구 및 관료제의 역할과 의회의 역할을 구별하면서 전자가 "행동(doing)"을 맡는다면, 후자는 순전히 "담화(talking)와 토론"의 역할을 맡는 대신 결코 스스로 행동에 나서려고 해서는 안 된다고 선을 그었다.[30] 즉, 의회는 공개 토론을 통해 사회 내 다양한 관점들의 평화로운 충돌과 대립의 장으로서 역할

29 François Guizot, *The History of the Origin of Representative Government in Europe*, translated by Andrew R. Scoble (Indianapolis: Liberty Fund, 2002), pp.227, 295-296.

30 밀, 『대의정부론』, p.108.

에 충실해야 하며, 그 외에는 단지 누가 행동에 가장 적합한지 판단하고 임명하여 감시하고 비판하는 역할을 수행하면 된다는 것이었다. 대신 통치기구와 관료제에는 행동에 적합한, 숙련된 엘리트가 충원되어야 한다고 보았다. 또한 동시에 공개적으로 토론하는 사회가 "사람들을 숙고하게 만들고, 행동에 옮기기 전에 그 행동에 대해 무슨 말을 해야 할까 미리 생각하게" 만들 뿐만 아니라, 공개적으로 "그럴듯하게 변호하는 것이 결코 가능하지 않은 일을 사전에 차단하는 효과가 있다"고 보았다.[31] 밀은 또한 공개 토론하는 사회가 "같은 작업 과정을 반복하면서 새로운 영감이나 자극, 발상과 거리가 먼 사람들만 접촉하는 육체노동자들도 (…) 자신들보다 더 뛰어난 지적 능력 소유자들과 교류함으로써" 계몽시킬 수 있다고 주장하며 공개 토론의 사회적 계몽 역할을 적극적으로 인정했다.[32]

이러한 시대를 '토의의 시대'라 부르면서 의회제를 '토의에 의한 정부'로 명명한 장본인은 바로 월터 배젓이다. 배젓은 1873년에 출간한 『자연학과 정치(*Physics and Politics*)』에서 다음과 같이 영국의 의회정치와 토론하는 사회를 칭송한다.

> 신분의 시대로부터 선택의 시대로 전환이 처음 일어난 국가들에서는 정부가 상당하게, 그리고 점증적으로 토의에 의한 정부였고, 토의의 주제는 어느 정도 추상적 문제이거나 말하자면 원칙의 문제였다. (…) 자유국가(free state), 즉 자유(liberty)가 있는 국가가 뜻하는 것은 그 국가를 공화국이라 부르든 군주국이라 부르든 간에 주권 권력이 수많은 개인에게 나뉘

31 밀, 『대의정부론』, p. 205.

32 밀, 『대의정부론』, p. 166.

어 있고, 이 개인들 사이에서 토의가 존재하는 국가다. 이들 국가 중에서 그리스 공화정들이 역사상 최초였으며(…), 아테네는 그 공화국들 중에서 가장 위대했다. (…) 공동의 행동 혹은 공동의 이익에 대한 토의가 왜 변화와 진보의 뿌리가 될 수밖에 없는지 알기는 어렵지 않다.[33]

그러나 19세기 말과 20세기 초를 거치며 자유주의적 '토의의 시대'에 대한 근본적인 도전이 이어지고, '토의에 의한 정부'는 명백한 위기를 맞았다. 특히 이는 전간기(戰間期) '의회제 위기론'에서 정점에 도달하는데, 이때 19세기 의회제에 대한 비판과 회의는 거의 모든 정치적 스펙트럼에서 제기되었다. 하지만 의회제 위기가 곧바로 의회제 자체의 소멸을 의미하지는 않았다. 오히려 의회제 위기는 의회제의 제도적 외형이 유지된 상태에서 '토의에 의한 정부'의 정당성 위기에 가까웠다.

의회제 위기론을 주장한 20세기 초 대표 학자로 독일 헌법학자 슈미트(Carl Schmitt)가 있다. 그는 1920년대 바이마르 공화국 초기 19세기 의회주의자들과 자유주의자들의 공개 토의 및 토론에 대한 신념이 보통선거와 국민투표제를 의미하는 대중민주주의의 도래에 의해 더 이상 유지될 수 없게 되었다고 진단한다.[34] 그는 서로 첨예하게 대립하는 비

33 Bagehot, *Physics and Politics*, pp. 158-159. 영국 의회제와 민주주의의 이데올로기적 원형으로서 고대 아테네 정체를 복권시킨 주요 인물 중 한 사람은 바로 벤담(Jeremy Bentham)과 아버지 밀(James Mill)의 동료이자 19세기 영국의 고대 그리스사 연구의 선구자인 그로트(George Grote)이다. 그는 당대 보수주의자들, 특히 밋퍼드(William Mitford)의 역사 해석에 맞서 '급진적' 자유주의 입장에서 고대 아테네 민주정에 대한 평가를 성공적으로 역전시켰다. Wilfried Nippel, *Ancient and Modern Democracy: Two Concepts of Liberty?*, translated by Keith Tribe (Cambridge: Cambridge University Press, 2015), pp. 252-259.

34 카를 슈미트, 나종석 옮김, 『현대 의회주의의 정신사적 상황』(서울: 길, 2012). 슈미트의 19세기 의회제 사상의 공개성 이데올로기의 비판과 맥락에 관해서는 홍철

타협적 관점들이 공개 토론을 통해 보다 나은 관점을 낳으면서 사회의 계몽과 진보를 이끌 수 있으리라는 믿음은 마치 '예정조화설'과 같은 유사 신학적 사고이며 당대의 완전히 탈주술화된 대중민주주의 시대에는 아무도 믿지 않을 시대착오적 형이상학 체계에 불과하다고 공격한다. 그는 이제 의회가 이성적이고 공개적인 토론의 제도가 아닌, 순수하게 의석수의 우세에 따르는 의사결정 절차로 형식화되면서 다수 의석을 확보하기 위한 정당들 간 전장이 되어 버렸다고 보았다. 그는 바이마르 공화국 최후의 위기 시점이었던 1932년 의회제의 이러한 변질이 민주주의에 적대적인 극단주의 정파가 민주주의의 순수하고 맹목적인 형식적 절차를 수단으로 삼아 민주주의 자체를 파괴할 가능성까지 열어 놓았다고 보며, 이러한 정파에게는 의석 획득의 동등한 기회가 허용되어서는 안 된다고 주장했다.[35]

슈미트가 바이마르 공화국 붕괴 이후 나치에 부역함으로써 씻을 수 없는 과오를 저질렀다는 사실 때문에 이러한 그의 견해를 극단적 소수의 것으로 치부할 수는 없다. 실례로 루마니아 출신 정치학자 파이너(Herman Finer) 또한 '토의에 의한 정부'라는 의미에서 의회제의 시대가 끝났다고 주장한다. 그는 구체적으로 의회가 관념적으로나 절차상으로나 합리적이고 이성적인 "사고-기관(thought-organization)"의 성격을 상실하고 단순히 표결 시 의석수만이 유일한 문제가 되는 "의지-기관(will-organization)"으로 전환되고 있다고 묘사한다.[36]

기, 「비밀 투표는 '민주적'인가?: 존 스튜어트 밀과 카를 슈미트의 비밀 투표 비판」, 『정치사상연구』 제24권 1호(2018), pp.101-128 참고.

35 카를 슈미트, 김도균 옮김, 『합법성과 정당성』(서울: 길, 2015).

36 Herman Finer, *The Theory and Practice of Modern Government*, Vol. 2(London: Methuen, 1932), pp.852-856. 전후 서유럽 민주주의 복구와 연구에서 파이너의 역할과 영향에 관해서는 Martin Conway, "Democracy in Western Europe

슈미트에 의해 대표되는 전간기 의회제 위기론은 전후 자유주의의 이른바 '방어적 민주주의(militant democracy)' 담론, 즉 의회의 형식적 절차가 의회와 민주주의 자체를 방어하지 못할 때, 법원과 같은 의회 외부의 심판 기관에 의해 극단주의 세력의 정치 배제를 가능하게 한 제도 및 이론의 원형을 제공했다.[37] 다만 전후의 '법치국가(Rechtsstaat)'는 슈미트의 제안에서 그 자체가 정치적 불안정의 주요 원인이 되는 대통령의 독재 가능성을 봉쇄하고, 그 대신에 그 기능을 법원과 법률 전문가들에게 위임하는 방식을 택하면서 의회제의 제도적 외형을 유지시켰다.[38] 물론 여기서 짚고 넘어가야 할 점은 냉전 시기의 법치국가 혹은 방어적 민주주의로 냉전 시대 이후 의회민주주의 전체가 환원되는 것은 아니라는 것이다. 그럼에도 불구하고 전간기 의회제 위기론에 뿌리를 두고 있는 전후 방어적 민주주의론이 갖는 역사적 의미는 분명하다. 공개 토의와 토론에 참여할 자격 제한의 문제, 민주주의 정치와 사회에서 용인할 수 있는 관점과 의견, 신념의 다원성 범위 문제, 그리고 누가 궁극적으로 이 범위와 한계를 결정하고 그 정당성을 어떻게 설득할 수 있는가 하는 문제가 대의민주주의의 성격과 본질을 규정

---

after 1945", in *Democracy in Modern Europe: A Conceptual History*, edited by Jussi Kurunmäki, Jeppe Nevers, and Henk te Velde (New York: Berghahn, 2018), pp.231-256 참고.

37 '방어적 민주주의' 혹은 '전투적 민주주의'라는 표현은 슈미트의 것이 아니라 바이마르 시기의 또 다른 중요 독일 법학자 뢰벤슈타인(Karl Loewenstein)의 1937년 논문에서 유래한다. Karl Loewenstein, "Militant Democracy and Fundamental Rights, I/II", *American Political Science Review* 31-3/4 (1937), pp.417-432, 638-658. 냉전 이데올로기 형성에서 뢰벤슈타인의 역할에 관해서는 우디 그린버그, 이재욱 옮김, 『바이마르의 세기: 독일 망명자들과 냉전의 이데올로기적 토대』(서울: 회화나무, 2018), pp.281-347 참고.

38 Clara Maier, "The Weimar Origin of the West German *Rechtsstaat*, 1919-1969", *The Historical Journal* 62-4 (2019), pp.1069-1091.

하는 데 가장 첨예한 쟁점으로 부상했음을 확인시켜 주기 때문이다. 그리고 이들 쟁점을 둘러싼 논쟁의 강도는 냉전 시대가 끝나고 도래한 지금 소위 '포퓰리즘 시대'에도 감소했다고 말하기는 어려워 보인다.[39]

4. 대의민주주의의 승리인가, 위기인가?

본장은 '대의민주주의' 개념의 의미사와 수용사를 추적하려는 데 주된 목적이 있고, 특히 이 역사의 서양사 부분에 관한 일종의 스케치를 그리고자 했다. 이를 위해 우선 번역된 개념으로서 '대의민주주의'의 직접적 어원이 되는 'representative democracy'의 개념사를 추적했으며, 이 개념의 간접적 어원이자 '대의'라는 번역어 형성의 보다 직접적 맥락이 제공했을 것으로 보이는 19세기 의회주의 정치사상사에서 토의와 토론에 부여된 역사적 의미와 역할, 그리고 이를 둘러싼 논쟁을 살펴보았다. 개념사와 수용사의 관점에서 접근하면 '대의민주주의' 개념의 역사는 다음과 같은 특징을 갖는 것으로 보인다.

첫째, 근대적인 대표제, 즉 대의민주주의의 기원으로 흔히 생각되는 18세기 말의 담론과 논쟁은 분명 대표와 민주주의의 결합에 관한 최초의 논의라는 점에서 의의가 있다. 하지만 그 개념의 의미나 논쟁

39 현재 상황은 아마도 포퓰리즘을 (냉전 이데올로기의 반공주의 및 반전체주의 노선의 연장선상에서) 자유주의와 다원주의에 대한 가장 중대한 위협으로 규정하면서도 포퓰리즘의 반다원주의에 대해 (반공주의적) 방어적 민주주의식 대응을 해서는 안 된다고 하는 이중성 혹은 비일관성을 드러내고 있다. 이러한 이중성은 다음 연구들에서 잘 관찰된다. 카스 무데·크리스토발 로비라 칼트바서, 이재만 옮김, 『포퓰리즘』(파주: 교유서가, 2019); 얀 베르너 뮐러, 노시내 옮김, 『누가 포퓰리스트인가: 그가 말하는 '국민' 안에 내가 들어갈까』(서울: 마티, 2017).

의 맥락은 또한 현대적 논의의 그것과 분명한 역사적 거리가 있다. 공화주의적인 대의정부(representative government) 이론은 당시 제한선거 시대의 논쟁 맥락과 분리되기 어려우며, 공화주의의 엘리트주의적 함의를 비판하면서 대의민주주의의 가능성을 적극적으로 타진한 경우에도 아직 통일된 용어에 대한 합의가 이루어지지 않았을 정도로 초기 단계였다. 특히 이 시기에 정당이나 정치인들 간의 경쟁을 민주주의의 의미에 포함시킬 준비가 되어 있었는지 확실치 않다.

둘째, 19세기 '대의민주주의'라는 용어의 주요 용례 중 하나는 최초의 자유주의 정치사상가들에게서 발견되는데, 그들은 보통선거제와 비례대표제의 결합을 이러한 이름으로 불렀다. 그들에게 민주주의가 곧 보통선거였다면, 비례대표제는 현재의 상식과 달리 민주적 제도가 아니라 오히려 사회의 계몽과 진보를 주도할 자유주의 엘리트의 정치·사회적 영향력을 유지하기 위한 비민주적 제도를 의미했다.

셋째, '대의민주주의' 개념은 20세기 중반에 이르기까지도 여전히 현재처럼 대중화되고 일반화된 용어로 확립되지 않았던 것으로 보인다. 현대 대의민주주의 이론의 주요 선구자로 꼽히는 켈젠이나 슘페터도 '대표'를 구체제의 이데올로기적 유산으로 보면서 이 용어를 거부했고, 그 대신 다원적 정당제 혹은 경쟁적 선거 체제를 민주주의라 부르기를 고집했다.

넷째, 19세기 의회제 담론에서 토론과 토의를 정부와 사회 모두의 중심 원칙으로 삼았다는 사실로부터 번역어 '대의'가 형성된 간접적 맥락이 확인된다. 이른바 '토의에 의한 정부'로서 의회제는 절대군주제로의 퇴보를 방지하기 위한 입헌군주제 정부를 의미하는 동시에 곧 현실이 될 보통선거 민주주의하에서 독재자의 선출을 막기 위해 시민사회를 도덕적으로 교육하고 계몽하는 역할을 할 것으로 기대되었다.

다섯째, 서양 전간기 의회제 위기론과 전후 방어적 민주주의 이론 등의 의회제 민주주의 담론이 '대의민주주의' 개념의 역사에 갖는 의의란 흔히 논의되듯 '직접' 민주주의에 대립되는 '간접' 민주주의를 정당화한 것으로 제한될 수 없다. 오히려 공개된 토의로서 '대의'의 참여 범위와 한계, 그리고 이러한 토의에서 발생하는 갈등에 관한 최종 판단 주체가 대의민주주의를 둘러싼 가장 중요한 쟁점일 수 있다는 것이다.

마지막으로, 제도가 아닌 이데올로기 혹은 수사로서 '민주주의'의 역사가 기존 연구에서 중요성이 지나치게 간과되어 왔다는 점을 지적하면서 본장을 마무리하고자 한다. 던(John Dunn)이 지적하듯 "애초에 민주주의의 승리는 한 단어의 승리"였고, 이 단어의 고대적 의미와 대체로 불일치하는 정부 권위에 관한 "특정한 사고(및 거부)방식"과 정부 구성 및 제한에 관한 "일련의 제도들"의 승리는 이에 편승한 것에 가깝다.[40] 예컨대 밀러(Jennifer Miller)는 냉전기 미국 민주주의 담론이 민주주의를 특정 제도가 아닌 공산주의자들의 병리적 상태와 대비되는 건강하고 정상적인 "정신상태(state of mind)"로 규정했다는 점을 밝힌 바 있는데,[41] 이와 같이 제도 외에 수사와 이념, 개념과 담론의 관점에서 접근하는 것이 앞으로 민주주의 역사의 다면성을 재조명하는 데 공헌할 것으로 본다.

40 존 던, 강철웅·문지영 옮김, 『민주주의의 수수께끼』(서울: 후마니타스, 2014), p.255.

41 Jennifer M. Miller, *Cold War Democracy: The United States and Japan* (Cambridge: Harvard University Press, 2019).

제2장

왜 '대의민주주의'가 되었을까?

용례의 기원과 함의

이관후

1. 왜 '대표'가 아니라 '대의'일까?

정치적 개념의 번역 과정은 필수적으로 새로운 개념의 구성을 낳는다. 개념의 번역은 기존 개념의 내용이 그대로 다른 언어를 통해 나타나는 것이 아니라, 그 자체로 하나의 개념이 탄생하는 과정이다. 모든 번역에는 하나의 개념사가 축적되어 있으며, 이 과정에서 하나의 개념은 별도의 역사적·개념적 맥락을 갖는다.[1] 19세기 말에서 20세기 초, 서구에서 주로 일본을 통해 한국에 들어와 사용된 민주주의, 자유주의, 사회주의, 공화주의 같은 정치적 개념들이 그런 과정을 겪었다. 이것은 또한 기원적 개념(original concept)을 이해하고 적용하기도 하지만, 동시에 토착화와 변용을 통해 새로운 개념들로 변환되는 과정이었다. 이러한 점에서 볼 때 앞의 제1장이 '대의제'와 '대의민주주의' 개념의 서양사를 추적했다면, 본장은 이 개념들이 동양, 특히 일본과 한국에서 어떻게 번역되고 전파되었는가를 추적한다. 전자가 개념의 형성사라면, 후자는 개념의 번역사라고 할 수 있다.

'대의민주주의'는 'representative democracy'를 번역한 용어로 '대표(representation)'와 '민주주의(democracy)'가 결합된 말이다.[2] 그런데

---

* 이 글은 이관후, 「왜 '대의민주주의'가 되었는가?: 용례의 기원과 함의」, 『한국정치연구』 제25집 2호(2016)를 수정·보완한 것이다.

1 Kari Palonen, "Reinhart Koselleck on Translation, Anachronism and Conceptual Change", *Why Concepts Matter: Translating Social and Political Thought*, edited by Martin J. Burke and Melvin Richter (Leiden: Brill, 2012), p. 73.

2 'representation'을 '대표'라고 번역할 수도 있으나, 우리말에서 '대표'는 누군가를 대표하는 사람(들)을 지칭하기도 해서 다소 혼란스럽다. 이 글에서는 그 개념을 분명하게 구분하기 위해, 제도로서 대표는 '대표제(representation)'로, 사람으로서 대표는 '대표자(representative)'를 사용할 것이다. 제도와 사람을 모두 지칭할 때는 '대표'로 한다. 또한 이하에서 'representative democracy'를 번역사의 사례가 아니

'representative democracy'의 번역어로는 '대표제 민주주의'나 '대표민주주의'가 아니라 '대의민주주의'라는 용어가 널리 통용되고 있다. '대의민주주의'라는 번역어가 일반화되다 보니 'representative system'을 '대표제'가 아닌 '대의제'로 부르는 현상이 생겼고, 이제는 사전에도 없는 '대의하다'라는 정체불명의 동사형까지 종종 등장한다. 그러나 우리말에 '대표'라는 명사와 '대표하다'라는 동사는 있어도, '대의하다'라는 동사는 존재하지 않는다. 사실 '대의'는 매우 독특한 용어다. '대의'라는 독자적인 단어가 없는데, '대의민주주의'라는 번역어에서 출발해 '대의제'라는 정체불명의 용어로 파생되어 널리 쓰이는 경우이기 때문이다.

그렇다면 우리는 왜 대표를 뽑아서 하는 민주주의를 대표민주주의가 아니라 대의민주주의라고 부를까? 그 기원과 함의는 무엇인가? 이러한 질문에 답하려는 것이 본장의 목표다.[3] 이 질문이 가치 있는 것은 그것이 단순히 어휘의 형성과 번역 문제에 그치지 않고, 좋은 정치나 좋은 정치인, 곧 '정치적 대표'의 조건이나 역할과 직접 관련되어 있기 때문이다. 이 번역어가 만들어지고, 다른 용어들과 경쟁하고 선택되는 과정, 그리고 이 용어가 국경을 넘어 지식인들과 일상에서 받아들여지는 과정은 '대표를 뽑아서 하는 정치란 어떠해야 하는가?'라는 가치판단과 우리 정치의 지향점에 대한 논의를 포함하고 있다.

이러한 점에서 '대의민주주의'라는 용어의 기원을 찾아보는 것은 단순히 역사나 학술적 관심의 문제만이 아니다. '지금 대한민국에서 좋

라 개념으로 지칭할 때는 '대의민주주의'가 아니라 '대표제 민주주의'로 했다. 이처럼 용어를 변경하는 것은 이 글의 중요한 목적이기도 하다.

3 이에 대한 정치학계의 기존 연구로는 백승현·임성호, 「대의(代議) 개념에 대한 사상사적 및 경험론적 논쟁: 전환기의 새로운 대의 개념을 위한 서설」, 『고황정치학회보』 제2권(1999) 정도를 들 수 있다.

은 국회의원과 좋은 대통령은 누구인가?'라는 물음과 그에 대한 답은 분명히 이 질문과 연관되어 있다. 우리는 또한 이 질문들을 풀어 나가는 과정에서 우리의 정치적 관념이 동아시아, 그중에서도 19세기 후반 일본의 정치사와 밀접하게 연관되어 있다는 것을 이해할 것이다. '대의민주주의'라는 용어 혹은 개념의 한국적 수용은 일본이라는 매개를 통해 이루어졌기 때문이다. 본장에서는 '대의'가 동아시아에서 번역되는 과정에서 가장 쟁점이 되었던, 민주주의와의 결합에 관해 간략히 살펴보고자 한다. 다음으로, 동아시아와 한국에서 '대의'라는 말이 언제 어떠한 경로를 통해 생성되고 유통되었는지 추적하고, 이의 함의를 찾아보고자 한다.

2. '대표'에서 무엇이 쟁점이 되는가?

현대 정치에서 대표제는 민주주의와 결합한 '대표제 민주주의(representative democracy)' 형태로 존재하는 것이 일반적이다. 그런데 이 조합은 어딘가 어색하다. 대표제란 기본적으로 '누가 누군가를 대신한다'는 뜻인 데 반해,[4] 민주주의는 '피치자들이 직접 통치에 참여한다'는 뜻으로 이해되기 때문이다. 즉, 전자가 위임을 전제한다면, 후자는 직접 통치를 의미한다. 만약 우리가 민주주의에서 중요한 원칙을 '자치' 곧 '스스로 다스림(rule by themselves)'이라고 한다면, 대표에게 통치를 위임하는 것은 이 원칙에 정면으로 위배된다. 대리인(agent)에게 책임을

4 영어권에서는 'act on behalf of some other(s)'가 일반적이다. Anthony H. Birch, *Representation* (London: Macmillan, 1972), p.15.

물어 일을 시키는 것으로 생각할 수도 있지만, 그들에게 맡겨지는 일이 통치(rule)인 이상 현실적으로는 이쪽이 지배당하는 것이 일반적이다. 지배당하지 않는다고 하더라도 민주주의에서 '누군가를 대신한다는 것'은 결코 간단치 않다. 대신하는 주체와 방식, 역할과 책임 관계에서 여러 가능성이 존재하기 때문이다.[5] 그래서 대표제를 도입하면서 자치의 이상을 동시에 달성하기란 쉽지 않다.

고대 그리스에서 자치의 원리와 대표제 간의 모순을 줄인 방법은 돌아가면서 서로를 다스리거나(rule by rotation), 추첨에 의해 통치자를 결정하는 것(rule by lot)이었다. 현대의 대표제는 이 두 가지 방식을 버리고 선거(election)라는 선출 방식을 택했다. 그런데 선거에서는 그리스의 두 방식과 달리, 특정 유형의 소수 인물만 뽑혀 실제로 대다수 사람에게는 통치 기회가 주어지지 않는다.[6] 그럼에도 불구하고 현대 민주주의가 이처럼 모순적인 원리를 가진 대표제를 수용한 이유는 무엇일까?

흔히 근대 국민국가의 출현과 규모의 문제를 거론하지만, 실은 이런 기술적인 문제는 핵심이 아니었다. 무엇보다 근대 시민혁명기 지식인들과 정치인들이 민주주의를 부정적으로 인식한 것이 가장 큰 이유였다. 그들은 민주주의에 '다수의 폭정'이라는 위험이 존재하고 이것이 어떠한 방식으로든 제한되어야 한다고 보았다.[7] 그래서 이 문제를 서로 다른 성격을 가진 정부 기구들 간의 견제와 균형, 선거라는 귀족적 과두정의 속성을 가진 제도 등을 통해 해결하고자 했다.

---

5 소위 '주인-대리인 문제(principal-agent problem)'가 여기서 발생한다.

6 버나드 마넹, 곽준혁 옮김, 『선거는 민주적인가: 현대 대의 민주주의의 원칙에 대한 비판적 고찰』(서울: 후마니타스, 2004).

7 이 개념에 대해서는 A. 토크빌, 임효선·박지동 옮김, 『미국의 민주주의 I』(서울: 한길사, 1997), 15장과 16장 참조.

그러나 이러한 조치들은 외부적 보완장치에 불과했고, 보다 근본적으로 대표제와 민주주의의 긴장과 대립을 어떻게든 조화시킬 대안이 필요했다. 방법은 여러 가지가 있다. 첫째, 민주주의와 대표제가 공통의 가치를 추구하면 문제가 해결될 수 있다. 둘째, 대표자가 어떻게 하는가에 따라 민주주의와 대표제의 원리가 친화성을 가질 수 있다. 셋째, 대표하는 사람의 유형에 따라 민주적 가치가 덜 침해되거나 오히려 잘 보장될 수 있다. 첫 번째는 대표의 내용(content), 두 번째는 행위(action), 세 번째는 주체(agent)와 관련이 있는데, 이 세 가지는 또한 서로 연관되어 있다.

우선 첫째, 대표제와 민주주의가 충돌하지 않도록 하는 장치로 '자발적 동의'를 생각해 볼 수 있는데, 근대 정치에서는 이를 흔히 '사회계약'이라고 부른다. 사회계약론은 인민이 정치에 개입할 수 있는 근본원리로 계약과 동의, 그리고 저항권의 개념을 발전시켰다. 주권의 양도 불가능성을 주장한 루소(Jean Jacques Rousseau)를 제외하면, 홉스(Thomas Hobbes)와 로크(John Locke) 전통의 사회계약론은 생명, 인신의 자유, 소유물과 같은 자연권적 이익(interest)과 그것을 수호하고자 하는 의지(will)가 정치적 대표를 통해 반영되거나 구현될 수 있다고 보았다. 물론 사회계약론의 대표제에서 곧바로 대표를 결정하는 과정의 '민주성'을 연역하기란 어려우며, 구체적인 개별 사례에서 무엇이 이익인지 인민 스스로 결정할 수 있는 것도 아니다.[8] 그럼에도 모종의 이익이 존재

8 Hanna F. Pitkin, *The Concept of Representation* (Berkeley: University of California Press, 1967), pp. 14-15; David Runciman, "Hobbes's theory of representation: anti-democratic or proto-democratic?", *Political Representation*, edited by Ian Shapiro, Susan C. Stokes, Elisabeth J. Wood, and Alexander S. Kirshner (Cambridge: Cambridge University Press, 2010), p. 18.

하고 계약자들이 대표를 통해 그것을 수호하려 한다는 점에서, 인민의 이익과 의지의 일치성이 만들어질 수 있다.

둘째, 대표자가 단지 대신 나서는 것(stand for)에 그치지 않고, 대표되는 사람들을 위해서 행위(act for)하게 된다면 긴장이 줄어들 수 있다. 그러나 이때의 행위 유형도 다양하다. 대표자는 대표되는 사람들의 의지를 전달(delivery)만 하는 대리인(agent as tool or instrument) 역할을 할 수도 있지만, 대표되는 사람들의 궁극적인 이익이나 실질적 의지가 무엇인지 자유롭게 판단하여 결정을 내릴 수 있는 수탁자(trustee)나 수호자(guardian)일 수도 있다.[9] '대리'의 대표적인 사례는 위임된 권한만 행사해야 하는 대사(ambassador)나 숫자 계산에 어두운 상인을 위해 그 일을 대신 해주는 회계사의 경우다. 반면 사업적 수완을 발휘할 수 있는 주식회사의 임원이나 의뢰인을 위해 다양한 판단을 스스로 하는 변호사는 폭넓은 자율성을 갖는다. 정치에서는 선출된 정치인이 유권자들의 의사도 듣지만 자율적 판단에 따른 행위를 하고 나중에 책임지는 경우가 일반적이다.[10]

셋째, 대표자가 어떤 사람인가에 따라 민주주의와 대표제는 보완재가 될 수도 있다. 기실 민주주의에서는 선거권만큼 피선거권이, 유권자의 자질과 투표 경향만큼이나 당선되는 사람들의 성격과 자질이 중요하다. 만약 공정한 선거를 통하더라도 특정한 부류의 사람들만 지속

9 Pitkin, *The Concept of Representation*, pp.125-127.

10 이러한 차이를 버치는 대리인(Agent or Delegate)과 대표자(Representative), 피트킨은 위임(Mandate)과 독립(Independence), 우르비나티 등은 기속 위임(Imperative mandate)과 자유 위임(Free mandate) 등으로 각각 개념화했다. Birch, *Representation*, pp.14-15; Pitkin, *The Concept of Representation*, p.145; Nadia Urbinati and Mark E. Warren, "The Concept of Representation in Contemporary Democratic Theory", *Annual Review of Political Science* 11(2008), p.391 참조.

적으로 당선된다면 그것은 민주주의에 심각한 위해가 될 수 있다. 따라서 의회에 농부보다 변호사가 거의 항상 더 많다는 것은 결코 시시한 문제가 아니다.[11]

이런 세 가지 쟁점에 대해, 영국에서 버크(Edmund Burke)와 밀(John Stuart Mill)은 상당한 인식 차이를 보여 주었다. 버크는 역량이 뛰어난 자가 대표가 되어야 하고, 그에게 높은 신뢰와 완전한 자율성을 부여해야 한다고 주장했다.[12] 반면 밀은 지적·도덕적으로 탁월한 사람들이 대표가 되어야 한다는 것에는 동의했지만, 적어도 이 대표들은 자신이 대표하는 집단의 이해를 반영하는 행위를 해야 하며, 최소한 그 집단과 세계관이 유사해야 한다고 보았다.[13] 시에예스(Emmanuel Sieyès)는 프랑스 혁명 한복판에서 교양되지 않은 인민의 무질서한 정치 참여에 불안을 느꼈다. 그래서 잠재적으로 모든 '인간', 그리고 현실적으로 프랑스의 모든 '국민'은 기본적인 인권을 누려야 하지만, 그러한 권리를 구현하기 위해 정치에 참여할 자격이 있는 사람은 교양 있는 '시민'이라고 둘을 구분했다.[14]

미국에서는 이 문제를 놓고 독립 직후부터 두 정치 세력이 정면으로 부딪쳤다. 미국이 소수의 엘리트들에 의해 단일성 높게 통치되어야 한다고 생각한 연방주의자들은 버크처럼 탁월성(distinctiveness)이 정치적

---

11 마넹, 『선거는 민주적인가』, p.120.

12 Edmund Burke, "Speech to the Electors of Bristol", *Speeches and Letters on American Affairs* (London: Everyman Edition, 1961[1774]), pp.72-74.

13 John Stuart Mill, "Considerations on Representative Government", *On Liberty and Other Essays* (Oxford: Oxford University Press, 2008[1861]), pp.203-467.

14 Nadia Urbinati, *Representative Democracy: Principles and Genealogy* (Chicago: The University of Chicago Press, 2006), pp.149-152. 프랑스 혁명 인권선언의 정식 명칭인 '인간과 시민의 인권선언'에서 '인간'과 '시민'의 권리로 나뉘어 있음을 상기하자.

대표에게 가장 중요한 요소라고 보았다. 반면 각 주가 주권체로서 충분한 자율성을 누려야 한다고 생각한 반연방주의자들은 밀을 따라 유사성(resemblance)이 대표자에게 필요한 덕성이라고 주장했다. 이 논쟁에서 연방주의자들이 승리하면서 미국의 정치 체제는 귀족주의적 요소를 갖게 되었다. 헌정 체계로 보면 대통령이라는 군주정적 요소, 사법부와 상원이라는 귀족정적 요소, 하원이라는 민주정적 요소의 결합으로 나타났는데, 하원에서도 소수 엘리트가 입법부를 장악하는 귀족정적인 측면이 점점 강해지고 있다.[15]

이처럼 영국의 명예혁명, 프랑스 혁명, 미국 혁명을 통해 근대의 대표제 민주주의가 자리 잡았는데, 여기서 중요한 점은 선거로 뽑힌 대표자가 어떤 사람이어야 한다는 점에서 나라마다 치열한 논쟁이 있었다는 것이다. 이 논쟁을 통해 규정된 '바람직한 대표'에 대한 관념은 정부의 권력 구조를 규정한 헌법, 그리고 특정한 유형의 사람을 뽑기 위한 선거법 제정과 개정을 통해 반영되었다. 또한 당대의 논쟁에서 승리하지는 못했지만 유의미하게 논의되었던 중요한 개념들, 이를테면 '유사성'을 대표의 중요한 요건으로 생각하는 발상과 그 가치는 후대의 대표제 민주주의에도 지속적으로 영향을 미쳤다.

의지와 이익, 대리하는 행위와 자율적 행위, 우리 같은 사람과 우리보다 뛰어난 사람 간의 딜레마 속에 현대 대표제 민주주의의 다원성이 존재한다. 이 딜레마들 사이에서 다양한 선택과 조합이 가능하고, 어느 편을 선택할 것인가는 해당 정치공동체 구성원들이 스스로 결정한다. 이것이 '논쟁을 통한 민주주의'이다. 18세기 이후 민주주의에 대

15 마넹, 『선거는 민주적인가』, pp.141-166; Gordon S. Wood, *Representation in the American Revolution* (London: University of Virginia, 2008[1969]), pp.54-68.

한 가장 심각한 논쟁은 '대표'의 성격을 둘러싸고 진행되었던 것이다.

반면 우리의 '대의민주주의'는 'representative democracy'에 비해 덜 논쟁적인 개념으로 보인다. 개념의 수입과 번역 과정에서 서구에서 나타난 논쟁 내용을 잘 알지 못하기도 했거니와 번역자의 필요에 따라 그 내용을 가감했기 때문이다. 그 결과, '대의민주주의'에서는 인민의 의지보다 이익에 초점을 맞추고, 대표자가 인민의 의사를 반영하기보다 자율적으로 논의하는 것을 당연하게 생각하며, 유사한 대표보다 탁월한 대표를 뽑는 것을 미덕으로 여기는 경향이 있다. 이하에서는 '대의'라는 번역 용어의 한국적 수용을 통해 왜 그런 현상이 나타났는지 확인해 보자.

3. 한국에서 '대표'와 '대의'의 정치적 용례와 기원

1) '대표(代表)'

'대표'와 '대의'는 모두 근대 이전 동아시아에 없었던 단어다. 물론 유교 사상에서도 정치적 대표는 존재했다. 기실 유교 정치사상은 그 자체로 정치적 대표가 어떻게 길러지고, 선택받고, 대표 지위에 오른 다음에는 무엇을 해야 하는가에 대한, 말 그대로 '대표'에 관한 정치 이론이라고 해도 과언이 아니다. 유교 사상이 '대표제'보다 '대표자'에 많은 관심을 가졌다는 점에서 제도적 발전은 늦었지만, 대표-책임 관계에 대한 인식, 대표자에 대한 저항권 보장, 상징적·형식적 대표 개념과 실질적 대표 개념이 처음부터 결합된 점 등에서는 일부 앞선 부분도 적지 않았다.[16] 그럼에도 불구하고 현재 우리가 사용하고 있는 '대표'라는 용어 자체는 조선 시대 말까지 존재하지 않았다. 『조선왕조실록』에서는 유교적인 의미의 정치적 리더를 지칭하는 용어로서 '대표'를 찾아볼 수 없다. 대신 '표(表)'라는 한자어가 '전범(典範)', 곧 '본보기가 되는 모범'의 뜻으로 종종 쓰였다. 예를 들어, 세종 23년에는 임금을 '만민지표(萬民之表)'라고 지칭하는 표현이 나온다.[17]

'대표(代表)'가 실록에 처음 등장한 것은 대한제국이 선포되기 1년 전인 1896년인데, 그 이후 실록에 총 11회 사용되었다.[18] 각각 『고종실록』에 5회, 『순종실록』에 6회다. '대표'가 쓰인 최초의 기록은 『고종실록』 34권, 고종 33년 5월 14일에 기록된 것으로, '제1차 일로 협상'에 대한 기록이다.[19]

> 제1차 일로 협상(日露協商)이 체결되었다. 우리나라 주재 일본 공사 고무라 주타로(小村壽太郞)와 러시아(露國) 공사 베베르(韋貝, Karl Waeber)가 두 나라[兩國]의 대표(代表)로 협정한 각서(覺書)에 대략 이르기를…

여기서는 각 나라의 외교관을 두 나라의 대표라고 지칭했다. 유사한 사례로 1904년(고종 41년) 한일의정서 체결 과정에서는 양국 당사자를 '대일본제국대표자(大日本帝國代表者)와 대한제국외부대신(大韓帝國外

16 예를 들어, 민심천심론(民心天心論), 폭군방벌론(暴君放伐論), 유덕자위왕(有德者爲王)과 같은 대표자의 자질론 등이 그러하다.

17 『세종실록』 94권, 세종 23년 윤11월 24일.

18 '代表'라는 용어는 총 18회 등장하지만, 가장 먼저 발견되는 『정조실록』 43권, 정조 19년 11월 20일에 쓰인 용례는 '표문을 대신한다'는 뜻으로, 대표의 의미와 관련이 없다. 나머지 17회에서 6회는 순종부록에 등장하는 것으로, 본문에 사용된 예는 총 11회다.

19 이하에서 인용하는 『조선왕조실록』의 번역은 국사편찬위원회를 따랐다.

部大臣)'이라고 지칭했다.[20] 이듬해인 1905년(고종 42년)에도 "한일협상조약(韓日協商條約)을 체결한다"라는 기록에서 조약 내용을 설명하며 "일본국(日本國)의 외교대표자급령사(外交代表者及領事)"라는 구절이 보인다.[21] 『고종실록』에서는 주로 외교관이 나라를 대표하는 경우 '대표'라는 표현을 사용한 것이다.[22] 『순종실록』에 나타난 사례 6회 중 4회는 역시 외교 절차에서 나라의 대표를 지칭한 경우다. 이 중 3회에 이토 히로부미(伊藤博文)가 등장한다. 먼저 1908년(순종 1년) 일본으로부터 차관을 도입하는 과정에 대한 기록 중 "대한국 정부에서는 탁지부 대신(度支部大臣) 고영희(高永喜), 대일본 정부에서는 통감(統監) 공작(公爵) 이토 히로부미를 각각 대표자로 하여"라는 대목에서 이 두 사람을 '각기 대표자(各其代表者)'로 서술한 대목이다.[23] 나머지 두 번은 이토 히로부미의 사망과 관련되어 있다. 1909년(순종 2년) 이토 히로부미가 하얼빈에서 안중근에게 저격당했을 때 순종은 이완용을 보내 위문하는데, 이때 이완용을 지칭하면서 '정부대표(政府代表)'라는 표현을 사용했다.[24] 나흘 뒤에는 도쿄에서 치러지는 이토 히로부미의 국장에 농상공부 대신 조중응을 파견하면서 '정부를 대표하여(爲代表政府)' 보낸다고 기록하고 있다.[25] 외교 절차를 포함해 실록에서 '대표'가 마지막으로 등장하는 것은

20 『고종실록』 44권, 고종 41년 2월 23일.

21 『고종실록』 46권, 고종 42년 11월 17일.

22 외교관을 지칭한 사례 외에 '한일협상조약'을 비판하는 이순범의 상소에서는 국제무대에 진출한다는 내용이 '해외에 대표로 나간다'는 뜻의 '出疆代表'라는 표현으로 나타난다. 『고종실록』 44권, 고종 41년 7월 10일. 『고종실록』에서 나타난 마지막 사례는 일본 회사의 수장을 대표라고 칭한 것이다. "三井物産合名會社代表." 『고종실록』 43권, 고종 40년 4월 15일.

23 『순종실록』 2권, 순종 1년 3월 20일.

24 『순종실록』 3권, 순종 2년 10월 27일.

25 『순종실록』 3권, 순종 2년 10월 31일.

1910년 국권이 피탈될 때, 합병 조약안을 황족 대표와 문무 원로 대표가 토의하는 대목에 대한 기록이다.[26]

『순종실록』에 보이는 다른 두 번의 기록이야말로 '외교적' 상황을 벗어나 '정치적' 대표의 맥락에서 서술된 첫 사례라고 할 수 있다. 첫 번째는 1908년(순종 1년) 3월 10일 자에 한성부윤을 인민의 대표라고 지칭한 경우다.

> 백성들의 대표[人民代表]인 한성부윤(漢城府尹) 장헌식(張憲植)을 인견(引見)하고 위문했다.

이 용례는 특정 지역의 행정 관료를 국가나 지방 정부, 관리들 혹은 지역 자체가 아니라 그 지역에 사는 사람들의 대표로 이해했다는 점에서 오늘날의 정치적 대표와 성격이 유사하다. 다른 한 번은 이듬해인 1909년(순종 2년) 12월 12일 자에 일진회장 이용구가 '일한합방성명서'를 발표한 내용을 기록하는 데서 나타난다. 여기서 이용구는 나라를 합병할 것을 요구하면서, 이것이 전체 국민의 뜻을 대표한다고 주장한다.

> 삼가 2천만 민중을 대표하여[謹代表二千萬民衆] 각하에게 의견을 올리니…….

여기서 아이러니한 것은 인민을 대표한다는 뜻의 정치적 의미를 가진 '대표'의 첫 용례가, '민중'의 정치적 대표체인 민족국가를 폐(廢)하

---

26 『순종실록』 4권, 순종 3년 8월 22일. "한일병합조약안(韓日倂合條約案)에 대하여 국무대신(國務大臣) 외에 황족(皇族) 대표자 및 문무 원로의 대표자들이 회동(會同)하여 어전회의(御前會議)를 열었다"에서 "皇族代表者 及文武 元老代表者."

고 다른 나라를 그 대표의 주체로 삼자는 주장에서 나타났다는 점이다.

이처럼 실록에서 '대표'의 용례를 보면 이 용어 자체가 구한말의 복잡한 정치 상황을 이해하는 매개가 된다는 점에서 흥미롭다. 동시에 이 단어가 그전까지는 존재하지 않았던 근대적 신조어라는 점 역시 분명히 드러난다. 특히 『고종실록』과 『순종실록』이 일제강점기인 1927년 이후 경성제국대학 오다 쇼고(小田省吾) 교수의 책임 아래 편찬된 점을 감안하지 않을 수 없다. 즉, 이 두 실록에는 조선이나 대한제국에서 사용했던 한자어가 아닌 일본식 번역어가 상당수 사용되었을 가능성이 높다. '대표'가 『고종실록』 이전에는 전혀 보이지 않다가 갑자기 등장한 이유도 거기에 있을 것이다. 그렇다면 1896년 이후 실록에서 나타나는 '대표'라는 용어는 1927년 이후 일본에서 사용된 'representation'의 번역어라고 추론할 수 있다.

2) '대의(代議)'

『조선왕조실록』에 '대의(代議)'라는 용어는 총 10회 등장하는데, 4회로 가장 많은 경우는 '역대의 일을 논하다'라는 뜻이고, '대신할 사람(후임자)을 논하다'는 3회로 오늘날의 뜻과 거리가 멀다. 가장 유사한 '대신 논하다'는 2회(각각 중종/영조) 나타났지만, 이때 대신 논하는 사람은 정치적 대표성을 가진 사람이 아니었다. 실록에서 오늘날 쓰이는 '대의'와 동일한 뜻을 가진 사례는 단 한 번 등장하는데, 일본인의 지위를 지칭한 경우다. 『순종실록』의 1917년(순종 10년) 9월 22일 자에는 지금도 일본의 중의원을 가리키는 '대의사(代議士)'라는 용어가 다음과 같이 등장한다.

대의사(代議士) 후루야 히사쓰나(古谷久綱)가 양궁(兩宮)에 알현(謁見)하고 다구(茶具) 1조를 바쳤다.

'대의사'라는 용어는 『순종실록』에 등장하기 전에도 존재가 확인된다. 예를 들어, 구한말 내정과 외교 분야 주요 직책을 역임했던 김윤식이 1910년 일본 흑룡회 회원이었던 닛토 가쓰로에게 쓴 편지에 '대의사'라는 표현이 나온다.[27] 이처럼 '대의사'라는 표현은 실록에서는 20세기 이후에 등장하지만 당시 식자층이라면 이미 일상적으로 사용했던 것으로 보인다. 실록의 기록에서 약 2년 뒤인 3·1운동 직후 송건호가 일제의 문화통치에 협력하자는 입장을 비판할 때 "참정권을 획득한다 하자. 자국의 무산계급의 혈액까지 착취하는 자본주의 강도국의 식민지 인민이 돼야 몇몇 노예 대의사(代議士)의 선출로 어찌 아사의 화를 구하겠느냐?"라고 말한다.[28] 일제강점기에 정치깡패 출신으로 조선인 중 유일하게 일본 중의원을 지낸 박춘금을 지칭할 때도 송건호는 대의사라는 표현을 썼다.[29] 박경리의 소설 『토지』가 1910년대 후반의 상황을 묘사할 때도, "변호사의 경력을 가진 케렌스키라는 사람이 의회의 대의사에서 이번 임시정부에 진보 세력을 대표하여"라는 표현이 등장한다.[30]

27 "각 군에서 학식이 있고 단정한 선비를 잘 선발하여 모두 경성(京城)에 모으고, 귀국의 고명한 대의사를 초빙하여 의원 규칙을 가르치게 합니다." 김윤식, 『운암집』 권12, 한국고전종합DB. 한국고전종합DB에서는 '代議士'의 번역을 '대의원'으로 고쳐 놓았으나 원문을 보면 '대의사'가 맞다.

28 송건호, 『송건호 전집 3』(파주: 한길사, 2002), p. 171.

29 송건호, 『송건호 전집 4』(파주: 한길사, 2002), p. 100.

30 박경리, 『토지』 6권(서울: 솔, 1993), p. 402.

흥미롭게도 다수의 독립운동가가 1919년 임시정부를 수립하고자 먼저 제헌의회 격인 '임시의정원'을 설치할 때, 의정원을 구성하는 의원에 대해 자연스럽게 '대의사'라는 용어를 사용했다. 예를 들어, 안창호는 "우리가 다시 정식 대의사를 소집하되 이미 있는 대의사와, 러시아령·중국령·미주 각지에서 정식으로 투표한 의정원을 다시 모읍시다"라고 발언한다.[31] 이 외에 박은식이 1920년에 쓴 『한국독립운동지혈사』에서도 조선인과 일본인의 차별을 묘사하면서 "조선인 대의사는 없고 인민들이 의회에 요구하는 것을 제출할 길이 없다"는 대목이 나온다.[32]

이상은 모두 20세기 용례지만, 이보다 앞선 1896년 6월 '대조선일본유학생친목회'가 펴낸 국내 최초 계간지 『친목회회보』에 실린 유학생 안국선의 글에도 '대의정치'라는 표현이 나온다. 그는 정체(政體)를 입헌정체, 전제정체, 대의정치로 구분한 뒤, "대의정치는 한 나라의 백성이 다른 사람을 대신해 의논할 자를 뽑아 백성의 이해를 저울질해서 정사에 참여하고 의논할 권리를 주는 다수참여 정치 형태로 가장 우수하다"고 주장한다.[33] 안국선이 귀국 후 1906년 11월 돈명의숙 교사로 부임해 강의하면서 1907년에 펴낸 『정치원론(政治原論)』 15장에도 '대의사(代議士)의 임기(任期)'라는 제목이 달려 있다.[34] 이렇게 보면 대의사라

31 안창호, 『나의 사랑하는 젊은이들에게』(서울: 지성문화사, 1987), p.53.

32 박은식, 『한국독립운동지혈사』(서울: 소명출판, 2008), p.259.

33 양승태·안외순, 「안국선과 안확의 근대 정치학 수용 비교 분석」, 『온지논총』 제17집(2007), pp.129-130.

34 이 책은 당시 중등학교에서 관료 시험을 준비하는 수험서로 인기가 있었는데, 같은 제목으로 간행된 이치시마 겐키치(市島謙吉)의 저작을 번역하고 다듬은 것이다. 1987년까지는 김학준의 연구에 따라 안국선의 저작으로 알려졌다가 최기영과 김효전의 추후 연구에 의해 역서로 바로잡혔다. 이에 대한 자세한 설명은 양승태·안외순, 「안국선과 안확의 근대 정치학 수용 비교 분석」 참조. 이치시마 겐키치는 1889년경 약 1년간 도쿄전문대학에서 정치원론을 강의했는데, 이 시기에 『정치원

는 용어는 구한말부터 이미 조선에 알려졌던 것이다.

그렇다면 최초의 용례는 언제일까? 아마도 공식적인 기록은 『한성순보』로 보인다.[35] 『한성순보』는 1884년 1월부터 서구 각국의 역사와 정치 제도를 소개했는데, 여기서 '대의사'라는 표현이 사용되었다.

> 입법부로 말하면, 나라 안에 회의(會議)하는 장소가 있는데, 이를 나누어 둘로 만들었으니 상원(上院)·하원(下院)이 바로 이것이다. 하원은 일명 민선의원(民選議員)인데, 이는 전국 대의사(代議士)로 조직된다. 대체로 입헌정체는 전국 인민이 모두 국사(國事)를 함께 의논할 수 있는 것을 주지(主旨)로 삼는다. 그러나 전국 인민이 형세상 다 참여하여 회의하기가 어렵기 때문에 모든 주(州)·군(郡)에서 특별히 학식이 높은 자를 의정체(議政體)로 가려 뽑아서 대의사(代議士)라 이름한다. 그리고 시무를 잘 아는 준걸(俊傑)한 인물이, 자신이 대의사가 되어 시무를 경영(經營)하고 싶으면 반드시 그 사유를 정부에 고하는데, 이른바 후보(候補)가 바로 이것이다.[36]

1월 30일에 처음 '대의사'라는 표현을 쓴 이래로 영국, 독일, 이탈리아, 프랑스 등의 정치 체제를 설명하면서, 1884년 『한성순보』에서 총 7회, 1887년 『한성주보』에서 총 4회 등 11회에 걸쳐 '대의(代議)'라는 표현이 사용되었다.[37] 가장 자주 쓰인 표현은 '대의사'이지만, 미국의 의

론』이라는 교재를 집필했고, 그에게 강의를 들었던 안국선이 이 저작을 국내에서 번역하여 같은 제목으로 소개한 것이다.

35 이 글에서 인용한 『한성순보』, 『독립신문』, 『황성신문』 자료는 한국언론진흥재단의 '미디어가온 DB'를 활용한 것이다.

36 『한성순보』, 1884년 1월 30일.

37 1884년 1월 30일 외에 '代議士'라는 표현이 10회 더 나오는데, 이를 살펴보면 다음과 같다. 이 가운데 1회는 이틀에 걸쳐 같은 내용이 실렸다. 1) 美國誌略續稿

원들을 지칭할 때는 '대의원(代議員)', 독일의 하원의원을 가리킬 때는 '인민대의사(人民代議士)', 프랑스의 국회에 대해서는 '대의원(代議院)' 등의 용어도 사용했다.

'대의사'는 우리의 번역이 아니라 일본어 '다이기시'가 수입된 것이다.[38] 하지만 근대 이전 일본에도 현대의 '대의'와 같은 용어는 없었다. '대의'라는 용어는 representation 개념의 번역 과정에서 생겨난 것이다. 근대 동아시아에서 '주권', '권리' 등 다양한 정치용어가 처음으로 번역된 계기는 1864년 『만국공법(萬國公法)』의 출간인데, 여기서는 '대의'가

(1884년 3월 8~9일): "그러므로 아메리카合衆國 總代議員들은 이상의 조항으로 세계 각국 공론에 묻고 이에 회동하여", 2) 英王演說(1884년 3월 27일): "영국 여왕이 직접 國會議院에 나와 전국 代議士들 앞에서 외무에 관한 연설을 하였는데 그 줄거리를 듣자면 다음과 같다", 3) 러시아 亞陸政略(1884년 4월 25일): "영국 하원의 代議士 隱修魯(Andrew)", 4) 德國誌略의 續稿(1884년 4월 25일): "상원은 각 연방의 代議士가 그 의원이 되는데 그 수는 총계 62명인바 그중에서 프러시아 출신 代議士가 17명이고 바이에른 출신 代議士가 6명이며 瓦敦堡(Wurttenberg)와 薩索尼(작센)가 각각 4명, 巴丁(바덴)과 黑西(헤센)가 각 3명이고 梅稜堡斯乖零(메클렌부르크)과 弗倫瑞(Brunswick) 및 2주에서 각 2명이며, 그 나머지는 연방마다 각 1명이다. 하원에 있어서는 人民代議士가 그 의원이 되는바", 5) 伊國誌略(1884년 8월 11일): "사르데냐왕에게로 돌아가게 되었다. 이때에 왕이 전국의 代議士들을 都林府(토리노)에 모이도록 명령하여 헌법을 제정하고 드디어 이태리왕에 즉위했다", 6) 歐洲 列國의 軍糧(1887년 7월 11일): "歐洲 大國이 모두 군량을 急務로 삼고 있으나, 매번 유지하기가 어려워 國債를 모으기에 바쁘다. 오스트리아가 이미 1억 5천만 갤런을 모았고, 독일이 방금 수억만 마르크를 모으고, 프랑스가 代議院에서", 7) 佛國歲出豫算(1887년 4월 25일): "또 元老院 行政費와 元老議員에게 지급되는 460만 프랑과 代議員 행정비와 代議士 月俸 742만 8,860프랑이 포함되어 있다", 8) 歐洲學敎(1887년 1월 24일): "조사하건대, 프랑스支部卿이 代議院과 의논하여", 9) 佛國에서 萬國兒童共進會를 열다(1886년 7월 5일): "3월 4일 日本 新聞에 이르기를 프랑스의 代議士와 府會議員 몇 명이."

38 일본 제국헌법에서는 현재의 참의원이 있기 전에 중의원과 더불어 귀족원이 있었는데, 귀족원과 구별하여 국민의 투표로 선출된 중의원만이 국민의 실질적인 대표라는 뜻으로 '다이기시'라고 불렀다. 이후에도 '다이기시'는 관행적으로 중의원을 지칭한다.

아직 발견되지 않는다.[39] 이 번역어의 기원을 짐작케 하는 것은 유길준이 1884년 『한성순보』에서 '대의사'라는 용어를 처음 사용하기 직전인 1881~1883년에 후쿠자와 유키치가 설립한 게이오의숙(慶應義塾)에서 공부했다는 사실이다. 게이오에서는 유길준이 공부하던 시절 이미 영어본으로 밀의 『자유론』과 『대의정부론』을 가르치고 있었다. 그렇다면 유길준은 분명히 게이오에서 이 용어를 배웠을 것이다.

그러나 후쿠자와 유키치가 1866년에 펴낸 『서양사정(西洋事情)』에도 '대의'라는 표현은 아직 등장하지 않는다.[40] 후쿠자와 유키치가 '대의'라는 용어를 출판물에서 처음 사용한 것은 1875년이다. 『문명론의 개략(文明論之概略)』[41]에 이 용어가 등장하는데, 같은 해 나가미네 히데키(永峰秀樹)[42]가 밀의 *Considerations on Representative Government*를 『대의정체(代議政體)』로 번역 출간했다.[43] 『문명론의 개략』은 『서양사정』

---

39 이 책은 국제법에 대한 동양의 첫 번역으로, 헨리 휘턴(Henry Wheaten)의 책을 중국에 와 있던 선교사 윌리엄 마틴(William Martin)이 1864년 번역한 것이다. 번역 과정에서 많은 근대 법 개념이 한문으로 번역되었는데, 주권, 권리, 책임, 배상 등의 신조어가 이때 만들어졌다. 이에 대해서는 한림과학원 편, 『동아시아 개념연구 기초문헌해제』(서울: 선인, 2010), pp.160-163 참조.

40 福澤諭吉, 『西洋事情』, 福澤諭吉著作集 第1巻(東京: 慶應義塾大学出版会, 2002[1866]). 1866년에 '초편(初編)'을 펴내고 1868년에 '외편(外編)'을, 1870년에 2편을 출간했다.

41 福澤諭吉, 『文明論之概略』, 福澤諭吉著作集 第4巻(東京: 慶應義塾大学出版会, 2002[1875]).

42 나가미네 히데키(永峰秀樹, 1848~1927)는 어려서 한학을 수학하고 나가사키에서 영어를 배웠다. 1871년에 해군병학교의 교관이 되어 퇴임하기까지 해군 교육에 종사했으며, 『아라비안나이트』, 밀의 『대의정체』, 기조의 『구라파문명사』, 워커의 『부국론』 등을 번역했다. 한림과학원 편, 『동아시아 개념연구 기초문헌해제』, pp.237-238.

43 현재 일본에서는 『대의제통치론』이라는 제목이 가장 보편적으로 쓰이고 있다. 한국에서는 서병훈이 『대의정부론』으로 번역했다. 이 책이 단지 정부의 형태에 머물지 않고 통치와 정체 전반을 다루며, 대표의 개념도 대의로 한정될 수 없다고 본다

'초편'이 발행된 지 약 9년 뒤에 출간된 것인데, 3장에서 미국의 정치 체제를 설명하면서 '대의'라는 표현을 처음 사용한다.

> 합중정치에서는 대의사를 뽑는데, 입찰을 이용해 다수 쪽에 낙찰하는 법이 있다(밀 씨의 『대의정부론』). 대의정치의 일에 대해서는 아주 논의가 복잡하게 얽혀 있는 것이 있다.

여기서 주목할 것은 『서양사정』과 『문명론의 개략』 사이에 나타나는 번역 용어상의 차이다. 『서양사정』에서는 monarchy, aristocracy, republic을 각각 '입군(立君)', '귀족합의', '공화정치'라고 번역하고 '입군'은 다시 순수 군주정인 '입군독재'와 입헌군주제인 '입군정률'로 나누어 제시된다. 또한 '공화정치'를 '국민 일반의 합의'라고 설명했다. 그리고 영국에서 이 세 형태가 동시에 나타나는데, 각각 군주, 상원, 하원이 대응된다. '하원'이 '공화정'이라는 번역어 개념을 통해 이해되었던 것이다.[44] 그런데 『문명론의 개략』에서는 '공화정치'가 '민서(民庶)합의'로 바뀐다.[45]

마루야마 마사오는 여기서 민서합의가 오늘날의 의회정치를 뜻한다고 해석한다. 그는 민서합의에 대해 "의회정치를 가리키는 말이지만 당시 아직 의회정치라는 번역어가 정착되기 전에 경합했던 말"이라고 설명한다.[46] 또한 이러한 번역어의 변화에 대하여 『서양사정』을 쓸

면 향후에는 '대표 정체'나 '대표제 통치론'도 검토해 볼 만하다고 생각한다.

44 福澤諭吉, 『西洋事情』. 흥미로운 것은 미국을 설명할 때 공화정치가 아니라 '합중정치'라는 표현을 사용한 점인데, 당시에는 '민주주의'라는 용어가 아직 없어 이렇게 지칭한 것으로 이해된다.

45 福澤諭吉, 『文明論之槪略』.

46 마루야마 마사오, 김석근 옮김, 『《문명론의 개략》을 읽는다』(파주: 문학동네, 2007),

때는 1856년 귀국할 때 가져온 웨일랜드(Francis Wayland)가 저술한 *The Elements of Political Economy* 등 개략적인 서적을 주로 참고해서 집필한 반면, 『문명론의 개략』을 쓸 때는 밀의 『대의정치론』 등 전문성이 높은 저작을 많이 접함으로써 보다 폭넓은 식견을 가질 수 있었기 때문이라고 본다.[47]

이렇게 보면 다음과 같은 추론을 할 수 있다. 『문명론의 개략』을 쓸 단계에 이르러 후쿠자와 유키치는 지배계급 일부가 아니라 정치공동체 전체의 공공이익을 지향하는 공화정의 요체가 국민이나 일반 시민 다수의 합의에 있고, 그것을 실질적으로 구현하는 형식이 '대표를 선출하는 형태의 정치'에 있다는 점에 대해 어느 정도 인식했으며, 그것을 '민서합의'나 '대의정치'라는 용어로 표현하려 했다고 추론할 수 있다. 그래서 『서양사정』에서는 정치 형태의 구분이 통치하는 주체의 수와 관련된 분류에 지나지 않는 반면, 『문명론의 개략』에서는 '민서합의', '대의정치' 같은 공화정과 민주정이 '대표제'와 갖는 관계에 대한 용어들이 등장한 것이다. 그리고 최종적으로는 '만국공법'이 '국제법'에 밀렸듯이 '민서합의'가 '대의민주주의'와의 번역어 경쟁에서 패한 것으로 볼 수 있다.

---

pp. 168-169. 후쿠자와가 이 글을 쓰던 1874년 1월에야 민선의원 건의가 이루어지고 자유민권운동이 시작되어, 1879년 말 국회개설원망운동이 벌어진 후에야 비로소 '국회'라는 말이 전국적으로 쓰인다.

47 마루야마 마사오, 『《문명론의 개략》을 읽는다』, p. 221. 『문명론의 개략』에서 언급하고, 당시 일본어 번역본은 나오지 않은 상황이므로 후쿠자와 유키치가 1861년에 출간된 원서를 구해 읽은 것이 분명하다. 하지만 수택본은 전하지 않아 언제 이 책을 입수해 읽었는지 확인하기 어렵다. 다만 1873년 출간된 토크빌의 『미국의 민주주의』 원서를 1877년에 구해 읽은 것으로 볼 때, 최신 서적을 대단히 신속하게 입수해 읽었으리라 미루어 짐작할 수 있다. 이 내용은 마루야마 마사오, 『《문명론의 개략》을 읽는다』, pp. 237-238 참조.

나가미네 히데키의 『대의정체』 번역은 1861년 영국에서 출간된 지 불과 14년 만인 1875년에 이루어졌다. 나가미네는 1875년부터 3년에 걸쳐 이 책을 출간했는데, 이때 책의 제목으로 '대의'라는 표현을 사용했다면, 당시에 이미 이 용어가 상당히 알려져 있었다고 보아야 할 것이다.[48] 후쿠자와 유키치가 『문명론의 개략』에서 '대의사', '대의정치'라는 표현을 별다른 설명 없이 사용한다는 점도 이를 뒷받침한다.

이러한 점에서 볼 때 『서양사정』이 출간된 1866년에서 『문명론의 개략』과 『대의정체』가 출간된 1875년 사이 어느 때 게이오의숙에서 '대의'라는 번역어가 생겨나 일본에 알려졌을 가능성이 높다. 또한 국내에는 게이오에서 공부한 유길준이 간행 실무를 맡은 『한성순보』를 통해 1884년에 처음 소개되었는데, 19세기 말에는 이미 식자층들이 널리 사용할 정도였다. 그리고 안국선의 『정치원론』에서 보듯, 1907년에는 중등학교에서도 그 개념을 자연스럽게 사용하고 있었다.

4. 탁월한 자의 통치로서 '대의민주주의'

구한말 당시 동아시아의 역사적 조건과 유교적 정치사상의 영향 아래에서 대표제가 민주주의와 만나는 접점은 불분명했다. 19세기 중반 우리 지식인 사회는 아직 '대표제'라는 개념에 대해 논의할 준비가 되어 있지 않았고, 곧이어 일본의 번역어들을 통해 '대의'와 '대의사'라

48 루소의 『사회계약론』을 1874~1875년 나카에 조민(中江兆民)이 번역하는데, 이때는 1~2편의 부분 번역만 이루어져 여기에는 '대표'나 '대의'가 등장하지 않는다. 2년 뒤인 1877년에 핫토리 도쿠(服部徳)가 『민약론』을 완역하는데, 이때 3편 15장의 제목 'Deputies or Representatives'를 '대의사 혹은 대표자'로 번역했다.

는 개념이 들어오면서 '대표'는 '대의'로, 즉 '탁월한 자(들)의 통치'라는 개념으로 굳어졌다. 이는 다양한 대의민주주의의 형식과 내용 중에서 특히 버크가 지향했던 하나의 유형, 곧 자연적 귀족정(natural aristocracy)에 해당한다. 여기서 자연적 귀족은 어느 사회에서나 존재하는, 자신이 포함된 특정한 계급이나 지역의 이익이 아니라 전체로서 정치공동체의 이익을 지향할 수 있는 능력과 자질을 갖춘, 공정하고 성숙하며 계몽된 수탁자(trustee)로서 소수의 엘리트다.[49]

이러한 경향은 개화기 지식인들의 대표제에 대한 시각에서 지배적으로 나타난다. 『서유견문』 5편 '정부의 시초'에서 유길준은 정부의 조직은 천지의 자연스러운 이치이고, 국가와 정부의 수립 과정은 미개인이 문명화되는 과정이며, 제어되지 않는 욕구를 힘을 이용해 달성하려는 사람들이 있기 때문에 '이성으로써 힘을 제어하는 일정한 제도'를 만든 것이 정부의 근본이라고 설명한다. 그리고 이 정부를 누가 다스릴 것인가 하는 질문을 던지며 '어진 자'를 임금으로 세우는 것이 당연하다고 한다. 임금이 없는 미국의 경우 "국민이 많으면 그 가운데 학식과 덕망이 넉넉히 한 나라를 다스릴 만한 자가 있으므로, 그를 대통령으로 선출하는 법을 선택"했다고 말한다.[50] 그러나 유길준에 따르면, 이러한 제도를 조선에 도입할 수는 없다. 이유는 정부를 시작한 유래에 차이가 있기 때문이다. 현재 임금이 있는 나라에서 이러한 주장은 죄악이며 대신 "나라 안에서 어질고 능력 있는 사람을 추천하여 정부의 관리로 임

49 Pitkin, *The Concept of Representation*, pp.169-172; Frederick Dreyer, *Burke's Politics: A Study in Whig Orthodoxy* (Waterloo: Wilfrid Laurier University Press, 1979), pp.30-34; 테렌스 볼·리처드 대거·대니얼 오닐, 정승현·강정인 외 옮김, 『현대정치사상의 파노라마』(파주: 아카넷, 2006), p.190.

50 유길준, 허경진 옮김, 『서유견문』(파주: 서해문집, 2004[1895]), pp.162-164.

용하고 국민들의 생명과 산업을 잘 보전하여, 일정한 법률로 태평스러운 즐거움을 누리면서 선대 임금들이 창업한 공덕을 만세에 받들어 지키는 것이 옳은 일"이라고 강조한다. 특히 인민의 정치 참여에 대해서는 불가피한 일이 아니라 억제해야 하는 일이라고 주장한다.[51]

> 여러 사람의 의논이 공평하다고 하여, 정치에 관심도 별로 없는 국민들을 다 동등하게 여기고 정부의 권력을 함께 잡는 것이 어찌 옳겠는가?[52]

이러한 관점은 개화파들 사이에서 널리 퍼져 있었던 것으로 보인다. 1884년 발표한 갑신정변 개혁안 중에 "인민은 평등하며, 사람은 능력을 보고 관리로 임명"한다는 대목이 있는데,[53] 이는 프랑스 혁명기에 시에예스가 국민과 시민을 구분한 논리와 유사하다.

『독립신문』에서도 유사한 시각을 찾아볼 수 있다. 1898년 7월『독립신문』은「하의원은 급하지 않다」는 제목의 사설을 싣는다. 이에 대해 기존의 여러 연구는 하원의 설치를 완전히 반대하는 것이 아니라 의회 설립을 반대하는 고종을 전략적으로 설득하기 위해 상원의 설치를 우선했기 때문으로 풀이한다. 그러나 내용을 살펴보면 여기에는 전략적인 선택으로만 이해하기 어려운 실질적인 이유들이 존재한다.

> 하의원이라 하는 것은 백성에게 정권을 주는 것이라. (…) 무식하면 한 사람이 다스리나 여러 사람이 다스리나 국정이 그르기는 마찬가지요, 무식한 세계에는 군주국이 도로 민주국보다 견고함은 고금 사기와 구미 각국

51 유길준,『서유견문』, pp. 165-167.

52 유길준,『서유견문』, p. 168.

53 김육훈,『민주공화국 대한민국의 탄생』(서울: 휴머니스트, 2012), pp. 55-66.

정형을 보아도 알지라. 그런고로 어느 나라이든지 하의원을 설시하려면, 먼저 백성을 흡족히 교육하여 무슨 일이든지 총명하게 의론하며, 대소 사무에 나랏일을 자기 일같이 재미를 들이게 하여야 낭패가 없거늘, 우리나라 인민들은 몇백 년 교육이 없어서 나랏일이 어찌 되든지 자기에게 당장 괴로운 일이 없으면 막연히 상관 아니 하며, 정부가 누구 손에 들든지 조반석죽만 하고 지내면 어느 나라 속국이 되든지 걱정 아니 하며, 자유니 민권이니 하는 것은 말도 모르고 혹 말이나 들은 사람은 아무렇게나 하는 것을 자유로 알고 남을 해롭게 하여 자기를 이롭게 하는 것을 권리로 아니, 이러한 백성에게 홀연히 민권을 주어 하의원을 설시하는 것은 도로 위태함을 속하게 함이라. (…) 이런 망발은 하지들 말고 (…) 안으로는 학교를 도처에 설시하여 젊은 사람들을 교육하며 밖으로는 학도를 구미 각국에 파송하여 유익한 학문을 배워다가 인민에 지식이 쾌히 열려 40~50년 진보한 후에나 하의원을 생각하는 것이 온당하겠도다.[54]

이것은 결코 전략적인 선택이 아니다. 여기서 『독립신문』은 대단히 강한 어조로 '무식한 자'의 다스림에 대해 반감을 표현한다. 이들이 지향한 통치는 '민주주의'를 기능하게 하는 장치로서의 '대표제'가 아니라, 민주주의가 아닌 어떤 정치 체제 혹은 민주주의를 적극적으로 부정하는 체제로서의 '대표제'였던 것이다.[55] 또한 학교를 통한 교육이 시행된 후에도 40~50년 정도 지나서야 이들에게 투표권을 줄 수 있다고 주

54 『독립신문』, 1898. 7. 27. 서울대 정치학과 독립신문강독회, 『독립신문 다시 읽기』 (서울: 푸른역사, 2004), p.278에서 재인용.

55 이러한 견해는 앞서 언급한 김윤식이 일본 흑룡회 회원이었던 닛토 가쓰로에게 1910년에 쓴 편지에서도 그대로 드러난다. 그는 "개화되지 않은 나라에 의원(議院) 제도를 마련하는 것 같은 일은 급히 논의해서는 안 된다"고 말한다. 김윤식, 『운암집』 권12, 한국고전종합DB.

장하는데, 이것은 대의민주주의에 대한 이들의 관념이 19세기 밀과 토크빌(Alexis de Tocqueville)이 아니라, 18세기 버크의 생각에 가깝다는 점을 분명하게 보여 준다. 버크는 교육이 선거권의 선결 조건이라고 본 반면, 밀과 토크빌은 선거와 정치에 대한 참여 자체가 최선의 교육이라는 점을 역설했기 때문이다.

이렇게 볼 때 구한말 당시 '대표' 개념은 군주제적 가치와 양립하는 가운데 민주주의에 반하는 결합을 통한 '대의' 개념과 잘 융합될 수 있었을 것이다. 물론 이 점은 서구에서도 마찬가지다. 중요한 차이점은 서구의 경우 '대표'에 대한 논쟁이 실제로 벌어졌기 때문에 탁월성을 강조하는 집단이 승리하기는 했지만 여전히 유사성이라는 측면이 대표제의 맥락에 남아 존속할 수 있었던 반면, 한국에서는 처음부터 '대표'가 '대의'로만 협소하게 이해되었던 것이다. 그래서 대표자의 자격도 대표되는 집단의 이익을 반영하거나 그 집단의 일원이어야 한다는 시각보다는, 높은 수준의 지식과 교양을 갖춘 사람만이 적합하다는 관점으로 압축되었다.

대표제에 대한 개화 지식인들의 견해는 이들이 왜 을미의병이나 동학농민운동에 대단히 비판적이었는지도 설명한다. 『독립신문』의 논설은 이들에 대해 "무법한 인민과 시세를 알지 못하는 유생층이 민병을 조직하였으니 박멸함이 마땅하다"(1896. 8. 6), "수도에 외국 군대가 와 있어 동학과 의병을 막아 주니 다행"(1898. 4. 14)이라고 평가하며, 이들을 '비도(卑盜)'라고 지칭한다. 학계에서도 『독립신문』의 이런 입장에 대해서는 그동안 반민중적·반민족적이라는 비판적 평가가 지배적이었다.[56] 하지만 『독

56 채백, 『독립신문 연구』(서울: 한나래, 2006), pp. 243-245. 『황성신문』 역시 민의 수준이 미달이라 하원은 시기상조라 주장하고 군주정을 강력히 옹호했다. 이에 대해서는 최경숙, 『황성신문연구』(부산: 부산외국어대학교출판부, 2010), pp. 124-127

립신문』이 이렇게 비판적 입장을 취한 본질은 이들이 지향한 대표제의 성격과 관련 있다. 동시대인 19세기 영국과 미국의 지식인 다수가 그랬듯이 『독립신문』 필자들은 '무지한 자들의 통치'가 '외세의 통치'나 '군주제의 지속'보다 더 위험하다고 인식하고 있었던 것이다.[57] 그 결과, 대표를 뽑아 정치를 한다는 중립적 개념의 '대표제 민주주의'는 '탁월한 자(들)가 우리를 위해 논의하는 통치'로서 '대의민주주의'가 되었다. 또한 이 견해는 위정척사와 개화파, 지배 계층과 피지배 계층을 막론하고 공통적이었다. 배우지 않으면 통치할 수 없고, 대표할 수 없고, 정치에 관여할 수 없었다. 이런 관념의 '대의민주주의'는 반세기 뒤 위로부터 주어진 보통선거권을 맞닥뜨렸지만 지금까지도 사라지지 않고 있다.

5. '대의'를 넘어 '대표'로

'representation'은 말 그대로 누가 누군가를 정치적으로 대표한다는 뜻이다. 여기에는 순전한 위임이나 대리에서부터 대표가 완전히 자율권을 행사하는 것 사이의 다양한 스펙트럼이 존재한다. 피트킨(Hanna Fenichel Pitkin), 마넹(Bernard Manin), 버치(Anthony H. Birch), 우르비나티

참조.

57 이러한 시각을 가진 것은 비단 지배층만이 아니었던 것으로 보인다. 1893년 동학 집회에서는 '민회'라는 용어가 일반화되어 사용되었지만, 그들은 스스로 통치자로 적절하다고 생각하지 않았다. 전봉준은 1895년 처형되기 전 심문에서 "왕 주변에서 간악한 관리를 쫓아내고, 기둥 같고 주춧돌 같은 선비를 찾아 정치를 맡길 생각이었다", "나랏일을 한 사람의 세력가에게 맡기는 것은 크게 폐해가 있으므로 몇 사람이 협력하여 합의제로 정치를 담당하게 할 생각"이라고 말하고 있다. 김육훈, 『민주공화국 대한민국의 탄생』, p.57.

(Nadia Urbinati) 등 현대의 대표제 연구자들은 모두 이것이 '대표를 통한 민주주의'에서 가장 중요한 논쟁점이라는 것을 반복해서 지적해 왔다. 실제로 버크, 밀, 루소와 시에예스, 연방주의자와 반연방주의자 등은 이를 놓고 심각하게 대립했다.

그러나 일본의 번역어를 통해 들어온 우리의 '대의' 개념은 이러한 논의 내용을 대체로 생략한 채 그 결과물만 받아들였다. 우리말의 맥락에서 봐도 '대표(代表)'는 대표자의 역할에 대해 순전한 대리에서 완전한 자율 사이의 다양성을 포괄하는 반면, '대의(代議)'는 대표제나 대표자의 기능과 역할을 '대신 의논하는 것'으로 한정된다. '대표'는 상대적으로 열린 개념인 반면, 대의는 누군가가 대신해 주는 의논에 초점을 맞춘 것이다. 사실 이 의논에서는 무엇에 대한 논의에, 어떤 사람들이 참여하고, 그들이 어떤 역할을 하는지도 중요하다. 의논의 대상과 주체에 대해서는 의지와 이익, 대리하는 행위와 자율적 행위, 우리 같은 대표냐 우리보다 뛰어난 대표냐 등을 놓고 다양한 딜레마가 존재한다. 그러나 우리가 받아들인 일본의 번역어 '대의'에서는 의논의 장에서 대표되는 사람들의 의지를 반영한다는 의미보다 의논을 통해 그들의 이익을 수호한다는 맥락이 강하다. 이 논의에 참여하는 사람들은 우리와 같은 것이 아니라 우리보다 월등히 뛰어나기 때문이다. representation이 '대의'로 번역될 때, 그리고 그것을 조선 지식인들이 수용했을 때는 이러한 의도가 분명히 포함되어 있었다.

이런 과정을 통해 '대표'가 가진 여러 의미는 '대의', 즉 나보다 뛰어난 누군가가 나의 이익이나 내가 모르는 더 큰 이익을 위해 대신 의논한다는 뜻으로 확정되었다. 여기에는 주권이 본래적으로 대표될 수 없다든지, 대표는 계급과 같은 특정한 집단의 이해를 반영할 수 있어야 한다든지, 유사성을 가진 사람 중에서 대표자가 나와야 한다는 관점이

들어설 자리가 없었다. 이처럼 확정된 개념으로 수입된 우리의 '대의민주주의'에서는 대표제와 민주주의가 상호 모순적인 결합을 하면서 나타났던 여러 긴장과 갈등, 역동성을 찾아보기 어렵다.

물론 대부분의 정치적 발전에는 어느 정도 시간이 필요하다. 영국에서 왕을 처형하고 공화정을 수립한 경험 이래로도 성인 남녀의 보통선거권이 확보되기까지 약 5세기가 걸렸고, 프랑스와 미국에서는 왕 없는 대표제를 수립하기 위해 혁명과 전쟁을 치렀다. 우리의 경우 대표제와 민주주의에 대한 이해가 정치적·학문적으로 이루어지기 전에 한반도가 열강의 다툼 속에 식민지가 되었고, 해방 이후에는 보통·평등 선거권이 위로부터 주어졌다. 민주주의와 결합한 '대의제'가 이미 주어져 버렸기 때문에 이 제도의 본질적 성격, 대의제와 민주주의의 관계, 어떤 대표자를 뽑고 대표가 무엇을 해야 하는가에 대한 논쟁을 할 필요가 별로 없었던 셈이다. 이러한 점에서 해방과 분단 이후 펼쳐진 한국 정치사의 여러 장면, 특히 남북에서 공히 권위주의적 대표와 민주주의에 대한 열망이 충돌하며 빚어진 사건들은, 19세기 말 대표와 민주주의에 대한 논쟁의 부재 속에서 '대의민주주의'를 수입했던 과정이 야기한 '지연된 갈등'의 산물이라고 이해할 수 있다.

대통령 직선제를 쟁취한 민주화 이후 30여 년이 훌쩍 지났지만, 우리는 여전히 어떤 대통령을 뽑아야 하는지에 대해 매우 낮은 수준의 논쟁에서 벗어나지 못한 것처럼 보인다. 대통령이라는 '정치적 대표'의 자질과 역할에 대한 서로 다른 생각들은, 이 차이가 대표제와 민주주의 간의 근본적 갈등에서 출발한다는 점을 이해하지 못하는 것 같다. 이 장에서는 그런 논의를 '왜 대표민주주의가 아니라 대의민주주의였는가?'라는 질문을 통해 이끌어 내고 싶었다. 특히 민주주의에서 대표가 어떤 역할을 하고 어떤 자질을 갖춰야 하는가에 대한 논의가 학계에서 조차 선거 제도나 권력 구조에 대한 논쟁 뒤편으로 사라져 버린 것은 매우 아쉽다. 그러나 민주주의만큼이나 이제는 대표제와 대표에 대한 논의도 본격화할 필요가 있다. 무엇보다 그것이 지금, 그리고 앞으로도 우리가 계속 해 나가야 할 정치이기 때문이다.

본장은 이러한 점에서 대표 개념에 대한 논쟁을 불러일으키는 데 궁극적인 목적을 두고 출발했다. 그리고 그 시발점으로 '대의'라는 용어의 기원에서부터 논의를 환기시키고자 했다. 물론 용어의 기원과 용례를 명확히 다 밝히지 못했으며, 그것이 구한말과 일제강점기 동안 어떻게 논의되었는지에 대해서도 추적하지 못했다.[58] 해방과 분단 이후의 논쟁도 다루지 못했음은 물론이다. 다만, 앞으로 '대표'에 대한 개념적 연구와 사회적 논쟁이 제도적 연구와 더불어 한국 대표민주주의의 발전을 위해 필요하다는 점을 제시한 것으로 의의와 위안을 삼는다.

58 다행히 이 책의 다른 장을 저술한 필자들은 문제의식만 던진 이 글의 미흡함과 달리 구체적인 기원과 용례를 꼼꼼히 추적하고 있어 독자들에게 큰 도움이 되리라 생각한다.

제3장

데모크라시는 어떻게 '민주주의'가 되었을까?

19~20세기의 번역어 성립 과정

송경호·김현

1. '민주주의'라는 기묘한 번역어

현대 일본, 더 나아가 동아시아에서 '레프리젠테이션(representation)'의 번역어로 사용되는 '대의/대표(제)'는 일반적으로 '데모크라시(democracy)' 개념을 전제하고 있다.[1] 이는 앞선 장에서 살펴보았듯이, 서구에서 레프리젠테이션의 재발견이 데모크라시 개념과 착종을 통해서 실현되었기 때문이다. 즉, 서구 근대에서 레프리젠테이션은 데모크라시와 결합되면서 새롭게 개념화된 것이다. 앞의 제2장이 서구의 레프리젠테이션 개념이 어떻게 '대의'로 번역되었는가 하는 문제를 검토했다면, 이 장에서는 데모크라시가 어떻게 '민주주의'라는 번역어로 정착되었는가 하는 문제를 살펴본다.

동아시아에서 데모크라시의 번역어인 '민주주의'는 논쟁적인 성격을 띠어 왔다. '자본주의(capitalism)', '사회주의(socialism)', '자유주의(liberalism)'의 예에서 알 수 있듯이, '주의(主義)'는 일반적으로 이데올로기를 의미하는 '이즘(ism)'의 대응어라 할 수 있다. 이에 반해 데모크라시의 어원이 되는 그리스어 '데모크라티아(dēmokratia)'는 '데모스(demos)'와 '크라토스(kratos)'가 결합된 것이다. 여기서 '데모스'와 '크라토스'가 각각 민(民)과 통치를 의미한다는 점을 고려하면, 19세기 일본에서 번역어로 통용된 '민정(民政)'이 오히려 데모크라시의 적역(適譯)일 수 있

* 이 글은 송경호·김현, 「근대적 기본개념으로서 '민주주의(民主主義)'의 개념사: 19-20세기 일본에서의 번역어 성립과 사용의 일반화 과정을 중심으로」, 『한국정치학회보』 제55집 2호(2021)를 수정·보완한 것이다.

1 이 장에서는 데모크라시가 동아시아에서 '민주주의'라는 일반적 번역어를 가지게 된 과정을 추적하고 있다. 이에 번역어라는 점을 강조할 필요가 있을 경우에는 '민주주의'로 표기했으며, 하나의 개념으로서 민주주의(democracy)를 지칭할 때는 작은따옴표 없이 표기했음을 밝혀 둔다.

다.[2] 한편 데모크라시와 함께 언급되는 '아리스토크라시(aristocracy)'와 '모나키(monarchy)'가 각각 귀족제(정) 또는 군주제(정)로 번역된다는 점을 고려할 때 민주제(정)가 더 적합하다는 지적 역시 가능하다. 이러한 맥락에서 '민주주의'에 대한 개념사 연구들 역시 '민주주의'가 데모크라시에 대한 적합한 번역어가 아니라는 문제의식에 초점을 맞춰 왔다.

하지만 개념사적 관점에서 번역 문제를 접근해야 한다는 이 책의 기본 입장에서 본다면 '민주주의'가 데모크라시의 적합한 번역어인가는 주요한 쟁점이 아니다. 오히려 해결해야 할 질문은 "어떻게 '민주주의'가 데모크라시의 번역어로 채택되었을까?", "이 용어는 1945년 이전까지 번역어로서 어떤 지위를 누렸을까?", 그리고 "특히 다이쇼 데모크라시 시대에 '민주주의'는 어떤 위상을 지녔을까?"와 같은 질문이다. 따라서 이 장에선 '민주주의'가 적합한 번역이었는지 논쟁하기보다 일견

2 물론, 데모스와 크라토스 역시 다양한 해석의 여지를 가지고 있다는 점을 고려할 필요가 있다. 이와 관련해서 오버(Josiah Ober)는 고대 그리스어 접미사인 크라토스와 아르키(arche)에 대한 분석을 통해 데모크라시의 본래적 의미가 "다수의 지배(majority rule)"가 아니라 "할 수 있는 능력(capacity to do things)"이라고 재규정한 바 있으며, 신철희는 데모스가 '전체 시민'과 '일반 평민'이라는 이중 의미를 가지고 있었다는 점을 지적한 바 있다. Josiah Ober, "The Original Meaning of "Democracy": Capacity to Do Things, not Majority Rule", *Constellations* 15 (2008), pp. 3-9; 신철희, 「'민'(demos) 개념의 이중성과 민주주의(demokratia)의 기원」, 『한국정치연구』 제22권 2호(2013), pp. 203-225. 한편, '민정'은 실제 19세기 동아시아에서 데모크라시와 리퍼블릭의 번역어로 사용되기도 했는데, 특히 중국어 번역 사전에서 공통적으로 등장했던 표현이다. 예를 들면, 平文 編譯, 『和英語林集成』(1872) 'ミンセイ' 부분의 "民生, (tani), n. People, men. 民政, a popular or democratic government"; 津田仙 譯, 『英華和訳字典(乾)』(1879~1881)의 "Democracy, n. government by the people, 民政, 衆人管轄, 百姓弄權, ミンセイ, min-sei", "Democrat, n. 民政的, 從民政者, 從民政之理者, ミンセイヲ コノム ヒト, min-sei wo konomu hito", "Democratic, Democratical, a. 民政的, ミンセイノ, min-sei no"; 羅布存德, 『英華字典』(1883)의 "Democracy, n. government by the people, 民政, 衆人管轄, 百姓弄權, 推民自主者" 등을 들 수 있다.

적합하지 않은 것으로 보이는 '민주주의'라는 표현이 어떻게 데모크라시의 번역어로 자리매김했는지 그 사정을 면밀하게 살펴본다.[3]

19~20세기 일본에서 '민주주의'라는 번역어의 성립 과정을 설명하기 위해 이 장은 개념사의 방법론을 채택한다. 코젤렉(Reinhart Koselleck)에 따르면, 개념은 역사적 변화 과정에서 일련의 의미 변화를 겪기 때문에 개념사는 공시적 차원에선 단어의 사회적 맥락을 분석해야 하고, 통시적 수준에선 의미의 변화와 지속 과정에 주목해야 한다.[4] 이런 방법론에 착안하여 본장에서는 데모크라시의 번역어로 '민주주의'가 성립되는 일련의 과정을 다음 두 가지에 주목하여 해석하고자 한다. 첫째, '민주'의 의미 변화와 '민주'와 '주의'의 결합 과정에 주목한다. 먼저 '민주'에 대해서는 원래 동아시아에서 전통적으로 사용된 용어였지만 19세기 서구 근대적 개념의 수용과 함께 번역어로 전유된 것이라는 점을 지적하고, 이 과정에서 '민주'의 의미 변화를 살펴본다. 둘째, 번역어 '민주'가 '주의'와 합성되는 맥락, 나아가 합성어 '민주주의'가 데모크라시의 번역어로 등장한 경위를 살펴본다. 셋째, '민주주의'가 다른

3 현재 동아시아 3국에서 통용되고 있는 근대어 중 대다수는 19~20세기 동아시아 지식인들의 공동 작업물 성격을 가진다. 그리고 당시 일본이 이 공동 작업 과정 내지는 근대적 번역어 성립 과정에서 주도적 역할을 했다는 것은 부정할 수 없는 사실이다. 특히 한국의 경우 일본을 매개로 해서 서구적 근대를 수용했다고 해도 과언이 아니다. 이런 점에서 일본의 '민주주의' 성립 과정을 검토하는 것은 단순히 일본뿐만 아니라 한국, 나아가 동아시아의 '민주주의'를 이해하는 토대가 될 수 있다. 특히, 한국의 경우 일본을 매개로 해서 서구적 근대를 수용했다는 점에서 일본에서의 '민주주의' 성립 과정을 검토하는 것은 단순히 일본뿐만 아니라 한국과 동아시아의 '민주주의'를 이해하는 토대가 될 것이다. 이 장에서는 이러한 맥락에서 일차적으로 일본에서 '민주주의'라는 번역어가 성립된 과정을 살펴보고자 하는 것이며, 이를 곧바로 동아시아 전체의 성립 과정으로 환원하고자 하는 것은 아니다.

4 나인호, 『개념사란 무엇인가: 역사와 언어의 새로운 만남』(서울: 역사비평사, 2011), p. 39.

번역어들과의 경쟁을 통해 일반적으로 사용되는 과정을 살펴본다. 특히 사회적 맥락에 주목하면서 의미 변화를 추적하여 '민주주의'의 성립을 해명하기 위해 본장에서는 19~20세기 일본의 사전, 잡지, 도서, 공문서 등 활용 가능한 모든 자료를 최대한 살펴보고자 했으며, 특히 용어 사용의 전체적인 경향을 파악하기 위해 일본 국립국회도서관 디지털라이브러리(https://dl.ndl.go.jp/)와 고베대학 부속도서관의 신문기사문고 데이터베이스(http://www.lib.kobe-u.ac.jp/sinbun/) 등을 활용해 기본적인 빈도 분석을 시도했다.[5] 물론 크롤링한 자료는 전체적인 경향을 파악하기 위한 보조적 수단으로만 활용했으며 모든 과정에서 발견되는 함의는 질적인 방식으로 분석·해석했다.

이상의 목적에 따라 본장은 다음과 같이 구성했다. 2절에서는 19세기 중반 '민주'가 데모크라시가 아니라 리퍼블릭(republic)의 번역어로 등장하는 경위를 설명하고, 3절에서는 '민주'가 데모크라시의 번역

5 여기서 분석하는 데이터 크롤링은 2021년 2월 4일 자로 수집된 것이다. 일본 국립국회도서관의 경우에는 1950년까지를 크롤링 대상으로 삼았으며 신문기사문고는 메이지 말부터 1940년대까지 신문 자료만 포함하기 때문에 부득이 해당 기간만 포함됐다. 데이터 크롤링을 위해 python 3.9버전을 사용했으며, requests, BeautifulSoup 등의 모듈을 활용했다. 현재 일본 국립국회도서관 디지털 라이브러리에서는 공개 범위에 따라 자료를 인터넷 공개, 도서관 송신 자료, 국립국회도서관 한정으로 구분하는데, 여기서는 공개 범위에 관계없이 모든 자료를 수집 대상으로 삼았다. 또한 자료군에 따라 도서, 잡지, 고전적 자료(귀중서 등), 박사 논문, 관보, 헌정 자료, 일본 점령 관계 자료, 프랑게문고(プランゲ文庫, Gordon W. Prange Collection), 녹음·영상 관계 자료, 역사적 음원, 지도, 특수 디지털 컬렉션, 타 기관 디지털화 자료, 전자 서적·잡지 등으로 구분하는데, 이 역시 모든 자료를 수집 대상으로 삼았다. 다만, 녹음·영상 관계 자료, 역사적 음원, 지도, 전자 서적·잡지 등은 최근 구축된 자료들까지 검색되었기에 제외했다. 고베대학 부속도서관 신문기사문고 데이터베이스의 경우에는 검색된 내용을 바로 csv 형태로 다운받을 수 있어, 이를 그대로 활용했다. 여기서 모든 건수는 해당 검색어가 포함된 문헌 1건을 의미한다. 즉, 해당 검색어가 하나의 문헌에 여러 번 등장하더라도 1건으로 간주했다. 단, 하나의 저술이 여러 권으로 구성된 경우에는 각각 1건으로 간주했다.

어로 전환되는 과정을 '민주'의 의미가 '민이 뽑은 주인'에서 '민이 주인'으로 변환되는 맥락에서 살펴본다. 나아가 4절에서는 '민주'와 '주의'의 합성어인 '민주주의'가 1880년대 일본에서 데모크라시의 예외적 번역어로 성립되는 과정을 검토한다. 마지막으로, 5절에서는 예외적 번역어 '민주주의'가 1910년대를 거치며 그 위상이 변해 일반화되는 과정을 경쟁적 번역어인 '민본주의', '데모쿠라시(デモクラシ)' 등과 비교하며 살펴본다.

2. 19세기 중반 '민주'의 등장: 리퍼블릭의 번역어

동아시아 전통에서 '민주'는 '민(民)의 주인(主)'을 지칭하는 용어였다.[6] 그러나 19세기 서양 정치 개념에 대한 번역어로서 등장한 '민주'는 당연하게도 이러한 전통적 의미와 구분되었다. 이와 유사한 맥락에서

---

6 『書經』에는 '민주'가 다음과 같이 총 네 번 등장한다(이하 모든 밑줄은 독자의 편의를 위해 필자가 추가한 것이다): (1) "天惟時求民主, 乃大降顯休命於成湯, 刑殄有夏"(『書經』「周書篇」 多方 6장 1절), (2) "乃惟成湯, 克以爾多方, 簡代夏, 作民主"(『書經』「周書篇」 多方 8장 1절), (3) "惟聖罔念, 作狂惟狂克念作聖, 天惟五年, 須暇之子孫, 誕作民主, 罔可念聽"(『書經』「周書篇」 多方 17장 1절), (4) "后非民罔使, 民非後罔事, 無自廣以狹人, 匹夫匹婦, 不獲自盡, 民主罔與成厥功"(『書經』「商書篇」 咸有一德 11장 1절). 『현토완역 서경집전』에서는 '민주'를 주로 "백성의 군주"로 해석하고 있다. 성백효 역주, 『현토완역 서경집전』(서울: 전통문화연구회, 2012). 이와 유사한 맥락에서 『대한화사전(大漢和辭典)』 역시 '민주'의 첫 번째 의미로 "백성의 우두머리(民のかしら), 군주(君主)"라고 쓰고 있다. 諸橋轍次, 『大漢和辭典』(東京: 大修館書店, 1960), p.839. 이에 덧붙여 진관타오·류칭펑의 설명 역시 참고할 수 있다. 진관타오·류칭펑, 양일모 외 옮김, 『(중국 근현대사를 새로 쓰는) 관념사란 무엇인가 1: 이론과 방법』(서울: 푸른역사, 2010), pp.446-447; 진관타오·류칭펑, 양일모 외 옮김, 『(중국 근현대사를 새로 쓰는) 관념사란 무엇인가 2: 관념의 변천과 용어』(서울: 푸른역사, 2010), pp.271-272.

마시니(Federico Masini)는 '민주'에 대해 두 가지 해석을 제시한 바 있다.[7] 하나는 '민주'를 '민'과 '주'가 결합된 차역어(loan-translation)로 간주하는 것으로, 이에 따르면 '민'과 '주'는 한정-피한정 관계가 된다. '민의 주인'이라는 '민주'의 전통적 의미 역시 이런 맥락에서 이해될 수 있다. 다른 한편으로 '민주'를 영어 데모크라시의 차의어(semantic loan)로 보는 방식도 있는데, 이에 따르면 '민주'는 주술 관계로 간주되어 '민이 주인'이란 뜻으로 해석될 수 있다.[8]

이에 더해 진관타오·류칭펑은 19세기의 '민주'를 네 가지 의미로 세분화할 수 있다고 지적한 바 있다.[9] 첫 번째는 전통적 의미에서 "민의 주인", 두 번째는 "민이 주재하다"라는 의미, 세 번째는 "세습군주제와 대립되는 정치 제도", 그리고 마지막으로 "외국의 민선 최고 국가 영수"가 바로 그것이다. 특히 그들은 민주의 네 번째 의미, 즉 '민선 지도자'라는 의미로 '민주'가 1873년에 등장해 1895년 고점에 이르렀다고 지적하면서, "'민주'로 democracy를 지칭한 것은 미국의 선교사 윌

7 페데리코 마시니, 이정재 옮김, 『근대 중국의 언어와 역사: 중국어 어휘의 형성과 국가어의 발전(1840~1898)』(서울: 소명출판, 2005).

8 여기에는 앞서 각주 2에서 지적한 바와 유사한 문제가 내재되어 있다. 즉, 동아시아 전통에서 '민(民)'이 어떤 의미로 해석될 수 있는지에 대한 것이다. 일례로, 박병석은 중국 고대 유가의 '민' 관념에 대한 분석을 통해 선진 시대 유가 전적에 나타난 '민'은 통치의 대상이자 객체로서 열등한 타자로 타자화·차등화되었다고 지적하는데, 이는 근대 이후 서구 사상과 문화의 유입에 따라 '민'의 위상이나 의미가 변화되었을 가능성을 시사한다. 박병석, 「중국 고대 유가의 '민' 관념: 정치의 주체인가 대상인가?」, 『한국동양정치사상사연구』 제13권 2호(2014). 이러한 점을 고려할 때, 비슷한 시기에 유행했던 '민권(民權)'의 경우처럼 '민주'라는 표현이 성립하는 과정에서 '민' 혹은 '주(主)'에 대한 (재)개념화가 선행 내지는 동반되었다는 점을 고려하지 않을 수 없다.

9 진관타오·류칭펑, 『(중국 근현대사를 새로 쓰는) 관념사란 무엇인가 2』, pp. 274-275.

리엄 마틴"이 가장 이르다고 지적한다.[10] 그러나 이러한 설명은 번역어 '민주'가 애초에 데모크라시가 아니라 리퍼블릭의 차역어로 등장했다는 사실을 무시하며, 그 결과 왜 '민주'가 리퍼블릭의 차역어가 되었는지에 대해 충분한 설명을 제공하지 못한다.

미국인 선교사 마틴(丁韙良, William A. Martin)이 휘턴(惠頓, Henry Wheaton)의 *Elements of International Law*(1836)를 번역한 『만국공법』에는 '민주'라는 표현이 총 15회 등장한다. 마틴이 '민주'라고 쓴 부분을 휘턴의 원작과 비교한 〈표 3-1〉에서 확인할 수 있는 바와 같이, 대부분의 경우 '민주'는 데모크라시가 아니라 리퍼블릭의 번역어로 사용되었다.[11]

물론 〈표 3-1〉에서 마틴이 'democratic republic'과 'democratic character'에 대해 예외적으로 각각 '민주지국(民主之國)'과 '민주지권(民主之權)'으로 번역한 점 역시 확인할 수 있다. 여기서 전자는 여전히 (데모크라틱) 리퍼블릭에 대한 번역으로 간주될 여지가 있으며, 그마저 당시까지 데모크라시와 리퍼블릭을 엄밀하게 구분해 번역하지 않았던 경향이 배경으로 깔려 있다고 할 수 있을 것이다.[12] 한편 후자의 사례는 비교적 분명하게 '민주'가 데모크라시를 지칭하는 것으로 볼 수 있지만,

10 진관타오·류칭펑, 『(중국 근현대사를 새로 쓰는) 관념사란 무엇인가 2』, p.272.

11 한편, 진관타오·류칭펑은 총 18회 사용되었다고 주장하는데, 그 전체 목록을 제공하지 않기 때문에 필자가 확인한 것과 어떤 차이가 있는지 확인하기 어렵다. 진관타오·류칭펑, 『(중국 근현대사를 새로 쓰는) 관념사란 무엇인가 2』, p.272.

12 초기 일영·영일 사전에서 데모크라시와 리퍼블릭은 모두 '공화정치'로 표현됐다. 예컨대 『和譯英辭書』(高橋新吉 等編, 1869), 『英和對譯袖珍辭書』(藏田屋淸右衛門, 1869), 『和譯英辭林』(高橋良昭 等編, 1871), 『英和對譯辭書』(荒井鬱[之助] 編, 1872), 『英和小字典 一名·小學校辭書』(江島喜兵衛, 1873), 『和譯英辭書』(東京新製活版所 編, 1873), 『訂譯 大全英和辭書』(箱田保顕 纂譯, 1885) 등은 모두 데모크라시와 리퍼블릭에 대해 '공화'라는 표현을 사용하고 있다.

〈표 3-1〉 마틴의 번역어 '민주'에 대응하는 휘턴의 원어

마틴(1864)	휘턴(1863)	
번역어	해당 부분	원어
係民主之	1st, Ch. II, §4	republican
民主之國	1st, Ch. II, §9	**democratic republic**
民主之小國	1st, Ch. II, §13	Republic of Polizza
民主之法	1st, Ch. II, §24	a republican form of government
民主之權	1st, Ch. II, §25	**democratic character**
係民主之	2nd, Ch. I, §12	its own municipal constitution of government
民主	2nd, Ch. I, §13	a republican form of government
民主之國	2nd, Ch. I, §15	elective governments
民主之大國	2nd, Ch. III, §2	the great republics
民主之大國	2nd, Ch. III, §3	the great republics
民主之國	3rd, Ch. I, §4	republics
民主之大國	3rd, Ch. I, §6	the great republics
民主之國	3rd, Ch. I, §12	republican States
民主之國	3rd, Ch. II, §1	republics
民主之國	3rd, Ch. II, §5	republics

단 1건에 불과한 극히 예외적인 사례라는 점 역시 부정할 수 없다.[13] 결국 메이지 시대 2대 베스트셀러로 손꼽히는 『만국공법』에서 '민주'는 데모크라시가 아니라 리퍼블릭의 번역어였던 것이다.

그렇다면 실제 만국공법류 책에서 '민주'를 접한 당시 지식인들은

13 마틴이 저본으로 삼았을 것으로 추정되는 로렌스판에서 "republic"이 각주와 본문을 모두 합쳐 173건 등장하는 것에 비해, "democratic"이나 "democracy"는 5건에 불과하다는 점 역시 이런 추정을 뒷받침한다. 구체적으로 "radical democracy"가 2건, "democratic republic", "democratic character", "democratic parties"가 각 1건이다. 한편, 휘턴의 저술이 국제법상 주권국가들이 가지는 권리와 의무의 문제를 중심적으로 다루었기 때문에 "sovereign"이나 "sovereignty" 등 주권과 관련된 표현은 도합 900여 건 등장한다.

이를 어떤 의미로 이해했을까? 일본의 경우 구로다 유키모토(黒田行元)가 저술한 『정체신론(政體新論)』(1874)의 「범례(凡例)」에서 이와 관련된 대목을 발견할 수 있다. 여기서 구로다는 전통적으로 '민주'가 "민의 주인(民ノ主本)"으로서 "세습불변의 인군"을 지칭했지만, 중국어 번역서에서는 "유덕한 사람이 민간에서 선택되어 연한을 정하여 당분간 그 나라의 수령이 되는 것"을 의미한다고 정확히 지적하고 있다.[14] 즉, '민주'가 '민이 주인'이라는 의미가 아니라, '민이 뽑은 주인'으로 이해되어야 한다는 것이다. 이처럼 '민주'가 '민이 뽑은 주인'이라는 의미로 이해될 수 있었다는 점으로부터 마틴이 왜 리퍼블릭의 번역어로 '민주'를 사용했는지도 추측해 볼 수 있다. 요컨대 마틴이 리퍼블릭의 가장 중요한 특징을 백성이 세운 주인, 즉 대표에서 찾고 있었기 때문에 '군주'와 대비하기 위해 '민주'라는 표현을 사용했으리라는 것이다.[15]

---

14 "譯書ニ政體民主等ノ語アリ支那ニモ亦其語アレドモ譯書ニ用ウル者ト語意大ニ異ナリ. 先, 民主ノ如キ支那ノ文例ニ由レバ民ノ主本ノ義ニテ卽世襲不變ノ人君ヲ謂ナリ. 譯書中ノ民主ハ有德ノ人民間ヨリ選擇セラレ年限ヲ期シテ暫ク其國ノ首領タルヲ謂フ實に天地ノ懸隔ナリ." 黒田行元, 『政體新論』(京都: 文求堂, 1874). 여기서 '主本'을 주인으로 해석하는 것이 적합한지 의문이 제기될 수 있다. 특히 '本'에 대해 (권한 등을) '잡다, 가지다'라는 의미로 해석할 경우, '주'를 가진다는 의미에서 '민의 지배자' 혹은 '통치자'가 더 정확한 표현일 수 있다. 여기서는 '민주'를 '민이 주인'으로 해석하는 경우에 대한 대구(對句)로서 의역한 것임을 밝혀둔다.

15 당대 '민주'가 이런 의미로 사용됐다는 것을 뒷받침하는 또 다른 자료로 장던푸(蔣敦復)의 『소고당문집(嘯古堂文集)』 7권(上海道署, 1868) 「영지자서(英志自序)」를 꼽을 수 있다. "立國之道大要有三: 一君為政, 西語曰恩伯臘(中國帝王之稱), 古來中國及今之俄羅斯, 法蘭西, 墺地利等國是也; 一民為政, 西語曰伯勒格斯, 今之美理加(俗名花旗國在亜墨利加州)及耶馬尼瑞士等國是也; 一君民共為政, 西語曰京, 歐州諸國間有之." 이 구절에서 "恩伯臘", "伯勒格斯", "京"은 각각 "emperor", "president", "king"에 대응하며, 특히 "백성이 정치를 하는 것인데 서양에서는 프레지던트라고 말한다. 현재 미국과 독일, 스위스 등의 나라가 이에 해당한다"라는 부분에서 "백성이 정치를 하는 것(一民為政)"을 곧 "프레지던트(伯勒格斯)"와 동

이러한 경향은 비슷한 시기의 『영불단어편람(英仏單語便覽)』(1868)에서 리퍼블릭을 '민주국(民主國)'으로 번역한 것에서도 확인할 수 있다. 더욱 흥미로운 점은 '민주국'에 대한 설명에서 "흔히 공화정치라고 말하는 것은 잘못(俗に共和政治と云ふのはあやまり)"이라고 덧붙였다는 점이다. 1880년 시점에서 리퍼블릭의 번역어로 '공화'가 사용되었는데, 왜 여기서는 리퍼블릭을 '공화정치'가 아니라 '민주국'으로 번역한 것일까? 이는 '공화'가 전통적 의미에 따르면 '민이 뽑은 주인'이 아니라 신하(두 재상)가 군주를 대신하는 것을 의미했으며, 이런 전통적 의미로 인해 리퍼블릭의 주요한 특징인 '민이 세운 주인'이 있는 나라라는 점을 적절히 다루지 못했기 때문으로 생각된다.[16] 즉, 1860년대 중국에서 들어온 번역어 '민주'는 통념과 달리 '민이 주인'이라는 의미가 아니라, '민이 뽑은 주인'이라는 의미로 사용되었기 때문에 리퍼블릭의 번역어로 선택될 수 있었던 것이다.

가토 히로유키(加藤弘之)가 블룬칠리(Johann Kaspar Bluntschli)의 *Allgemeines Staatsrecht*를 『국법범론(國法汎論)』(1876)으로 번역하면서 사용한 번역어는 당시 '민주'의 용례와 관련해 흥미로운 비교점을 제공한다. 앞선 사례와 마찬가지로 가토는 'Republik'을 '민주정체(民主政體),

---

일시하고 있음을 확인할 수 있다.

16 이와 관련해서는 호즈미 노부시게(穗積陳重)의 『법밀야화(法窓夜話)』에 나오는 다음과 같은 일화를 참고할 수 있다: "箕作阮甫先生の養嗣子省吾氏は, 和蘭の地理書を根拠として地理學上の著述をなした際オランダ語のレプュブリ―ク(Republiek)という字に出會い, その字義を辭書で求めたところ, 君主のない政體をレプュブリ―クと稱するとあった. (…) 支那にもその例がない事もないのである. かの周の時代に, 王が無道の政を行って, 國民の怨を買い, 遂に出奔した時, 周·召の二宰相がともに協力して, 十四年の間國王なしの政治をした事が「共和」というから, 國王のない政體は, 共和政治というが宜しいであろうといわれた." 穗積陳重, 『法窓夜話』(東京: 有斐閣, 1916), 五九 共和國.

민주국(民主國)'으로 번역했지만, 동시에 'absoluten Demokrartie'는 "민인전권정체(民人專權政體)", 'Repräsentativen dcmokratie'는 '민인정체(民人政體)'라는 표현을 사용했다. 리퍼블릭에 대해서는 '민주'를, 데모크라시에 대해서는 '민인정체'를 각각 대응시킨 셈이다.[17]

그런데 가토는 '민인정체'에 대한 설명에서 "입헌민주정체를 말한다(立憲民主政體を云う)"고 덧붙인다. '민인전권정체'와 '민인정체' 모두 데모크라시라고 할 수 있는데, 후자에 대해서만 '민주'라는 표현을 허용한 것이다. 만약 '민주'를 '민이 주인'이라는 의미로 사용했다면, 모든 'Demokratie'에 대해 '민주'라는 표현을 쓰지 않을 이유가 없다는 점을 생각할 때, 이는 가토가 '민주'를 '민이 뽑은 주인'이라는 의미로 사용했다는 것을 명확하게 보여 주는 사례라고 할 수 있다. 고대 직접민주주의인 'absoluten Demokrartie'에서는 '인민이 뽑은 주인', 즉 대통령과 같은 존재가 없기 때문에 대의민주주의인 'Repräsentativen demokratie'에 대해서만 '입헌민주정체'라는 표현을 사용했던 것이다. 또한 이는 '민이 뽑은 주인'을 가진다는 점에 한해, 당시 리퍼블릭과 데모크라시가

17 참고로, 『국법범론』에서 가토는 각각의 정체에 대해 다음과 같은 번역어를 사용한다: (1) absoluten Demokrartie = "民人專權政體", (2) Repräsentativen demokratie = "代國府を設置セル民人政體, 立憲民主政體を云う", (3) unmittelbaren Demokratie = "萬民直預政體", (4) Republik = "民主政體, 民主國". 한편, 이를 그가 이전에 『도나리구사(隣艸)』(1861), 『서양각국성쇠강약일란표(西洋各國盛衰強弱一覽表)』(1867), 『입헌정체략(立憲政體略)』(1868) 등에서 사용한 구분법과 비교할 수 있다. 특히 『입헌정체략』에서 가토는 '民政'을 "億兆ノ上ニ君主ナク民政權ヲ掌握スルモノヲ云フ"라고 설명하고, 그중 하나로서 '萬民共治'를 "此政體ヲ立ツル所ノ各國ニテハ君臣尊卑ノ別ナク, 凡ソ闔國ノ民人悉ク相會議シテ國政ヲ施スヲ本意トス"라고 설명한다. 이러한 설명에 따르면, '민정'은 리퍼블릭, '만민공치'는 'democratic republic'으로 이해할 수 있고, 이후의 『국법범론』에서 '인민정체'나 '입헌민주정체'와 호응하는 것으로 볼 수 있을 것이다. 한편, 가토는 1868년 『입헌정체략』에서 이미 '민정'이라는 표현을 사용한 바 있다. 이는 일본 국립국회도서관 검색 결과 중 '민정'의 최초 사례에 해당한다.

혼용될 수 있었다는 점을 시사하는 사례로 간주할 수 있다.

3. 1860~1870년대 '민주'의 전환: 데모크라시의 번역어

그렇다면 '민주'에 대한 이러한 이해는 언제까지 유지되었던 것일까? 마틴의 『만국공법』을 당시 유행했던 만국공법류 서적들과 함께 살펴보는 작업은 당대 서구 정치 개념의 번역 양상을 알아보는 좋은 방법이다. 그중에서도 특히 일본에서 발간된 『만국공법역의(萬國公法譯義)』(1868)와 『혜돈씨만국공법(恵頓氏萬國公法)』(1882)은 번역어의 변화 양상을 비교할 수 있는 좋은 기준점을 제공해 준다. 먼저 『만국공법역의』는 쓰쓰미코쿠 시시(堤殼士志)가 마틴의 『만국공법』을 저본으로 삼아 4책 중 절반 정도인 2책(휘턴의 원저를 기준으로 하면 Part II, Ch. 2, §14까지)만 중역(重譯)한 것으로, 대부분의 경우 마틴이 선택한 번역어를 충실하게 따르는 경향을 보이지만 일부 표현은 일본 독자들이 이해하기 쉬운 형태로 바꿨다는 점에서 주목할 만하다.

〈표 3-2〉에 정리한 바와 같이, 쓰쓰미코쿠는 기본적으로 '리퍼블릭 = 민주'라는 마틴의 구조를 그대로 따르는 것으로 보인다. 그가 '민주'라는 표현을 수용하면서 이것이 리퍼블릭의 번역어라는 점을 인식하고 있었는지는 확실하지 않다. 다만 적어도 '민주'를 "인군(人君)이 없어서 인민 스스로 수호하는" 정체 또는 '왕이 없는 나라'를 지칭하는 의미로는 이해했던 것으로 보인다.[18]

18 이는 쓰쓰미코쿠가 몇몇 번역어에 대해 추가한 할주에서 확인할 수 있다(〈표 3-2〉 참고).

〈표 3-2〉 마틴의 번역어 '민주'에 대응하는 쓰쓰미코쿠와 오쓰키의 번역어

마틴(1864)	쓰쓰미코쿠(1868)	오쓰키(1882)
係民主之	번역 안 됨	政體ノ如何ヲ問ハス
民主之國	自主自立ノ國	共和政治
民主之小國	民主ノ國[1)]	波裏薩ポリツサ
民主之法	民主ノ法[2)]	共和ノ政體
民主之權	民主ノ權[3)]	共和ノ政體
係民主之[4)]	民主ノ國[5)]	설명 없음
民主	民主ノ立	共和
民主之國	民主ノ國	民主公擧ノ政體
民主之大國		民主ノ大國
民主之大國		民主ノ大國
民主之國		民主ノ國
民主之大國	해당 범위 아님	民主ノ大國
民主之國		民主ノ國
民主之國		民主ノ國
民主之國		民主ノ國

주: 1) 쓰쓰미코쿠가 추가한 할주: "국주가 없이 백성이 서로 수호한다(國主ナク. 民互ヒ守護ス)."
2) 쓰쓰미코쿠가 추가한 할주: "민주는 인군이 없어서 인민 스스로 수호하는 법이다(民主ハ. 人君ナクテ. 人民自ラ守護スルノ法也)."
3) 쓰쓰미코쿠가 추가한 할주: "민주의 권은 인민수호의 권이다(民主ノ權ハ. 人民守護ノ權ナリ)."
4) 마틴이 추가한 할주는 "所謂國法者, 卽言其國係, 君主之係, 民主之並. 君權之有限無限者, 非同尋常之律法也."인데, 쓰쓰미코쿠는 이를 할주에서 5)와 같이 번역하고 있다.
5) "국법이라는 것은 국내 보통의 율법이 아니다. 군주국인지 민주국인지, 그리고 군권의 제한이 있는지 없는지를 정하는 법이다(國法トハ國中尋常ノ律法ニアラズ. 君主國カ. 民主ノ國カ. 又君權ノ限リ有ルカ無キカヲ. 定メアリ法ナリ)."

한편 이로부터 약 14년 뒤에 출판된 오쓰키 세쓰조(大築拙藏)의 사법성장판(司法省藏版) 『헤돈씨만국공법』은 휘턴의 원저를 직접 번역했다는 점에서 마틴의 『만국공법』과 직접적인 비교 대상으로 간주될 수 있다. 오쓰키 역시 마틴의 번역어를 상당 부분 그대로 받아들였지만, 번역 과정에서 대응어를 되도록 일관되게 사용하려 노력했다는 점에서

의미 전달에 초점을 맞춘 마틴의 번역과 확연히 구분된다. 〈표 3-2〉에서 확인할 수 있는 바와 같이 오쓰키는 "民主ノ國"이라는 표현을 그대로 수용하기도 했지만, 1880년대 이후 일본의 번역 경향을 수용해 리퍼블릭을 '공화(共和)'로 번역하기도 했다.

특히 주목할 만한 부분은 휘턴 원저의 "elective governments"를 마틴과 쓰쓰미코쿠가 각각 "民主之國"과 "民主ノ國"으로 번역한 데 반해, 오쓰키는 "民主公擧ノ政體"로 의역한 점이다. 여기서 '民主公擧'는 두 가지 의미로 해석될 수 있는데, 첫 번째는 '민이 주인을 함께 뽑는다'는 것이고, 두 번째는 '민주를 함께 뽑는다'는 것이다. 전자로 해석할 경우 '민' 뒤에 조사가 붙는 것이 더 자연스럽기 때문에 아마도 후자, 즉 '민이 뽑은 주인'이라는 의미로 '민주'가 해석됐을 가능성이 더 크다. 리퍼블릭의 대응어로 '공화'가 등장한 이후에도 '민주'를 '민이 뽑은 주인'이라는 의미에서 리퍼블릭의 번역어로 사용하는 경향이 일정 부분 유지됐던 셈이다.

그러나 앞 장 서두에서 지적한 바와 같이 '민주'는 '민이 뽑은 주인'이라는 의미가 아니라 '민이 주인'이라는 의미로 재해석될 가능성을 내재하고 있었다. 흥미롭게도 이러한 '민주'의 재해석에서 중심적 역할을 수행한 것은 가토의 반쇼시라베쇼(蕃書調所) 동료였던 쓰다 마미치(津田眞道)와 니시 아마네(西周)였다. 니시와 쓰다는 모두 네덜란드에서 피세링(Simon Vissering)을 사사했고, 이를 정리해 각각 『화란필쇄림씨만국공법(和蘭畢灑林氏萬國公法)』(1868)과 『태서국법론(泰西國法論)』(1868)을 출판한 바 있다. 니시의 경우 마틴의 『만국공법』 개성소판(1865) 출판 당시 훈점을 단 담당자였기 때문에 1868년 시점에는 마틴의 번역어를 상당 부분 그대로 수용한 경향을 보였지만, 쓰다의 경우에는 같은 해 출판된 『태서국법론』에서 '민주'에 대한 새로운 해석을 제시했다.[19]

구체적으로 쓰다는 정체를 설명하면서 "다두정치(多頭政治)"와 "일두정치(一頭政治)"로 구분하고, 다시 '다두정치'의 국체를 대별해 "평민정치(平民政治)"와 "호족정치(豪族政治)"로 구분했다.[20] 그에 따르면, 여기서 '평민정치'는 "전 백성이 정권을 장악해서 모두가 국정 참여"를 통해 "국민 홀로 군주의 대권을 영위할 뿐만 아니라 주권의 세 방향, 즉 제법·정령·사법의 삼권을 조종"하는 것이다. 그는 이 '평민정치'를 '民主の國'라고도 부른다고 지적했는데, 바로 이 지점에서 '민주'를 '민이 주인' 내지는 '민이 주권을 가진다'는 의미로 사용했다고 볼 수 있다.

한편 니시 역시 『백학연환(百學連環)』(1870)에 이르러 '민주'에 대한 쓰다의 용례를 수용하는 변화를 보이는데, 직접적으로 '민주'와 데모크라시를 연결시켰다. 여기서 그는 쓰다와 유사하게 '민주의 치'에 대해 "군주 되는 자가 없이 만민이 서로 모여 정치를 행하는 것(君主たるもの

---

19 구체적으로, 『화란필쇄림씨만국공법』에 "民主の國"(第二巻 第十六節), "民主國"(第十七節) 같은 표현이 등장하는데, 여기서 '민주'는 마틴의 번역 방식과 동일하게 리퍼블릭(보다 정확하게는 네덜란드어 'repupliek')의 번역어로 사용된 것으로 보인다. 이는 기본적으로 노구치(野口忠彦)의 연구에 따른 것인데, 엄밀히 말해 이 역시 한계가 있다. 그가 니시의 노트와 출판된 책을 직접 비교해 확인한 것이 아니라, 니시와 함께 유학했던 쓰다의 노트와 쓰다의 번역서를 비교해서 '民主の國'가 'repupliek'의 대응어란 것을 밝혀 내고, 그 내용이 문맥상 니시의 '民主國'과 일치한다는 점을 지적하고 있다는 간접적 증거를 들고 있기 때문이다. 그렇지만 두 사람이 동일한 내용을 학습했다는 점을 감안하면 니시 역시 동일하게 '민주'를 리퍼블릭의 역어로 사용한 것이며, 결과적으로 마틴의 번역 방식을 그대로 따른 것으로 보는 데는 무리가 없을 것이다. 野口忠彦, 「「民主主義」は適訳か. 「デモクラシー」訳語考序説 -2-」, 『政治·経済·法律研究』 12-2(2010), pp.7-8.

20 シモン·ヒッセリングロ, 津田眞道 譯, 『泰西國法論』(東京: 開成學校, 1868), 제3권 제1편. 참고로, 앞서 살펴본 구로다의 『정체신론』에서 민정, 공화정치, 다두정치를 모두 같은 것으로 간주하고 서술한 바 있다. "民政舊譯ニ共和政治ト云イ新譯ニハ又多頭政治トモ云ヒ新譯ニハ又多頭政治トモ云フ亦政體ノ名ニシテ最モ解シ難き語ナリ." 黒田行元, 「民政」, 『政體新論』(京都: 文求堂, 1874).

なくして萬民相聚して政治を行ふを言ふなり)"이라고 설명하는데,[21] 여기서 '민주'가 '군주'와 대응한다는 점은 이전 사례와 유사하지만 그 의미가 '민이 뽑은 주인'인지 '민이 주인'이라는 의미인지 확실히 드러나지 않는다. 즉, '민주'가 '민이 주인'이라는 의미로 해석되면서 리퍼블릭이 아니라 데모크라시의 번역어로 사용될 수 있었던 것이다.

1870년대에 이르러 '민주'를 데모크라시의 번역어로 사용한 또 다른 사례로 앤드루 영(Andrew W. Young)의 정치학 교과서를 가 노리유키(何禮之)가 번역한 『정치약원(政治略原)』(1873)을 꼽을 수 있다.[22] 여기서 가 노리유키는 'democratic republic'과 'representative democracy'를 각각 '민주공화정치(民主共和政治)'와 '대의민주정치(代議民主政治)'로 번역함으로써 데모크라시의 번역어로서 '민주'와 리퍼블릭의 번역어로서 '공화'를 확실히 구분했다. 원문에서 영은 데모크라시를 "인민의 정부(a government of the people)"로 설명하는데,[23] 문맥상 당시 사용되던 '민정(民政)'이나 쓰다의 '평민정치(平民政治)' 등이 더 직역에 가까움에도 불구하고 가 노리유키는 의도적으로 '민주정치(民主政治)'라는 표현을 채택한 것이다. 따라서 정부 형태를 주권의 소재에 따라 구분한 앤드루 영의 설명이 가 노리유키의 번역어 선택에 영향을 미친 것으로 추측된다.

---

21 "此政體なるものに二ツあり. 一をMonarchy(君主の治)とし, 一をDemocracy(民主の治)とす. (略)君主の治とは君主自から総ての政權を掌握して萬民を管轄するを言ひ, 民主の治とは君主たるものなくして萬民相聚して政治を行ふを言ふなり." 西周, 『百學連環』 二·下(東京: 宗高書房, 1981[1870]).

22 Andrew W. Young (Andrew White), *The Government Class Book: Designed for the Instruction of Youth in the Principles of Constitutional Government and the Rights and Duties of Citizens* (New York: Clark & Maynard, 1865[c.1859]).

23 "A democracy is a government of the people; the word democracy being from the Greek *demos*, the people, and *krato*, to govern." Young, *The Government Class Book*, p. 25.

이처럼 1860년대 후반부터 1870년대에 걸쳐 '민주'를 리퍼블릭의 번역이가 아니라 데모크라시의 번역어로 채택한 사례가 등장했지만, 동시에 이것이 반드시 긍정적인 뉘앙스를 가진 것은 아니었다. 예컨대 니시는 '민주의 치'가 '천민취쟁(賤民聚争)'에 이를 수 있다고 부정적인 뉘앙스를 드러냈다.[24] 물론 민주주의에 대한 니시의 비판적 평가 역시 피세링의 영향을 받은 것이며, 동시에 당대 서구 자유주의자들이 고전적 의미의 데모크라시에 대해 가지고 있던 비판적 시각과 호응하는 것이었다. 이와 관련해 가 노리유키는 보다 흥미로운 사례를 제공한다. 앤드루 영이 원저에서 고전적 데모크라시의 현실적 한계만 지적한 것에 반해, 가 노리유키는 "억조의 인민이 상집해서 일체가 되어, 자기 스스로 법률을 세우는 것은 사실 행하게 되면 오히려 혼란을 초래하는 해악을 낳게 될 수 있다"며 보다 적극적으로 부정적 뉘앙스를 덧붙이기 때문이다.[25]

한편 '민주'를 보다 긍정적인 뉘앙스에서 설명한 대표적인 사례로 나카에 조민(中江兆民)의 『민약역해(民約譯解)』(1882)를 꼽을 수 있다. 주지하는 바와 같이 이 책이 발간된 것은 1882년이지만 이미 1874년경부터 루소(Jean Jacques Rousseau)의 『사회계약론(*Du Contrat Social, ou Principes du droit politique*)』 일부를 조민이 번역한 것이 세간에 유포되고 있었다. 따라서 엄밀하게 말해 '민주'에 대한 긍·부정적 해석이 동시대에 존재했다고 할 수 있다. 구체적으로 그는 정치의 한 유형으로 "민상공주치(民相共主

24 "民主の治の弊害はOligarchyなるものに至り人民一和することなし", "君主民主の二ツを比較するときは, 君主の治を以て政治の本體となすと雖も, 全く君主の治となす時は終に專擅の弊害あるに至り, 民主の治は政治の本體にあらずして, 之を行ふときは萬民各の意を以て爭擾し一致せさるの弊害あり." 西周, 『百學連環』 二·下.

25 ヨング, 何禮之 譯, 『政治略原』(大阪: 敦賀屋九兵衛, 1873), p.11.

治)", 즉 "민이 서로 함께 모여 주인이 되어 통치한다"는 것에 대해 "모두 국회라는 것을 두어 인민으로 하여금 덕망 있는 자를 추천(薦)하도록" 하는 것이라고 설명했다.[26]

이러한 설명에서 드러나듯이 조민은 앞선 사례들에 비해 보다 분명하게 '민주'를 '민이 주인'이라는 의미로 사용하는데, 『민약역해』의 서론에 대한 해석(解釋)은 이러한 조민의 이해를 명시적으로 보여 준다. 그는 "민주국이라 함은 인민이 공동으로 정치를 하여 나라의 주인이 되며 별도로 권위를 두지 않는 것"이라고 설명하는데, 여기서 '민주'가 곧 '인민이 나라의 주인'이라는 것과 호응하고 있었던 것이다. 그러나 조민은 '민주'를 데모크라시가 아니라 리퍼블릭, 보다 정확하게는 "république"의 번역어로 사용했으며,[27] "나도 태어나서 민주국(État libre)의 인민이 되어 의정권에 관여할 수 있다"라는 구절에서처럼 "État libre", 즉 자유국의 번역어로 "민주국(民主國)"을 사용하기도 했다.[28]

이처럼 리퍼블릭의 번역어이자 긍정적인 뉘앙스를 가진 '민주'가

---

26 中江兆民, 『民約譯解』(1877), 「敍」. 이예안은 '民相共主治'에 대해 "인민이 공동으로 정치를 하고"라고 번역한 바 있다. 또한 이를 "민이 서로 함께 모여 다스림을 주관한다"로 해석해야 한다는 지적 역시 제기됐다. '공동으로 정치를 하'거나 '서로 함께 모여 다스림을 주관'하는 것에 비해 민이 주인이 된다는 해석이 원문의 의미를 지나치게 확대한 측면이 있다는 점은 부정할 수 없다. 그러나 다른 한편으로 해당 표현이 '민'이 '치'를 '주'하든 '주'가 되어 '치'를 하든 함께 모여 그러한 역할을 수행할 수 있는 존재로 그려진다는 점에서 조민의 표현이 '민'과 '주'가 기존과 다른 방식으로 결합되고 해석될 여지를 준다는 점은 부정할 수 없다 이예안, 「J.-J. Rousseau, *Du Contrat Social, ou Principes du droit politique*: 中江兆民, 『民約譯解』; 『皇城新聞』, 「盧梭民約」」, 『개념과 소통』 제9권(2012), p. 269.

27 中江兆民, 『民約譯解』 1篇 6章.

28 참고로, 루소의 동일 저작에 대한 번역인 1877년 핫토리 도쿠(服部德)의 『민약론(民約論)』과 1883년 하라다 센(原田潛)의 『민약론복의(民約論覆義)』에서는 같은 부분을 "自由の國"로 직역하고 있다.

사용된 것은 기본적으로 리퍼블릭에 대한 루소의 독특한 발상에서 비롯된 것으로 볼 수 있다. 루소는 리퍼블릭의 성립 여부를 일반의지를 실현하는 주권자인 인민의 성립 여부에 달려 있다고 봤는데, 그 정부 형태는 데모크라시, 모나키, 아리스토크라시 중 어느 것이나 가능했기 때문이다.[29] 결국 루소에게 리퍼블릭은 정부 형태가 아니라 '민이 주인'이라는 점이 더 중요했고, 바로 이러한 맥락에서 조민이 '민주국'을 리퍼블릭의 번역어로 사용했던 것이다. 다만, 조민의 이러한 이해가 당시 일본 사회에 얼마나 영향을 미쳤을지는 의문스럽다. 그럼에도 불구하고 '민주'에 대한 또 다른 해석, 즉 '민이 주인'이라는 의미를 제시했다는 점은 부정할 수 없을 것이다.

4. 1880년대 '민주주의'의 등장: 데모크라시의 번역어

1870년대 '민주'는 '인민이 주권자'라는 의미로 전환되면서 데모크라시의 번역어로 쓰였지만, 아직까지는 '민주정치', '민주국' 또는 '민주제'와 같이 통치 형태를 의미하는 단어와 결합되어 사용되었다. 이와 달리 데모크라시가 '민주주의'로 번역된 것은 서구에서 데모크라시의 의미 변화에 조응한 결과라고 할 수 있다. 즉, 데모크라시는 더 이상 고전적 의미의 정부 형태가 아니라 정치 체제와 사회를 구성하는

29 이를 이해하고 있던 조민도 당연히 군주국 역시 '민주국'이 될 수 있다는 것을 알고 있었을 것이다. 따라서 자신의 이러한 이해를 독자들에게 전달하기 위해 『사회계약론』 1권 7장의 제목 'Du Souverain'을 간단히 '군(君)'으로 옮긴 것으로 보인다. 이로써 그는 3권을 별도로 번역하지 않고 군주국도 '민주국'이 될 수 있다는 점을 메이지 일본 독자들에게 전달한 셈이다.

원리로 이해되는 용례가 등장했던 것이다. 이런 의미의 확장·변화를 반영해서 '민주주의'가 생겨나는데, 1881년에 번역된 토크빌(Alexis de Tocqueville)의 『미국의 민주주의(*De la Démocratie en Amérique*)』가 확인된 바로는 '주의'란 표현이 데모크라시에 적용된 최초의 경우다.

1881년부터 1882년에 걸쳐 고이즈카 류(肥塚竜)는 토크빌의 『미국의 민주주의』를 영역한 리브(Henry Reeve)의 *Democracy in America*(1835)를 중역해서 『자유원론(自由原論)』 1~4권을 출판했다. 이 책에서 '민주주의'라는 표현이 사용되지만, 이는 인민주권 원리를 의미했다. 예를 들면, "합중국의 헌법을 논할 때마다 논자(論者)는 항상 민주주의(民主々義)로 그 논의를 시작한다"는 리브의 영역본 1권 4장 첫 부분을 번역한 것인데,[30] 원문은 "Whenever the political laws of the United States are to be discussed, it is with the doctrine of the sovereignty of the people that we must begin"이다.[31] 현대어에서 '주의'는 흔히 이데올로기를 연상시키지만, '주의'는 애당초 중국 고전에서 '주인의 올바름' 또는 '올바름을 주(主)로 삼음'이라는 의미로 쓰였다.[32] 이런 고전적 의미의 용어가 근대 일본에서 '프린시플(principle)'의 대응어로 채택되었고, 나아가 그 의미 연관에 따라 1870년대 후반에서 1880년대 무렵 '이즘(ism)'의 번역어로도 발전했다.[33] '프린시플'이 '주의'로 번역되던 관행을 고려하면 'the doctrine of the sovereignty of the people'이 '민주주의'로 번역된 것은 자연스럽다.

30 トークヴィル, 肥塚竜 譯, 『自由原論』 二卷(東京: 有隣堂, 1881), pp. 1-2.

31 Alexis de Tocqueville, *Democracy in America*, translated by Henry Reeve (London: Saunders and Otley, 1835), p. 64.

32 Ivo Spira, *A Conceptual History of Chinese -Isms: The Modernization of Ideological Discourse, 1895-1925* (Leiden/Boston: BRILL, 2015), pp. 121-122.

33 Spira, *A Conceptual History of Chinese -Isms*, pp. 125-126.

그 대신 데모크라시는 일반적으로 '공화정치', '공화국' 또는 '공화주의'로 번역되었는데, 데모크라시를 '공화'로 번역하는 것은 1860년대부터 일본에서 확립된 번역 관행을 답습한 것이다.[34] 고이즈카의 번역에서 혁신은 '공화'를 '주의'와 결합시켜 데모크라시의 번역어로 사용했다는 점이다. 예를 들면, 영어판 서문에서 토크빌은 프랑스의 민주주의에 관해 "The democracy of France, checked in its course or abandoned to its lawless passions, has overthrown whatever crossed its path"라고 언급한다.[35] 이 내용을 고이즈카는 "불국(佛國) 공화주의는 그 진행의 길이 방해받거나 그 열심(熱心)이 광적이어서 전후를 돌아보지 않는다"로 번역한다.[36]

이러한 번역이 가능했던 배경에는 19세기 유럽에서 데모크라시 개념의 의미 변화가 있었다. 19세기 초·중반부터 데모크라시는 군주제 또는 귀족제와 대비되는 대안적 정체라는 의미로 사용되는 용법은 줄어들었으나, 이에 반비례해서 사회 상태와 역사 상황에 따라 귀족제 및 군주제의 요소와 결합될 수도 있는 근대 헌법정치의 한 요소로 새롭게 해석되었다.[37] 이런 의미 변화는 데모크라시를 인민이 직접 정치에 참

---

34 고이즈카는 데모크라시뿐만 아니라 '리퍼블릭' 역시 '공화'로 번역했다. 예를 들면, "큰 공화국을 유지하는 것의 위험은 작은 공화국을 유지하는 것에 비할 바가 아니라고 하는 것"이라는 고이즈카의 번역문(『自由原論』 二卷, p.131)은 "the existence of a great republic will always be exposed to far greater perils than that of a small one"이라는 원문(Tocqueville, *Democracy in America*, p.241)에 대응한다. 이처럼 데모크라시와 리퍼블릭을 공히 '공화'로 번역하는 것은 앞서 언급했듯이 1860년대 확립된 번역 관행이었으며, 고이즈카는 이를 답습하고 있다.

35 Tocqueville, *Democracy in America*, p.xxx.

36 トークヴィル, 肥塚竜 譯, 『自由原論』 一卷(東京: 有隣堂, 1881), p.26.

37 한스 마이어, 「역사운동의 지표로서 민주주의(19세기)」, 라인하르트 코젤렉·오토 브루너·베르너 콘체 편, 나인호 옮김, 『코젤렉의 개념사 사전 17: 민주주의와 독재』(서울: 푸른역사, 2021), p.103.

여하는 형태의 정부가 아니라 대표제를 통해 간접적으로 참여하는 방식의 정부 형태와 동일시하는 발상과 맞물려 생겨났다. 이에 더해 데모크라시는 1830년대부터 헌법 정치의 영역 외부에도 적용될 수 있는 개념으로 의미가 확장되어 갔다. 이 경우, 데모크라시는 사회 또는 정신적 차원에서 실현될 수 있는 원리, 경향 또는 운동으로 이해된다.[38] 예를 들면, 데모크라시란 "인민 대중 혹은 다수 인민의 욕구와 물적 이해관계의 힘" 또는 "고도의 정신적 혹은 도덕적 이해관계의 힘"으로 설명된다.[39] 즉, 데모크라시는 정부 형태와 관련된 정치적 개념을 넘어 사회적·이념적 개념으로 사용되었다.

토크빌이 사용하는 데모크라시라는 용어는 이런 의미의 확장 현상과 무관하지 않았다. 『미국의 민주주의』에서 그는 데모크라시를 확정적으로 개념정의 내리지 않은 채 맥락에 따라 여러 의미로 사용했다. 래스키(Harold Laski)에 따르면 토크빌은 전반적으로 서로 다른 네 가지 의미로 사용하며, 슐라이퍼(James T. Schleifer)는 이를 더 세분화해서 민주주의가 여덟 가지 의미로 쓰였다고 본다.[40] 이는 그의 사고의 비체계성 또는 비일관성을 보여 주는 것이 아니라, 19세기 초·중반 유럽 사회 전반에 불어닥친 데모크라시의 의미 변화를 반영한 것이다. 토크빌은 데모크라시를 다양한 의미들 중에서 '사회·정치를 구성하는 원리'라는 뜻으로 사용할 때도 있었다. 이 경우 '데모크라틱 프린시플'이란 표현을 사용하기도 했는데,[41] 이는 그의 특별한 표현이 아니라

---

38 한스 마이어, 「역사운동의 지표로서 민주주의(19세기)」, pp. 112-116.

39 한스 마이어, 「역사운동의 지표로서 민주주의(19세기)」, pp. 114-115.

40 Alexis de Tocqueville, *Democracy in America: Historical-critical edition of De la démocratie en Amérique*, edited by Eduardo Nolla, translated by James T. Schleifer (Indianapolis: Liberty Fund, 2010), pp. 263-274.

41 Tocqueville, *Democracy in America*, p. 60.

데모크라시가 정치·사회 구성 원리라는 의미를 가지면서 당대에 '데모크라틱 프린시플'이란 표현은 유럽에서 흔히 사용되었다.[42] 따라서 데모크라시와 '데모크라틱 프린시플'은 사실상 같은 의미로 쓰이는 경우도 있었다.

그런데 앞서 설명했듯이 메이지 일본에서 '프린시플'은 '주의'로 번역되었다. 따라서 '데모크라틱 프린시플'과 같은 의미로 데모크라시가 쓰일 경우 양자는 공히 '주의'로 번역될 수 있었다. 고이즈카가 데모크라시의 번역어로 '공화주의'를 선택한 배경에는 이처럼 데모크라시는 곧 '데모크라틱 프린시플'이라는 용례와 '프린시플'을 '주의'로 번역하는 관행이 있었기 때문이다. 그 덕분에 그는 데모크라시를 사실상 '데모크라틱 프린시플'과 같은 의미로 이해하면서, 전자를 번역할 때 후자의 번역어인 '공화주의'라는 표현을 사용할 수 있었던 것으로 보인다.[43]

고이즈카는 『자유원론』에서 데모크라시의 번역어로 '주의'란 표현

42 이와 관련해선 베르너 콘체, 「근대적 운동 속의 '민주주의'」, 라인하르트 코젤렉·오토 브루너·베르너 콘체 편, 나인호 옮김, 『코젤렉의 개념사 사전 17: 민주주의와 독재』(서울: 푸른역사, 2021), pp. 126-152.

43 예를 들면, 토크빌의 "The democratic principle, on the contrary, has gained so much strength by time, by events, and by legislation, as to have become not only predominant but all-powerful"(Tocqueville, *Democracy in America*, pp. 60-61)이라는 부분을 고이즈카는 "이에 반해 미국에 있어서 공화주의는 때와 사변과 법률에 따라 큰 세력을 얻어 다만 타물(他物)의 상류(上流)를 점할 뿐만 아니라 비로소 전능력(全能力)을 갖게 되었다"로 번역한다. 『自由原論』 一巻, pp. 82-83. 여기에서 '공화주의'는 '데모크라틱 프린시플'에 대응한다. 또한 3장에서 "... there is one which takes precedence of all the rest. The social condition of the Americans is eminently democratic"(Tocqueville, *Democracy in America*, p. 49)을 "허다한 주의를 요구하는 중에 최고로 주의해야 하는 것은 아메리카 사회 상태의 공화주의이다"로 번역한다. 『自由原論』 一巻, p. 67. 여기에서 원문의 '데모크라틱'은 사회를 구성하는 원리라는 의미로 사용되고 있다. 이런 의미를 고려하면 고이즈카의 '공화주의'라는 번역은 그다지 어색하지 않다.

을 비로소 사용했지만, 이는 '민주'가 아니라 '공화'와 결합되었다. 그의 번역어는 데모크라시와 리퍼블릭을 공히 '공화'로 번역하던 이전 관행을 답습한다. 하지만 그 이듬해 프랑스 법학을 배운 기시모토 다츠오(岸本辰雄)는 나이토 나오스케(内藤直亮)와 함께 아콜라(Émile Acollas)의 『민주적 관념에 입각해 우리 법전, 특히 나폴레옹 법전을 개정할 필요(*Nécessité de refondre l'ensemble de nos codes et notamment le code Napoléon, au point de vue de l'idée démocratique*)』(1866)를 『불국법전개정론(佛國法典改正論)』이란 제목으로 번역하는데, 여기에서 데모크라시를 '민주주의'로 일관되게 번역한다.

아콜라는 1860년대 제2제정 시기부터 정치적으로 활동했던 급진파에 속한 정치인이자 법학 교수였는데, 일본에선 사이온지 긴모치(西園寺公望)를 위시해 프랑스에 온 다수의 일본인 유학생에게 대학 예비교육을 제공한 인물로 더욱 잘 알려져 있다.[44] 그의 글은 프랑스 법학을 전공했던 지식인들에 의해 여러 권 번역되었는데,[45] 그중 『불국법전개정론』은 민주적 이상에 입각해 나폴레옹 법전의 전면적 재검토를 역설했다. 이 글에서 아콜라는 프랑스 혁명이 '라 데모크라시(la démocratie)'의 도래를 선언한 지 한 세기가 지났지만 여전히 그 이상은 실현되지 않고 있으며 이는 구체제의 잔재 때문이라고 지적한다. 특히 그는 혁파되어야 하는 구체제 유산으로 가족법, 재산법, 도시법 등을 열거하면

---

44 사이온지(Saionji)는 아콜라를 "정치학에서 저명한 지위와 날카로운 통찰력을 갖춘 … 학자"로 높이 평가했고, 귀국 후 그의 책 번역본에 서문을 쓰기도 했다. Jackson H. Bailey, "Prince Saionji and the Popular Rights Movement", *Journal of Asian Studies* 21 (1961), p. 51.

45 그의 책은 『불국민법제요(佛國民法提要)』가 가장 먼저 사법성에서 출판되었고, 1882년에 『불국법전개정론』이, 그리고 1884년에 『정리신론(政理新論)』이 출판되었다. 사이온지는 『정리신론』에 서문을 달았다.

서 이에 대한 재검토를 요구했다.[46] 기시모토와 나이토는 이 글을 번역하면서 '라 데모크라시'를 일관되게 '민주주의'로 표현했는데, 이는 아콜라의 '라 데모크라시'에 대한 이해를 고려하면 자연스러운 것이었다.

1848년 이후 프랑스에서 '라 데모크라시'는 기조(François Guizot)의 설명처럼 유행어가 되면서 근대적 기본 개념으로 자리 잡았으며, 이 개념을 둘러싼 의미론적 투쟁이 벌어졌다.[47] 당대 보나파르티스트들은 "중간의 매개체는 인민의 자발성을 분열시킬 뿐이며, 보통선거제도라는 제도와 프랑스의 의사를 왜곡"한다고 비난하면서 황제의 존재가 '라 데모크라시'를 부정한 것이 아니라고 주장했다.[48] 이에 대해 급진파였던 아콜라는 그의 글에서 '라 데모크라시'는 그런 종류의 것이 아니라고 설명한다. 그에 따르면, '라 데모크라시'는 "사상과 활동 그리고 제도의 모든 측면"을 포괄하는 것으로 단순히 정치적·사회적 또는 종교적인 성질의 것이 아니다. 이는 이 모든 것을 포괄하는 "인간적인" 것이며, 이런 점에서 사회 전반의 재생이 요구된다고 주장한다.[49] 이처럼 그가 구상한 '라 데모크라시'는 인간 사회 전체를 구성하는 원리로 이

46 Émile Acollas, *Nécessité de refondre l'ensemble de nos codes et notamment le code Napoléon, au point de vue de l'idée démocratique* (Paris: Librairie Centrale, 1866), pp. 5-7.

47 베르너 콘체, 「근대적 운동 속의 '민주주의'」, pp. 127-128.

48 홍태영, 『국민국가의 정치학: 프랑스 민주주의의 정치철학과 역사』(서울: 후마니타스, 2008), p. 161.

49 Acollas, *Nécessité de refondre l'ensemble de nos codes et notamment le code Napoléon*, pp. 9-10. 아콜라는 인간 사회의 구성 원리로서 '데모크라시'가 실현되기 위해 가장 중요한 요소를 개인의 자율에서 찾았고, 이를 실현하기 위해 자유의 보장을 주장했다. Acollas, *Nécessité de refondre l'ensemble de nos codes et notamment le code Napoléon*, p. 11. 이런 점에서 당대 프랑스 자유주의자들과 입장을 같이하는 측면도 있었다. 당시 정치적 스펙트럼에 관해선 홍태영의 『국민국가의 정치학』 1부 5장을 참고할 수 있다.

해되고 있었기 때문에 전통적 번역어인 ‘정치’ 또는 ‘국’이 아니라 ‘주의’로 번역될 수밖에 없었다. 토크빌의 데모크라시가 시대적 맥락을 반영해 의미가 확장된 것과 마찬가지로 아콜라의 ‘라 데모크라시’ 역시 전통적 의미를 완전히 초월한 이데올로기적 개념이 되었으며, ‘민주주의’라는 번역어는 이런 의미를 반영한 것이었다.

1880년대 초반 비로소 데모크라시의 번역어로 ‘민주주의’가 등장했지만, 데모크라시의 번역어로서 ‘민주주의’가 일반화된 것과는 거리가 멀었다. 1880년대의 사전은 ‘민주주의’의 이러한 위상을 잘 보여 준다. 1886년 발간된 『화영어림집성(和英語林集成)』 3판에 처음 들어간 단어 ‘공화’는 ‘리퍼블리칸(republican)’ 또는 ‘데모크라틱(democratic)’을 의미한다고 되어 있는데, 이는 리퍼블릭과 데모크라시를 공히 ‘공화’로 번역하던 초기 관행이 1880년대에도 일정 수준 지속되고 있음을 의미한다. 또한 이 사전에 ‘민주’란 용어는 없고 1867년의 1판부터 ‘민정(民政)’만 들어가 있는데, 그 의미는 데모크라시로 되어 있다. 이는 ‘민주’보다 오히려 ‘민정’이 데모크라시의 대응어로 통용되고 있었음을 나타낸다.[50] 용어 사용의 이런 경향은 1888년에 발간된 두 권의 영일사전에서도 확인할 수 있다. 『웹스타씨 신간대사 화역자휘(ウェブスター氏新刊大辭書和譯字彙)』는 데모크라시를 ‘공화정치’와 ‘민정’으로, ‘리퍼블릭’을 ‘공화정치’와 ‘공화국’으로 설명하고, 『영화신국민대사서(英和新國民大辭書)』도 마찬가지로 ‘데모크라시’를 ‘민정’ 또는 ‘공화정치’로, ‘리퍼블릭’을 ‘공화정치’로 번역하고 있다. 이로 미루어 보면, ‘데모크라시 = 민주’는 예외적이

50 일본에서는 1880년대에 ‘민정당(民政黨)’, ‘민정회(民政會)’, ‘민정주의(民政主義)’라는 용어도 흔히 사용되었는데, 이는 모두 데모크라시를 의미했다. 陳力衛, 「「民主」と「共和」: 近代日中概念の形成とその相互影響」, 『成城·経済研究』 194(2011), p. 21.

었음을 알 수 있다.

더욱이 '데모크라시 = 민주주의'의 경우는 더욱 소수였는데, 『국민지우(國民之友)』에서 '민주'는 총 33회 사용되었으며, 그중 '민주주의'는 총 4회 사용되었을 뿐이다.[51] 번역서의 경우, 히라타 도스케(平田東助)의 『국법범론(國法汎論)』(1888)에서 '민주주의'가 사용되지만, 이 경우 '민주주의'는 고이즈카의 『자유원론』에서와 마찬가지로 인민주권 원리의 번역어로 일차적으로 사용되었다.[52] '민주주의'가 온전히 데모크라시의 번역어인 경우는 이노우에 고와시(井上毅)의 「지방자치의견서(地方自治意見書)」(1888)에서 비로소 재차 발견된다. 이 글에서 이노우에는 일본 국체를 파괴하는 리버(Francis Lieber)의 자치론을 비판하면서 데모크라시를 '민주주의'로 번역한다.[53] 다만 그의 이런 예외적 번역은 1889년 메이지 헌법의 해설서인 『헌법의해(憲法義解)』로 이어진다. 이 책에서 메이지 헌법 71조를 설명하면서 이 구절이 없으면 '민주주의'로 귀결되는 나라의 상태가 되어 일본 '국체'에 반하는 것이라고 지적하면서 '민주주의'는 일본에서 용납될 수 없는 것으로 규정한다.[54] 헌정질서상 '민주주의'

---

51 陳力衛, 「「民主」と「共和」—近代日中概念の形成とその相互影響」, p.23. '민주'가 총 33회 사용되었지만, 모두가 데모크라시의 대응어라고 볼 수도 없다. '민주'가 리퍼블릭의 번역어로 쓰이던 관행이 완전히 사라지지 않았다는 점을 고려해야 한다. 첸 리웨이는 '민주국'의 경우 리퍼블릭의 대응어로 쓰였다고 평가한다.

52 イ.カ.ブルンチュリ, 平田東助 譯, 『國法汎論』(東京: 司法省, 1888), p.419, p.519.

53 井上毅, 「地方自治意見書」, 井上毅伝記編纂委員会 編, 『井上毅傳 史料篇第二』(東京: 国学院大学図書館, 1968), p.38.

54 이노우에 고와시는 메이지 헌법의 초안을 작성했으며 해설서의 가필 수정에도 참여했다. 高澤弘明, 「西園寺公望のシラス論批判に関する一考察—『憲法義解』における井上毅の論旨をめぐって—」, 『法政論叢』 50-2(2014), p.79. 또한 이노우에는 「지방자치의견서」에서도 '민주주의'가 '국체'에 반한다는 『헌법의해』와 동일한 주장을 하고 있다. 이를 고려하면 『헌법의해』의 '민주주의'는 「지방자치의견서」에서 밝힌 데모크라시의 번역어와 동일한 것으로 판단된다.

가 허용될 수 없다는 이런 주장은 20세기 초·중반 데모크라시의 일반적 번역어의 지위를 놓고 '민주주의'가 '민본주의', '데모쿠라시' 등과 경쟁해야 하는 단초를 제공한다.

5. 20세기 전간기 '민주주의' 사용의 일반화

'민주주의'가 데모크라시의 예외적 번역어로 사용되는 경향은 1900년대 초반까지 이어졌지만, 1910년대에 비로소 용어 사용의 확연한 변화가 발견된다. 우선, '공화'가 '리퍼블릭'의 번역어로 정착되며,[55] '민정'의 경우 주로 '시빌 어페어(civil affair)'의 번역어로 사용되면서 데모크라시의 번역어로 쓰이는 용례는 거의 사라진다.[56] 19세기에 데모크

55 *New English-Japanese Dictionary for Beginners* (1915)에서 리퍼블릭은 '공화정치'로 되어 있고, 『무신화영대사전(武信和英大辭典)』(1918)에서 '共和'는 '리퍼블리칸'으로 되어 있다.

56 신문기사문고의 『오사카마이니치신문(大坂每日新聞)』의 1910년대 기사에서 '민정'의 용례를 살펴보면 중국과 관련된 글에서만 데모크라시의 의미로 사용되고, 나머지는 모두 민사 업무의 뜻으로 사용되었다. 데모크라시란 의미를 고수하고자 한 집단은 입헌민정당 소속 인물들이었다. 입헌민정당의 나가이 류타로(永井柳太郎)는 1919년 제1차 세계 대전의 결과를 '민정주의'의 승리로 묘사했는데, 여기에서 '민정주의'는 데모크라시의 번역어다. 하지만 '민정주의'란 용어는 1910년대 신문기사문고 전체에서 단 6회 사용되었다. 다만, 데모크라시에 대해 '민정'이라고 쓰는 경향은 중국어 사전을 중심으로 일정 기간 유지됐던 것으로 보인다. 『新撰初學英和辭書』(永井尚行 編, 1885), 『(袖珍挿圖)和譯英辭書』(長穀川辰二郎 編譯, 1886), 『(袖珍挿畵)新譯和英辭書』(箸尾寅之助 編, 1887), 『(ウェブスター氏新刊大辭)和譯字彙』(イーストレーキ, 棚橋一郎 譯, 1888), 『英和新國民大辭書』(高杉東一 編譯, 1888), 『英和デスク辭書』(中村國太郎 編譯, 1888; 1892), 『漢語英譯辭典』(ゼー·エッチ·ガビンス, 1889~1892), 『新デスク辭書』(杉江輔人 譯, 1889), 『(新譯無雙)英和辭書』(棚橋一郎 編, 1890), 『新選和英辭書』(林曽登吉 編, 1893), 『和佛辭書』(織田信義, 1899; 1905). 또한 *New English-Japanese Dictionary for Beginners*

라시의 번역어로 가장 많이 통용되던 '공화정치'와 '민정'이 각각 다른 의미를 지니면서 1910년대 데모크라시의 번역어를 둘러싼 경합은 새로운 국면을 맞는다. 우선 20세기 초반까지 예외적 번역어에 불과했던 '민주주의'란 용어가 유행하는데, 이를 '민주정', '민주제' 등 유사 용어의 빈도와 비교하면 〈그림 3-1〉과 같다.[57]

〈그림 3-1〉에서 흥미로운 점은 1910년대 초반부터 '민주주의'의 사용 빈도가 '민주정' 또는 '민주제'와 비교해 근소하지만 더 높다는 것이다. 앞서 살펴보았듯이 19세기의 경우 '민주주의'보다 '민주정치' 또는 '민주국'과 같은 표현이 상대적으로 많았는데, 1910년대에 접어들면 '민주주의'의 빈도가 '민주'가 들어간 다른 용어를 추월한다. 상황의 이러한 역전에 영향을 미친 요인 중 하나는 서구에서 데모크라시가 전통적 의미, 즉 정체의 한 유형으로 사용되는 용례가 줄어든 것이다. 1910년대 초반부터 신문의 외신 기사는 미국과 윌슨(Thomas Woodrow

(林弘之, 1915)와 같이, "Democracy(デモクラシー)(名) 民主政體, 民政主義"로 데모크라시에 대해 '민주정체'와 '민정주의' 모두를 제시한 사례도 있다. 한편, 『무신화영대사전(武信和英大辭典)』(武信由太郎 編, 1918)에 이르러 "(1) [軍政に對する] n. Civ'il administra'tion. minsei (民政). n. (2) [共和政治] n. Democ'racy; democrat'ic gov'ernment"라고 서술되어 있다. 이후 『법률사서(法律辭書)』(渡部萬藏, 1926; 1929) 등에서는 '민정'이 데모크라시의 번역어로서 지위를 '민주정체' 등에 빼앗기고 "Zivilverwaltung(독), civil administration(영), administration civil(프), administrazione civile(이) [內務行政]"을 지칭하게 된다.

57 당시 데모크라시의 번역어들 간 사용 빈도를 비교하기 위해 (1) '民主主義'의 경우 동일한 한자가 반복되기 때문에 '民主々義'라고 표기하기도 했으므로 양자 모두를 포함했으며 양자 간 중복된 데이터는 1건으로 처리했다. 전자는 일본 국회도서관과 신문기사문고에서 각각 2,933건(연도 정확한 것으로 2,267건)과 928건, 후자는 783건(659건)과 214건을 확인했다. (2) DB의 검색 방식에 의해 '民主政'의 경우에는 '民主政治'나 '民主政體'의 결괏값을 포함하고 있으며 '民主制'의 경우에도 '民主制度' 등을 포함하고 있다. '민주정'은 각각 569건(457건)과 251건, '민주제'는 각각 80건(63건)과 63건을 확인했다.

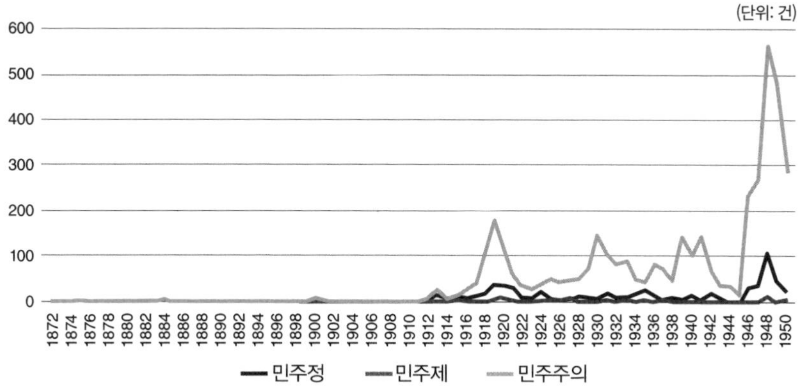

〈그림 3-1〉 민주정, 민주제, 민주주의의 등장 빈도 비교

Wilson)의 데모크라시에 주목했는데,[58] 미국에서 흔히 사용되는 데모크라시는 고전적 의미가 아니라 이미 다양한 의미가 함축된 이데올로기화된 개념이었다.[59] 또한 신문은 유럽의 데모크라시적 경향에도 주목했는데, 대표적 예로 『오사카마이니치신문』에 1913년 8월 2일부터 20일까지 11회에 걸쳐 연재된 사토 우시지로(佐藤醜次郎)의 「일본국체론(日本國體論)」을 들 수 있다. 일본의 국체에 관해 논하기 위해 그는 유럽의 데모크라시를 '민주주의'로 번역했다. 그가 사례로 드는 영국이나 벨기에의 경우 모두 군주제하의 데모크라시가 실현되어 전통적 의미의 데모

58 예를 들면, 「奇怪なる憲法論」, 『二六新報』(1912. 9. 7); 「事業公營の得失」, 『大阪朝日新聞』(1913. 5. 19); 「ブラウン女史の書翰(上·下): 加州問題に就て高橋蔵相に寄す」, 『時事新報』(1913. 7. 10~23).

59 윌슨은 이미 1889년 글에서 데모크라시를 정부 형태, 주의(主義)라는 의미에 덧붙여 유기체적으로 발전하는 생체 조직으로 규정한다. 이와 관련해선 1889년 그의 연설과 *Character of democracy in the United States* 참고. https://www.americanheritage.com/wilson-democracy; https://www.theatlantic.com/magazine/archive/1889/11/character-of-democracy-in-the-united-states/519261/

크라시로부터 벗어나 있었다. 이와 같이 서구에서 데모크라시는 이미 개념이나 그 실체 면에서 전통적 의미를 벗어나 다양하게 해석될 수 있는 여지를 갖고 있었다. 따라서 외신 기사는 정체로서 데모크라시에 조응하는 '민주정치', '민주제', '민주국'이란 표현보다 '민주주의'를 선호했던 것으로 추정된다.

'민주주의'가 상대적으로 더 빈번하게 사용되면서 나타난 현상 중 하나는 '민주주의'가 '민주정치'를 대체하는 것이었다. 신문 기사 중에는 외국의 정치 상황을 소개하면서 의미상 '민주정치' 또는 '민주제'로 번역하는 것이 더 정확한데도 '민주주의'라는 표현을 사용하는 경우가 생겨난다. 1913년 멕시코 혁명을 다룬 「묵국의 친일경향(墨國の親日傾向)」, 『오사카아사히신문(大坂朝日新聞)』(1913. 7. 26~27)이 그 대표적인 사례다. 혁명 이후 신정부가 표방한 데모크라시를 '민주주의'로 번역하는데, 당시 논쟁을 살펴보면 데모크라시는 정부 형태의 문제를 의미했기 때문에 관행에 따르면 '민주정치'란 번역어가 더 적절했지만 이 기사는 '민주주의'로 번역했다. 다만 1910년대 초반에는 여전히 '민주주의'가 사용 빈도 측면에서 그다지 높지 않았다. 〈그림 3-1〉에서 확인할 수 있듯이 1910년대 중·후반에 비로소 빈도가 획기적으로 올라간다. 즉, '민주주의' 용어의 유행이 발견되는데, 이는 제1차 세계 대전 가운데 형성된 전 세계적 데모크라시 담론의 영향 때문이다.

우선, 영국을 중심으로 제1차 세계 대전을 '데모크라시' 대 '밀리터리즘' 간의 대결로 규정하려는 여론이 형성되었다. 『더 타임스(*The Times*)』 1915년 6월 3일 자에 실린 「데모크라시 또는 밀리터리즘?(Democracy or Militarism?)」이라는 제목의 기고는 영국을 중심으로 생겨난 프로파간다를 상징적으로 보여 준다. 이 기사가 대변하는 당시 영국 여론은 영국과 독일을 각각 데모크라시, 밀리터리즘과 동일시하면서 제1차 세계 대전을 데모크라시의 승리를 위한 전투로 평가했다. 1917년에는 러시아 혁명이 발발하면서 러시아 사회 내부에서 데모크라시에 대한 요구가 폭발적으로 분출했는데, 러시아 정부는 데모크라시에 부합하는 평화가 보장되는 강화 체결을 요구하기도 했다.[60] 또한 같은 해 미국은 제1차 세계 대전의 참전을 결정했는데, 윌슨 대통령은 참전 명분으로 "데모크라시가 안전한 세계" 건설을 제시했다.[61] 이와 같이 세계 곳곳에서 데모크라시에 관한 일련의 여론이 형성되었는데, 일본 사회도 마찬가지였으며,[62] 이 과정에서 데모크라시의 번역어로 '민주주의'가 선택받으면서 이 용어가 유행했다.[63] 그 결과, 1920년대 사전에서는 '민주주의'가 데모크라시의 번역어로 기재되기에 이른다.[64] 즉, 20세기 초반까지 예외적 번역어에 불과했던 '민주주의'가 번역어로서 확고한 시민권을 얻게 된 것이다.

---

60 러시아 혁명 후 이런 상황을 보도한 기사로는 「過激社會黨の為に風靡されんとする露國政界」, 『大坂朝日新聞』(1913. 7. 16); 「露國側の宣言: 民主的講和の原則を主張す」, 『東京朝日新聞』(1918. 1. 19) 참고.

61 1917년 4월 2일 미 의회 합동 연설에서 윌슨은 "세계는 데모크라시에 안전한 곳이 되어야만 합니다. 그 평화는 정치적 자유라고 하는 검증된 토대 위에 세워져야 합니다"라고 역설하면서 의회의 전쟁 승인을 촉구했다.

62 이 시기 일본을 방문한 듀이(John Dewey)에 따르면, 당시 일본의 분위기가 급변해서 누구나, 심지어 막노동자나 인력거꾼까지 데모크라시를 말하고 있었다. John Dewey, "Liberalism in Japan", in *John Dewey The Middle Works 1899-1924: Volume 11, 1918-1919*, edited by Jo Ann Boydston (Carbondale: Southern Illinois University Press, 2008), p.156.

63 1917년 이후 '민주주의' 용례는 신문 기사에서 무수히 많지만, 대표적 예로는 다음과 같다. 「戰後國民の覺悟」, 『福岡日日新聞』(1917. 8. 11); 「米國商業界の新趨勢」, 『大坂毎日新聞』(1918. 2. 1~2); 「世界の大勢に關する疑問」, 『大坂毎日新聞』(1918. 4. 9~23); 「講和成立に伴う世界經濟の重要問題」, 『大坂毎日新聞』(1918. 11. 23).

64 후지오카 가츠지(藤岡勝二)의 『대영화사전(大英和辭典)』(1921)에 데모크라시의 첫 번째 의미로 '민주정치'와 '민주주의'가 나란히 올라 있다.

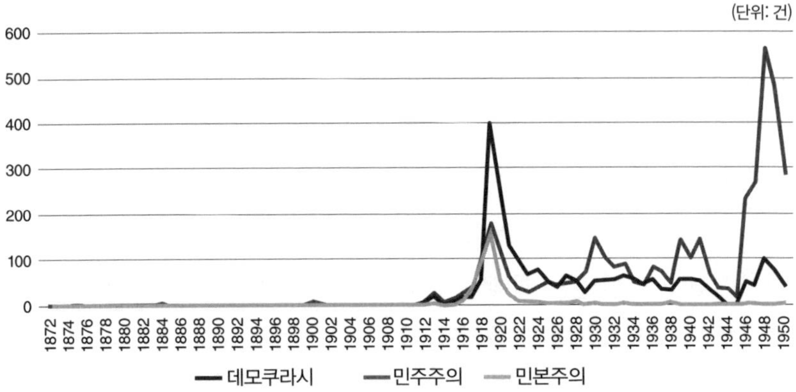

〈그림 3-2〉 데모쿠라시(デモクラシ), 민본주의, 민주주의의 등장 빈도 비교

다만 다이쇼 데모크라시라고도 불리는 이 시기 '민주주의'만이 데모크라시의 번역어로 주목받은 것은 아니다. 번역어 지위를 놓고 경합하는 용어로 '민본주의(民本主義)'와 '데모쿠라시(デモクラシ)'가 등장했는데, 두 용어의 사용 빈도를 '민주주의'와 비교하면 〈그림 3-2〉와 같다.[65] '민본주의'의 사용 빈도는 '민주주의'와 동반 상승하는데, 1919년에는 거의 '민주주의'에 육박한다. 당시 가장 유력한 신문 중 하나였던 『오사카마이니치신문』의 용례는 데모크라시의 번역어 자리를 두고 벌어진

65 (1) 데모크라시의 발음을 그대로 사용한 데모쿠라시는 '데모쿠라시(デモクラシ)', '데모쿠라시-(デモクラシ—)', '데모쿠라시이(デモクラシイ)', '데모쿠라시에(デモクラシエ)' 등을 포괄하는 것으로서 '데모쿠라(デモクラ)'를 검색어로 설정했다. 이에 따라 '데모쿠라치쿠(デモクラチク)' 등 일부 예외적 용어가 포함될 수 있으나 그 수가 많지 않기 때문에 따로 걸러내지 않았다. 일본 국립국회도서관에서 총 1,280건이 확인됐으며 그중 연도가 확실한 1,101건을 분석 대상으로 삼았다. 고베대학 신문기사문고의 경우에는 총 1,300건이 확인됐는데, 해당 DB는 모두 연도 값을 포함하고 있기 때문에 전체 검색 결과를 분석 대상으로 삼았다. (2) 민본주의의 경우 일본 국회도서관에서 222건(211건), 신문기사문고에서 277건이 확인됐다. (3) 민주주의의 경우에는 앞서 각주 57의 경우와 같다.

'민본주의'와 '민주주의' 간 경합을 잘 보여 준다. 『오사카마이니치신문』은 1914년까지 관행적으로 데모크라시를 '민주주의'로 번역했고, 기고자 역시 '민주주의'라는 표현을 썼다. 하지만 1915년부터 데모크라시의 번역어로 '민본주의'가 사용되기 시작하고, 그 후 '민본주의'와 '민주주의'가 사설, 외신, 기고에 이르는 전 방면에서 혼재되어 사용되었다. 이는 데모크라시가 일본 사회에서 각광받았던 시점에 '민본주의'도 일본에서 분출된 데모크라시에 대한 열망을 표현하기 위한 번역어로 낙점받았음을 의미한다.

'민본주의'의 이러한 유행은 1912년 미노베 다쓰키치(美濃部達吉)가 『국가학회잡지(國家學會雜誌)』에 게재한 「국가 및 정체론(國家及政體論)」이 촉발시킨 논쟁과 관련 있다.[66] 메이지 헌법 제정 당시 '민주주의'가 천황 주권에 기초한 일본 국체에 배치된다는 이노우에 고와시와 이토 히로부미의 입장을 이어받은 국체론자들은 미노베가 「국가 및 정체론」에서 피력한 이른바 천황기관설이 '민주주의'를 옹호한 것이나 다름없다고 비난했고,[67] 이에 미노베가 반박하면서 지식인 사회에 논쟁이 일어났다. 이 논쟁에서 요시노 사쿠조(吉野作造)와 같은 인물은 국체에 배치되는 '민주주의'를 대신해서 '민본주의'를 데모크라시의 대응어로 제시했다. 그에 따르면, 데모크라시는 '민주주의'와 '민본주의' 두 방식으로 번역될 수 있으며, 국가의 주권은 법리상 인민에게 있다는 '민주주의'는 천황제 국가인 일본에서 수용될 수 없지만 국가 주권 활동의 기본 목표를 정치상 인민에게 둬야 한다는 '민본주의'의 경우 이미 일본 전통

66 이 글은 1912년 8월부터 그해 말까지 3회에 걸쳐 『국가학회잡지』에 게재되었다.

67 『고쿠민신문(國民新聞)』은 이러한 비판에 앞장섰는데, 이 신문의 논조를 보여 주는 대표적 글은 1912년 10월 10일에서 10월 14일까지 다섯 차례에 걸쳐 게재된 「통치권의 주체(統治權の主體)」라는 사설이다.

속에서 발견할 수 있는 사상이라고 주장했다.[68] 그는 이렇게 데모크라시를 '민본주의'로 번역해서 천황제라는 일본의 특수한 상황에 도입하고자 했다.

요시노의 이러한 전략적 사고는 일본 사회에서 호응을 얻었다. 국체에 배치되는 것으로 일관적으로 천명되어 온 '민주주의'와 달리 '민본주의'는 일본 전통에 호소할 수 있는 것이었다. 따라서 데모크라시의 일본적 수용을 추구했던 일군의 지식인과 정치인은 이 용어를 선호했고,[69] 이와 맞물리면서 '민본주의'는 데모크라시의 번역어 경쟁에서 '민주주의'와 맞먹는 유력한 지위를 차지할 수 있었다. 이런 위상은 이치카와 산키(市川三喜) 등이 공저한 『대영화사전(大英和辭典)』(1931)에 데모크라시의 번역어로 '민주주의'와 함께 '민본주의'가 등재되는 것으로 구체화되었다.

또한 이 시기 '민본주의'와 함께 데모크라시의 번역어로 경쟁한 용어는 '데모쿠라시'였다. '데모쿠라시'의 유행을 『오사카마이니치신문』을 중심으로 살펴보면, '데모쿠라시'는 1917년까지 고유명사에 한정되어 데모크라시의 번역어로 사용되는 데 반해 '민주주의'는 더 일반적으로 데모크라시의 번역어로 쓰였다. 하지만 1918년을 기점으로 기고에서 고유명사 외에도 '데모쿠라시'란 표현이 쓰이기 시작해 1919년부터 사용 빈도가 폭발적으로 증가했다. 이는 서구의 데모크라시에 대한 높아진 관심과 이에 반해 번역어인 '민주주의'나 '민본주의'가 원어의 다

68 吉野作造, 『吉野作造評論集』(東京: 岩波文庫, 1975), pp. 36-37.

69 당시 '민본주의'의 용례를 보여 주는 기사로는 「英國選挙法の改正民本主義の勝利」, 『大坂毎日新聞』(1918. 2. 16); 「貴族院令は根本的改正を要す」, 『大坂毎日新聞』(1918. 3. 3) 참고. 듀이 역시 '민본주의'를 옹호했던 집단에 주목하면서, 이들을 "종교적 지위를 가진 천황제에 민주적 전환"을 시도했던 "새로운 자유주의 그룹"으로 평가했다. Dewey, "Liberalism in Japan", p. 171.

양한 의미를 담아내지 못한다는 문제의식과 연관이 있었다. 즉, 상당수 지식인은 기존의 번역어들이 당시 전 세계적 사조가 되었던 데모크라시의 적역(適譯)인지 의문을 품었고, 데모크라시의 번역어를 두고 벌어진 '민주주의'와 '민본주의'의 경쟁이 이런 의문을 심화시켰다. 따라서 그들은 원어의 의미를 그대로 전달하기 위해 사실상 번역을 포기하고 '데모쿠라시'라고 쓰는 걸 선호했다.[70] 그 결과, 1919년에 접어들면 신문기사문고의 신문에서 '데모쿠라시' 빈도가 '민주주의'를 추월하기 시작하며, 『오사카마이니치신문』은 외부 필진이 쓰는 기고 또는 해외 특파원의 기사뿐만 아니라 메인 기사에도 데모크라시의 번역어로 '데모쿠라시'를 사용했다.

그 후 '데모쿠라시'와 '민주주의'는 신문에서 다양한 용례로 사용되면서 데모크라시의 일반적 번역어가 되기 위해 경합한다. 물론 민본주의도 꾸준한 사용 빈도를 보이지만, 번역어로서 사용 빈도는 높지 않았다. 1920년대 다이쇼 데모크라시의 열풍이 잦아들면서 이에 따라 〈그림 3-2〉에서 확인할 수 있듯이 세 용어의 사용 빈도 자체가 확연히 줄어들었다. 하지만 번역어로서 '민주주의'와 '데모쿠라시'는 지속적으로 사용되었다. 다만 전 기간에 걸쳐 '민주주의'가 '데모쿠라시'보다 우세를 보이며, 이런 추세는 종전까지 이어졌다.[71] 이렇게 지속되었

---

70 게이오대학 교수였던 다나카 쓰이이치로(田中萃一郎)가 12회로 나눠 기고했던 「民主政治の限界」(『大坂毎日新聞』, 1919. 4. 15~27)는 일본 지식인 사회의 이런 경향을 적절히 묘사하고 있다.

71 1930년대 후반에서 1940년대 초반 '민주주의' 사용 빈도가 소폭 증가한 것은 제2차 세계 대전과 관련되어 있다. 일본 신문들은 제2차 세계 대전을 데모크라시와 파시즘의 대립이라고 묘사한 연합국 측의 선전을 외신을 통해 소개하면서 데모크라시를 '민주주의'로 번역했다. 이 용례 덕분에 패전까지 '민주주의'는 상대적으로 '데모크라시'에 비해 더 많이 사용되었다.

던 두 용어 간 경합은 일본의 패전과 GHQ(The General Headquarter of The Allied Powers)의 점령 통치 정책과 함께 '민주주의'의 승리로 결말을 맺는다. GHQ는 이미 포츠담 선언에서 밝혔듯이 일본의 'democratization'을 목표로 삼았는데, 노구치가 이미 밝혔듯이 이 목표를 실행하는 과정에서 GHQ가 추구한 데모크라시의 번역어로 '민주주의'가 선택되었다. 패전 직후 포츠담 선언의 "democratic tendencies"란 표현은 "민주주의적 경향"으로 번역되었으며, 『아사히신문(朝日新聞)』과 『요미우리신문(読売新聞)』은 1945년 8월 25일 이 선언의 번역문을 실으면서 동일한 표현을 사용했다.[72] 그 후 GHQ의 점령 정책하에서 일본 정부와 매스미디어는 데모크라시의 대응어로서 '민주주의'를 사용했으며,[73] 그 덕분에 '민주주의'의 사용이 일반화되었다.

패전 후 일본의 민주화 과정에서 일본 사회가 이처럼 '데모쿠라시'가 아니라 '민주주의'를 번역어로 받아들인 데는 두 가지 이유를 생각할 수 있다. 우선, 전간기(戰間期) 두 번역어는 신문에서 서로 경합했지만, '민주주의'가 실질적 우위를 차지했다. 이는 일본 정부의 번역 관행에서 더욱 확연히 드러난다. 일본 정부 공문서를 살펴보면 '민주주의'가 이미 1910년대부터 패전 이후까지 다양한 용례로 사용되었다.[74] 이노우에 고와시와 이토 히로부미가 메이지 헌법 제정 당시 사용했던 데

72 野口忠彦, 「訳語「民主主義」使用の一般化」, 『政治·経済·法律研究』 16-1(2013), pp. 37-38.

73 노구치에 따르면, 정부기관 중 교육기관에서 '민주주의'가 많이 사용되었다. 특히 의무교육을 위해 집필된 교과서에서 '민주주의'라는 표현이 빈번히 사용되었으며, 이는 '민주주의'의 일반화에 상당한 영향을 미쳤다. 野口忠彦, 「訳語「民主主義」使用の一般化」, pp. 37-38.

74 일본 국립공문서관(国立公文書館)의 아시아역사자료센터(アジア歴史資料センター) 검색 결과에 따르면, '民主主義'는 1910년 이후 552건이 확인되며, '民主々義' 역시 비슷한 시기부터 143건이 확인된다.

모크라시의 번역어 '민주주의'는 일본 정부 내에서 패전 이전 데모크라시의 번역어로 사실상 이미 확립되어 패전 직후 정부의 번역에서 '민주주의'가 선택된 것은 자연스러웠다. 둘째, GHQ의 점령 정책은 미국이 주도했으며, 이런 점에서 일본의 '민주화'는 미국이 구상했던 데모크라시의 도입을 의미했다. 그런데 신문기사문고의 사례를 살펴보면 일본에서 미국의 데모크라시를 번역할 경우 관행적으로 '민주주의'가 이미 사용되고 있었다. 1910년대 신문 기사에서도 미국의 데모크라시를 언급할 경우 거의 예외 없이 '민주주의'라는 번역어가 쓰였다. 이런 관행 때문에 미국 주도의 데모크라시는 '민주주의'로 자연스럽게 번역될 수 있었다.

6. '데모크라시'에서 '민주주의'로의 이행

이 장에서는 일본과 동아시아에서 대의(제)란 개념과 서로 떨어질 수 없는 관계를 맺고 있는 '민주주의'라는 개념이 일본에서 어떻게 성립되었는지 설명하고자 했다. 그 성립 과정을 정리하면 다음과 같다.

첫째, '민주'는 애당초 리퍼블릭의 번역어였으며, 이는 이 번역어가 '민이 주권자'란 의미가 아니라 '민이 뽑은 주인'으로 이해된 것과 연관되어 있었다. 즉, '민주'는 전통적 의미인 '민의 주인'에서 '민이 뽑은 주인(대표)'이란 의미로 재해석되었으며, 이런 의미가 리퍼블릭을 표현하는 데 적절했기 때문에 '민주'는 리퍼블릭의 번역어로 쓰였다.

둘째, '민주'가 데모크라시의 번역어로 전환된 것은 데모크라시의 요체를 인민주권에서 찾는 것과 '민주'의 의미 변환이 맞물리면서 일어났다. 즉, '민주'는 '민이 뽑은 주인'에서 '민이 주인'이란 의미로 재해석되었고, 다른 한편으로 데모크라시의 주요한 특징은 인민주권으로 이해되었다. 그 결과 생겨난 양자 간 의미 일치는 데모크라시의 번역어로 '민주'가 사용되도록 했다.

셋째, '민주정치', '민주국'이 아니라 '민주주의'가 데모크라시의 번역어가 된 것은 서구에서 일어난 데모크라시의 의미 변화에 조응한 것이었다. 즉, 데모크라시는 더 이상 정부 형태라는 고전적 의미가 아니라 정치와 사회를 구성하는 원리로서 이해되는 새로운 용례가 등장했으며, 서구에서의 이러한 의미 확장/변화에 조응해서 '정치' 또는 '국'이란 표현 대신 '프린시플'과 '이즘'의 번역어인 '주의'가 '민주'와 합성된 '민주주의'가 번역어로 등장했다.

마지막으로, 예외적 번역어였던 '민주주의'의 사용이 일반화된 것은 1910년대 '민주주의'의 유행 덕분이었다. 서구에서 이미 새로운 의미로 사용되던 데모크라시의 용례와 제1차 세계 대전이 촉발한 데모크라시 담론의 전 세계적 확산이라는 맥락에서 일본에서도 '민주주의'란 번역어가 유행했고, 이는 전간기에 이미 '민주주의'가 번역어로서 확고한 시민권을 확보할 수 있는 토대가 되었다. 나아가, 패전 이후 GHQ가 일본의 'democratization'을 추진하는 과정에서 데모크라시가 '민주주의'로 번역되면서 최후의 경쟁자였던 '데모쿠라시'와의 대결에서 승리했으며, '민주주의'가 일본 사회의 기본 개념으로 자리 잡게 되었다.

제II부

번역에 나타난 근대 일본의 대의정체 구상

제4장

밀의 『대의정부론』 번역

대의/대표/상징을 둘러싼 번역의 정치

김태진

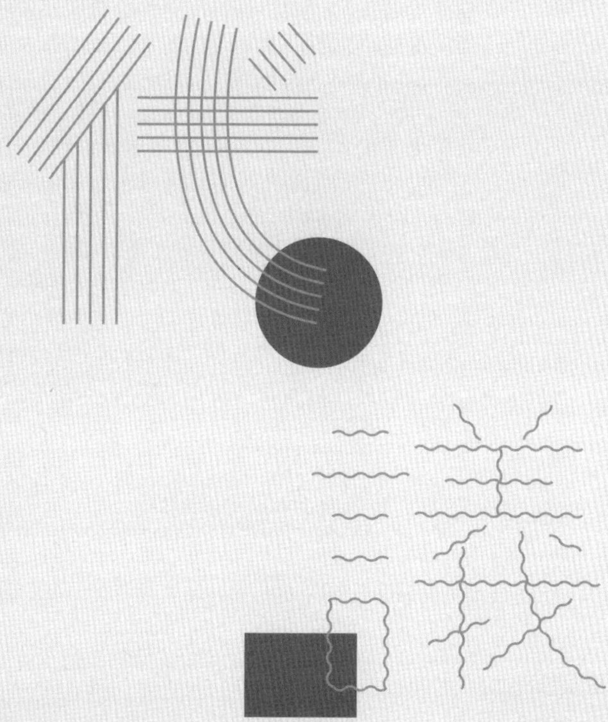

1. 대의정부론 전성시대

흔히 '대의민주주의'로 번역되는 representative democracy에서 'representation' 개념[1]은 단순히 의회에서 국회의원들이 대신 논의(代議)한다는 차원을 넘어선다. 'repraesentare'라는 라틴어 동사의 어원이 말해 주듯이, 이는 현재한다고 할 수 없는 그 무언가를 다시(re) 나타나게 한다(present)는 의미에서 다양한 재현과 표상의 양상을 아우르는 말이자, 불가시적인 것을 가시화하는 존재론적(existential)인 문제와 관련된다.[2] 따라서 정치적 개념에서 '대표/대의'란 인민의 뜻이건, 하늘의 뜻이건, 이성의 뜻이건, 왕의 뜻이건 그 무언가 보이지 않는 것을 다시 나타나게 한다는 의미에서 의회 제도의 수용이라는 문제에 한정되지 않는다.[3] 본장이 메이지 시기 일본의 의회제 도입이나 선거제와 관

* 이 글은 김태진, 「대의제를 둘러싼 번역과 정치: representation의 번역어로서 대의/대표/상징」, 『정치사상연구』 제27집 2호(2021)를 수정·보완한 것이다.

1 'representation'을 어떻게 번역할 것인가에 대해서는 본문에서 다루듯이 논쟁적이다. 여기서는 각각의 문맥에 맞춰 '대표', '대의' 등으로 구별하여 번역한다. 하지만 실은 이것이 모두 'representation'의 번역어라는 점을 고려하면서 읽을 필요가 있다. 일반적으로 '대표(代表)'라는 용어는 대표자의 역할에 대해 순전한 대리에서 완전한 자율 사이의 다양성을 포괄하는 반면, '대의(代議)'는 대표제나 대표자의 기능과 역할을 '대신 의논하는 것'으로 한정하는 것으로 해석된다(이에 대해서는 이 책 제2장 이관후의 논의 참조). 현재는 정치적 용어로서 '대의'라는 말로 번역되는 것이 일반적이지만, 원래의 어원적 의미에서 '대표'라는 말이 더 적합할 수 있다고 지적되는 이유다. 여기서는 현재의 의미대로 대신 논의한다는 개념이 강할 때는 '대의'로, 이를 넘어 한 개인이나 집단이 다른 무언가를 재현한다는 뜻이 강할 때는 '대표'로 구별해 번역한다.

2 'representation' 개념과 관련해서는 Hanna Fenichel Pitkin, *The Concept of Representation* (Berkeley: University of California Press, 1972); F. R. Ankersmit, *Political Representation* (Stanford: Stanford University Press, 2002); 이 책 제1장 홍철기의 논의 참조.

3 홍철기는 '대표'의 역설에 대해 정치적 맥락에서 대표 행위 또한 어떤 대상을 지금

련해 제도적 차원에 초점을 맞춘 기존 연구들[4]과 달리 메이지 시기 대의제 구상 속에서 'representation'의 어떤 측면에 주목해 왔는지, 그들의 문제의식은 무엇이었는지 살펴보고자 하는 이유다. 특히 본장은 당시 대의정부와 관련된 번역본의 역자 서문을 중심으로 당시 대의제에 대한 역자들의 생각이 무엇이었는지 추적해 보고자 한다. 일본에서 'representation' 개념 수용에 초점을 맞춰 대의제 구상의 문제를 대신 논의하는 '대의사(代議士)'를 의회에 보내는 문제로 한정하지 않고 다양한 대표 혹은 상징에 대한 논의들을 살펴봄으로써 당대 입헌주의의 지형을 조망해 볼 필요가 있기 때문이다.[5]

여기에 다시 현존하도록 만드는 행위이며, 이 점에서는 국회에 출석한 의원이 의회에 직접 참석하지 못하는 지역구 유권자를 현존하도록 만드는 것과 풍경화가 실제 광경을 그것이 부재한 미술관에 현존하도록 만드는 것 사이에 원리상 차이가 없다고 말한다. 그런데 이때 재현이란 언제나 의미상 이중성의 지배를 받는 것으로, 언제나 '재'현이자 재'현'의 의미를 갖는다. 즉, '재'현이기 때문에 현존하는 것을 '다시' 현존하도록 만드는 행위로, 이 점에서 '재'현의 대상은 이미 현존하고 있어야 한다. 하지만 동시에 재'현'이기 때문에 '아직' 현존하지 않는 어떤 것을 현존하도록 만드는 행위이기도 하다. 따라서 재'현' 대상은 언제나 부재하는 어떤 것이어야 한다. 홍철기, 「'대표의 허구'에 관한 연구: 토마스 홉스, 칼 슈미트, 한스 켈젠에게 있어서의 대리와 현시의 대표 이론」(서울대학교 박사학위논문, 2016), p. 3.

4 메이지 시기 의회주의 도입과 관련해서는 Kyu Hyun Kim, *The Age of Visions and Arguments: Parliamentarianism and the National Public Sphere in Early Meiji Japan* (Cambridge, Mass.: Harvard University Asia Center, 2007); 澤大洋, 「明治最初期の選挙制度論の発展」, 『選挙研究』 5(1990); 방광석, 『근대일본의 국가체제 확립과정: 이토 히로부미와 '제국헌법체제'』(서울: 혜안, 2008) 등 많은 연구가 있다.

5 메이지 시기 일본의 대표와 관련된 논의들을 의회라는 제도에 한정해서 논할 수만은 없다. 책의 앞선 논의들에서 공통적으로 지적하듯이 '대표'가 의회 차원에서만 한정될 수 없는 다층적 의미를 갖고 있다면 대표 개념을 총체적으로 바라볼 필요가 있기 때문이다. 대의의 문제를 근대적인 의회 제도 도입의 성공 문제로 한정해 바라볼 때, 당연히 결론은 사후적 관점에서 의회제의 불충분한 수용, 그리고 이의 원인으로서 서구의 논의나 제도들을 제대로 소화할 수 없었던 사회적 배경 탓으로 끝내 버리는 일종의 '시대'착오적, '장소'착오적 오류에 빠질 수밖에 없다.

본장은 이러한 작업을 통해 다음과 같은 통설에 의문을 던지고자 한다. 의회 설립 운동을 지지한 이른바 민권파라 불리는 사람들은 '대의'라는 개념을 통해 그동안 정치 과정에서 배제되었던 인민들의 정치 참여를 주요한 목적으로 삼았는가? 즉, 민권파의 의도를 보다 많은 이의 정치 참여라는 '양적' 확대 관점에서 파악할 수 있는가? 그리고 이 연장선상에서 인민의 정치적 참여를 강조한 민권파와 천황의 정치적 결정을 강조한 국권파라는 단순화된 양자택일의 대립적 구도로서 메이지 정치사를 이해할 수 있는가? 그 결과로 이 시기를 민권파가 실패하고 국권파가 주도권을 잡아 가는 과정으로서, 즉 서양의 대표 기능이 제대로 구현되지 못한 '사이비 대표'[6]의 역사로 기술하는 것이 타당한가?[7]

이 문제를 살펴보기 전에 당시 대표정부/대의정체(representative government)와 관련된 책들의 번역 상황을 개략해 볼 필요가 있다. 당시 대의제와 관련해서 많이 읽힌 책은 밀(John Stuart Mill)의 『대의정부론(*Considerations on Representative Government*)』(1861)이었다. 잘 알려져 있듯이 밀은 스펜서(Herbert Spencer), 벤담(Jeremy Bentham)과 더불어 메이지 초기 지

6 이시다 다케시는 「일본 '대표'의 전개 과정」에서 일본 대표제의 역사를 '사이비 대표'의 역사로 파악한다. 石田雄, 『日本近代史想史における法と政治』(東京: 岩波書店, 1976), p.187.

7 이는 서양에서 대의제와 관련된 논의 역시 마찬가지다. 역사적으로도 의회가 독점적으로 '대표' 역할을 맡은 사례는 굉장히 후대에 와서 일이며, 이를 지금의 의회민주정 입장에서 재단하는 것은 탈역사적일 뿐만 아니라, 절대군주정에서 입헌군주정으로, 다시 의회민주정으로 변화하는 과정에서 대표 개념의 변천에 대한 몰이해에 기반한다. 이에 대해서는 오향미, 「정치적 '대표' 개념과 대의제」, 서병훈 외, 『왜 대의민주주의인가』(서울: 이학사, 2011); 송석윤, 「대표제 개념의 헌법사적 연구」, 『헌법학연구』 제6권 1호(2000); 버나드 마넹, 곽준혁 옮김, 『선거는 민주적인가: 현대 대의 민주주의에 대한 비판적 고찰』(서울: 후마니타스, 2004) 등 참조.

식인들이 주목한 대표적인 서양 사상가였다. 밀의 『자유론(*On Liberty*)』을 나카무라 게이우(中村敬宇)가 번역해 출판한 『자유지리(自由之理)』(1871)는 이 시기 가장 많이 팔린 베스트셀러 중 하나였고, 이러한 이유로 기존 연구들은 밀의 근대 동아시아의 수용과 관련하여 자유 개념의 수용에 초점을 맞춰 왔다.[8]

그러나 밀의 논의는 자유 개념과 관련해서뿐 아니라 의회제 설립의 중요한 근거이기도 했다. 밀의 책이 메이지 일본에서 번역된 것은 총 열여섯 차례로,[9] 그중 『대의정부론』은 메이지 전반기에만 세 차례,

8 밀의 동아시아 수용과 관련해서는 Douglas Howland, *Personal Liberty and Public Good: The Introduction of John Stuart Mill to Japan and China* (Toronto: University of Toronto Press, 2005); 李セボン, 『「自由」を求めた儒者: 中村正直の理想と現実』(東京: 中央公論新社, 2020); 양일모, 「J. S. Mill과 근대중국」, 『대동철학』 제17집 (2002) 등 참조.

9 메이지 시기 일본에서 밀의 번역은 다음과 같다.

	번역서	원서
1	中村敬太郎 譯, 『自由之理』(木平謙一郎, 1872)	Mill, *On Liberty* (1859)
2	永峰秀樹 譯, 『代議政體』(奎章閣, 1875~1878)	Mill, *Considerations on Representative Government* (1861)
3	林董 譯, 『彌児經濟論』(吉松四郎, 1875)	Mill, *Principles of Political Economy* (1848)
4	中村正直 譯, 『改正自由之理』(木平讓出版, 1877)	Mill, *On Liberty* (1859)
5	西周 譯述, 『利學』(掬翠樓臧版, 1877)	Mill, *Utilitarianism* (1863)
6	深間內基 譯, 『男女同權論』(山中市兵衛, 1878)	Mill, *The Subjection of Women* (1869)
7	小幡篤次郎 譯, 『弥児氏宗教三論』(丸家善七, 1878)	Mill, *Three Essays on Religion* (1874)
8	渡邊互吉 譯, 『官權限論』(出版律書房, 1879)	Mill, "On the Influence of Government", *Principles of Political Economy* (1848)
9	和久正辰 譯述, 『收稅要論上』(和泉屋, 1879)	Mill, "On the Influence of Government", *Principles of Political Economy* (1848)
10	澁谷啓藏 譯, 『利用論』(山中市兵衛, 1880)	Mill, *Utilitarianism* (1863)
11	松島剛 譯, 『彌児教育論』(柳旦堂版, 1885)	Mill, "Of the Grounds and Limits of the Laisser-faire or Non-Interference Principle", *Principles of Political Economy* (1848)

〈그림 4-1〉 밀, 나가미네 히데키 번역, 『대의정체』(1875~1878)

〈그림 4-2〉 밀, 우에다 마쓰루 번역, 『강목대의정체』(1887)

〈그림 4-3〉 밀, 마에바시 다카요시 번역, 『대의정체』(1890)

즉1875~1878년 나가미네 히데키(永峰秀樹)에 의해, 1887년 우에다 마쓰루(上田充)에 의해, 1890년 마에바시 다카요시(前橋孝義)에 의해 번역되었다.[10]

그뿐만 아니라 대의정부에 관한 스펜서와 기조(François Guizot)

	번역서	원서
12	天野爲之補 譯, 『高等經濟原論』(富山房, 1886)	Mill, *Principles of Political Economy* (1848)
13	乗竹孝太郎 編譯, 『貨幣論集-単復本位』(経済雑誌社, 1886)	Mill, *Principles of Political Economy* (1848)
14	上田充 譯述, 『綱目代議政體』(岡島寶玉堂, 1887)	Mill, *Considerations on Representative Government* (1861)
15	前橋孝義 譯, 『代議政體』(開新堂書店, 1890)	Mill, *Considerations on Representative Government* (1861)
16	高橋正次郎 譯, 『自由之權利』(高橋正次郎, 1895)	Mill, *On Liberty* (1859)

10 세 번의 번역 중 나가미네 히데키의 번역은 제4장까지만 이루어졌고, 우에다 마쓰루의 번역은 제6장까지 번역되었다. 마에바시 다카요시의 번역에 와서야 전체 18장이 완역되었다.

英國大儒 波、斯邊鎖氏著
大日本 宮城政明譯述
代議政體論覆義
明治十六年十二月刊行

〈그림 4-4〉 스펜서, 미야기 마사아키 번역, 『대의정체론복의』(1883)

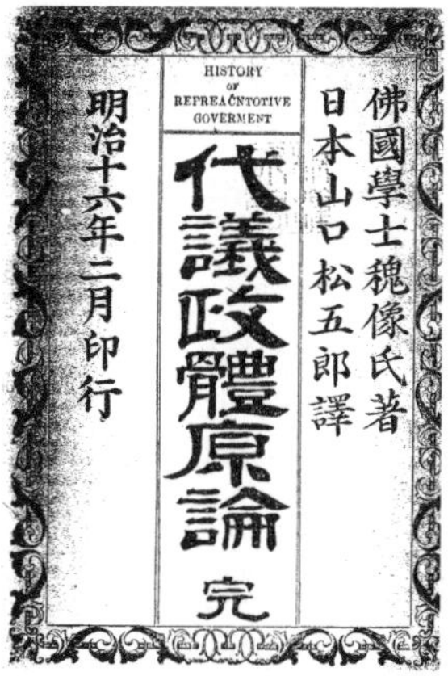

佛國學士魏像氏著
日本山口松五郎譯
HISTORY OF REPREACNTOTIVE GOVERMENT
代議政體原論
完
明治十六年二月印行

〈그림 4-5〉 기조, 야마구치 마쓰고로 번역, 『대의정체원론』(1883)

의 책 역시 여러 차례 번역되었다. 스펜서의 「대의정부론(Representative government—what is it good for?)」(1857)은 총 다섯 차례,[11] 기조의 『유럽 대의정부의 기원의 역사(*Histoire des origines du gouvernement représentatif*)』(1821–1822)가 두 차례 번역되었다.[12]

이처럼 대의정부에 관한 번역이 자주 이루어진 배경에는 1881년 메이지 천황이 「국회 개설의 칙유」에서 1890년 국회를 개설하고 헌법을 제정할 것을 선언한 바와 관련되어 있다.[13] 이 칙유에 따라 정부 차

11 (1) 斯邊撤, 鈴木義宗 譯述, 『代議政體論』(東京: 鈴木義宗, 1878); (2) 斯邊鎖, 宮城政明 譯, 『代議政體論覆義』(東京: 加藤正七, 1883); (3) スペンサー, 平松熊太郎 譯, 高田早苗 閱, 『代議政體得失論』(東京: 富山房, 1888); (4) 斯邊鎖, 島田豊 譯, 『代議政體論』(東京: 大倉書店, 1890); (5) 斯邊鎖, 宮城政明 譯, 『代議政體論』(東京: 旭昇堂等, 1892).

12 (1) 魏像(ギゾー), 漆間眞學 譯, 『歐洲代議政體起原史』(東京: 自由出版社, 1882~1883); (2) 魏像, アンドリー 譯, 山口松五郎 重譯, 『代議政體原論』(東京: 加藤正七[ほか], 1883).

13 "돌아보건대 입국(立國)의 체재[體]는 각각의 나라마다 다르다. 비상한 사업은 실

원에서 서구 여러 나라의 헌법 조사를 실시했으며, 의회 제도와 관련된 논의들 역시 주목받았다. 1880년대에서 1890년대 사이 대의정부론과 관련된 책이 많이 번역된 점은 이러한 사실에 기인한다.[14] 그렇다면 이 시기에 번역된 대의정부론과 관련한 논의들은 당시 일본 사회의 민선의회 설립 운동의 흐름 속에서 어떻게 참조되었고, 어떻게 이해되었는가? 다음 절에서는 이 문제에 대해 살펴보자.

2. 유사전제와 메이지 시기의 의회 설립 운동

메이지 초기에 번역된 대의정부론 관련 논의들이 당시 일본 사회의 민선의회 설립 운동에 어떠한 영향을 미쳤는지 살펴보기 위해서는, 우선 1874년 1월 17일 발표된 「민선의원설립건백서(民撰議院設立建白書)」에 주목해야 한다. 1873년 '메이지 6년 정쟁'에서 패한 정한론파가 불평사족의 결집을 목표로 제출한 이 글에는 '대의'라는 개념이 명확하게 제시되어 있지 않지만, 의회제의 필요성에 대해 다음과 같이 설명되어 있다.

로 깊이 생각하여 행동해야 한다. 우리 조종은 조림(照臨)하여, 유열(遺烈)을 올려, 홍모(洪模)를 넓히고, 고금을 변통하여 이를 실행해야 한다. 짐은 몸소 확실히 1890년을 기하여 의원을 소집하여 국회를 개설함으로써 짐의 초지(初志)를 이루고자 한다. 지금 조정의 신료에게 명하여 잠정적으로 시일을 정해 계획의 책무를 주고, 그 조직과 권한에 대해서는 짐이 친히 내용을 재단하여 때가 되면 공포하려던 바였다."(「國會開設の勅諭」)

14 또한 그 후 1967년에 새로운 번역이 간행되기 전까지 대의정부론의 번역이 없었던 것 역시 특이한데, 『대의정부론』뿐만 아니라 1895년 『자유의 권리(自由之權利)』가 간행된 후 다이쇼 데모크라시 시기까지 밀의 다른 저술 역시 간행되지 않은 것으로 보인다. 이는 1880년대 후반 이후 이른바 '독일학의 장려' 속에서 독일계 국가주의적·역사주의적·낭만주의적 사상의 수입과 함께 영국식 개인주의적·자연주의적·합리주의적 사상의 비중이 줄어든 것을 보여 준다.

신들이 엎드려 생각건대, 현재 정권의 귀추가 위로는 제실(帝室)에 있지 아니하고, 아래로는 인민에 있지 아니하며, 오로지 유사(有司)에 있을 뿐입니다. 대저 유사는 위로 제실을 존숭코자 한다고 하지만, 제실은 점차 그 존영을 잃고 있습니다. 또한 아래로는 인민을 보전하려 한다고 하지만, 정령백단(政令百端)이 조출모개(早出暮改)하여 정치는 정실에 얽매이고 상벌은 애증에서 비롯하니 언로가 막혀 어려움이 이를 데 없습니다. 만사가 이와 같거늘 천하의 치안(治安)을 바라고자 하여도 불가능함은 삼척동자라도 알 수 있는 바입니다. 이를 고치지 아니하고는 국가 토붕(土崩)의 세를 면치 못할 것입니다. 신들이 애국의 정을 멈출 수 없어 이를 진구(振救)할 방도를 강구코자 하매, 이는 오직 천하의 공의(公議)를 모으는 길뿐입니다. 천하의 공의를 모으고자 하면, 이는 오직 민선의원을 세우는 길뿐입니다. 곧 유사의 권한을 한정함이니, 이리하여 비로소 상하가 안전과 행복을 향유할 수 있을 것입니다.

「민선의원설립건백서」는 민선의원의 설립 목적으로 '천하의 공의(公議)'를 모으기 위해서라는 점을 명시하고 있다. 메이지 천황이 1868년 발표한 「5개조의 서약문」 1조에서 이미 밝히고 있듯이, 당시는 "널리 회의(會議)를 일으켜 만기공론(萬機公論)으로 정해야 한다"는 '공의정치', '공론정치'가 본격적으로 시작되는 시기로, '공의'와 '공론'은 전통적인 정치적 클리셰이면서도 막부 말기에서 메이지 시기까지 새로운 서구 정치 형태를 도입하기 위해 자주 사용된 상투어였다.[15] 그러나 '천

15 이에 대해서는 박훈, 「근대일본의 공론정치와 민주주의」, 『동아문화』 제57집(2019) 참조. 박훈은 메이지 시기 공론에 대한 주목이 하버마스식 공론장에 대한 논의에 의해 촉발되었다는 점은 인정하지만, 이때 공론을 서양의 'public sphere'와도 차이가 있는, 'civil society'나 'democracy' 개념을 예비하고 있는 것도 아닌, 일종의 '묶

하의 공의'란 과연 무엇인가, 이를 어떻게 확인할 수 있는가 하는 문제는 정치적 입장마다 해석이 다를 수밖에 없었다. 이러한 점에서 "위로는 제실(帝室)이 있지 아니하고, 아래로는 인민이 있지 아니하며, 오로지 유사(有司)에 있을 뿐"이라는 말에서 볼 수 있듯이 민선의원 설립과 대비되는 것으로 '유사(有司)'에 대한 비판이 제기되고 있음에 주목할 필요가 있다.[16] 즉, '유사' 때문에 "천하의 공의"가 제대로 모아지지 않고 있으며, 이를 바로잡기 위해서는 "유사의 권한을 한정"하고, "민선의원을 세워"야 해결될 수 있다는 주장이다.

이러한 논리는 당시 민선의원 설립과 관련한 논쟁들에서 반복된다. 가토 히로유키가 민선의원 시기상조론을 이야기했을 때 이를 반박하는 이들은 밀의 논의를 동원했다. 이들은 인민에게 규율이 없는 미개 시대에 정부는 인민에게 복종을 가르칠 수밖에 없지만, 권위에 대한 인민의 순종이 과다한 상태에 이른 일본에서는 정부가 민선의원을 설립해 인민들로 하여금 '천하의 걱정과 즐거움을 함께할 수 있도록' 교육시켜야 한다고 주장했는데, 이는 밀의 논의와 정확히 일치한다. 밀의 저작은 당시 민선의원 설립 필요성을 이론적으로 뒷받침하는 주요 논리로 활용되었다.[17] 이처럼 영국식 의회제를 도입하고자 하는 주장이 유사전제에 대한 비판과 결부되어 자유민권운동으로 발전한 배경에는 영국의 입헌정이 만기공론에 의해 결정되어야 한다는「5개조의 서약문」의 정신과 합치한다고 보는 일본의 사정이 있었다.[18]

은 개념'으로 사용하고 있다.

16 沢田善太郎,「有司専制: 明治期のJ·S·ミル受容と官僚制論」,『ソシオロジ』43(3)(1999), p.9.

17 沢田善太郎,「有司専制: 明治期のJ·S·ミル受容と官僚制論」, p.11.

18 山室信一,『法制官僚の時代』(東京: 木鐸社, 1984), p.189.

특히 사와다 젠타로(沢田善太郎)는 여기서 한발 더 나아가 '유사전제'라는 개념이 밀의 'bureaucracy' 개념을 직접적으로 염두에 둔 것이라고 지적한다. 즉, 밀이 이야기하는 '대의제(representative government)'와 '관료제(bureaucracy)'의 비교가 메이지 시기 민선의원과 유사전제라는 대립 구도로 이해되었다는 것이다.[19] 물론 밀의 논의에서 관료제가 국민에게 정치 참여 기회를 주지 않고 그 활력을 저하시킨다는 비판이 보이는 것은 사실이지만, 그에게 대의제와 관료제가 서로 대립되는 관계에 있는 것은 아니었다. 왜냐하면 밀에게 '통치 업무를 통제하는 것'과 '그것을 실제 수행하는 것' 사이에는 '근본적인 구별'이 있기 때문이다. 그가 '의사와 환자'의 예를 들어 설명하듯이 일반 시민들이 의사의 능력을 평가할 수는 있지만, 그들 스스로 직접 의사가 되어 이런저런 처방을 내리고 그 내용에 대해 유능하게 판단할 수는 없다.[20]

밀은 통치 업무를 통제하는 과제는 다양한 각도에서 토론하는 대의제 의회가 수행하는 반면, 이를 실제로 수행하기 위해서는 숙련된 관료제가 필요하다고 보았다. 즉, 밀에게 대의제와 관료제는 대립적인 것이면서도 상호 보완적인 것이었다.[21] 그러나 밀의 논의를 바탕으로 민선의원 설립을 주장한 사람들은 밀의 관료제에 대한 생각을 단순화해 당시 번벌 중심의 정치세력에 대한 공격으로 사용했다. 이때 유사전제

19 밀의 bureaucracy 개념은 나카무라의 『자유지리』에서 '관정(官政)', '장관(長官)', '관원(官員)', '전권(專權)의 관정(官政)' 등으로 다양하게 번역된다. 나가미네는 『대의정체』에서 나카무라의 영향으로 다양하게 번역하지만 주로 '전제(專制)의 관정(官政)'으로 번역한다. 이후 우에다에 들어서 bureaucracy는 '일통정치(一統政治)'로 일관되게 번역되기 시작한다. 마에바시는 '관리(官吏) 제도', '관리적 정부'로 번역한다. 沢田善太郎, 「有司専制：明治期のJ·S·ミル受容と官僚制論」, pp. 6-9.

20 서병훈, 『민주주의: 밀과 토크빌』(파주: 아카넷, 2020), p. 171.

21 沢田善太郎, 「有司専制：明治期のJ·S·ミル受容と官僚制論」, p. 5.

란 관료기구를 장악하는 소수의 인간이 그 권한을 넘어 자의적 통치를 행하는 것으로, 과두정과 유사한 것으로 이해된다. 그리고 이를 막기 위해 민선의원 설립 논의가 제시된 것이다.[22]

그렇다고 해서 이들의 목표가 정치 참여의 양적 확대에만 있는 것은 아니었다. 우리는 흔히 민권파의 의회 개설 운동을 정치의 권리가 그동안 정치 영역 바깥에 있던 사람들에게까지 널리 확장되는 과정으로 읽는 데 익숙하다. 물론 이를 부정할 수는 없지만, 유럽 대의제의 기원에서 볼 수 있듯이, 의회제의 출발이 보다 많은 사람들을 정치에 참여시켜 다양한 목소리를 듣겠다는 발상에서 나온 것은 아니다. 그것은 오히려 피치자의 동의를 통해 왕의 정당성을 확보하기 위한 조치였고, 국민의 뜻을 정치에 반영하겠다는 형식과는 실질적으로 거리가 멀었다.[23] 그렇다면 일본의 민권파를 이해하는 데서도 당시 '대의'라는 개념이 어떻게 이해되었는지 정치적 관점에서 읽을 필요가 있다. 밀의 representation 개념에 주목한 이들의 입장은 무엇이었을까? 우선, 『대의정부론』을 처음 번역한 나가미네 히데키부터 시작해 보자.

나가미네 히데키(永峰秀樹, 1848-1927)는 가이노쿠니(甲斐国), 현재 야

22 沢田善太郎, 「有司専制: 明治期のJ·S·ミル受容と官僚制論」, pp. 12-13. 이처럼 관부가 장악한 사람 또는 소수의 개인에 의한 전제의 의미로 관료제가 이해된 이유에 대해 그는 두 가지 이유를 제시한다. 첫째는 막말에 교육을 받은 당시 지식인의 전통적 교양의 영향, 즉 유학적 영향 속에서 관료제를 파악했던 점이고, 둘째는 당시 태정관제하에서 통제와 집행 기구가 자의적으로 융합했던 현실에 대한 비판과 연동되어 밀이 이해되었기 때문이라는 것이다. 그러한 의미에서 그는 밀의 논의가 일종의 '오독'을 통해 당대의 현실 비판 의미를 갖게 되었음을 지적한다.

23 메이지 시기 민권운동의 의미를 정치 참여의 양적 확대로 파악하는 관점에 대해서는 박훈, 『메이지유신과 사대부적 정치문화』(서울: 서울대학교출판문화원, 2019) 참고. 그리고 이에 대한 검토로 김태진, 「마루야마 마사오의 관점에서 메이지유신을 읽는다」, 『아시아리뷰』 제10권 1호(2020) 참고.

마시타현 출신으로, 원래 성은 오노(小野)로, 아버지는 난학 의사였다. 이후 막부 신하였던 나가미네 가문의 양자로 들어갔고, 아버지를 따라 고후(甲府)로 이주하여 고후 기텐칸(徽典館)에서 한학 공부를 했다. 이후 누마즈병학교(沼津兵学校)에서 영어 공부를 하는데, 1871년 도쿄 쓰키지의 해군병학료(海軍兵学寮)에서 영어·수학 과목의 교사로 활동하면서 번역 활동도 왕성하게 했다. 『대의정체』를 번역한 것은 그의 나이 스물일곱 살 때였다.[24]

야마시타 시게카즈(山下重一)는 나가미네가 『대의정체』 번역을 그다지 중요하게 생각하지 않았을지도 모른다고 지적한다. 자신의 번역 활동에 대해 자서전에서 "시험 삼아 『소비부(消費部)』를 번역하고 『가정요지(家政要旨)』를 제목으로 상하 2책으로 출판했다. 이어 기조의 『구라파문명사』를 번역해 출판했다. 다음으로 『폭야물어(暴夜物語)』, 『지씨가훈(智氏家訓)』, 수학, 농업(『물리문답(物理問答)』이라는 책도 있다), 기타 여러 편을 펴냈다"라고 언급한 점을 볼 때 『대의정체』를 스스로 중요한 여러 책에 들어가지 않은 '기타'로 생각했다는 것이다.[25] 또한 『대의정체』가 역자의 서문이나 저자 밀에 대한 소개도 없을뿐더러, 나가미네가 밀에 대한 언급을 남기지 않았다는 점, 4장까지만 번역했다는 점은 그가 이 번역에 큰 의의를 두지 않았음을 보여 주는 것일 수 있다.[26]

하지만 이것만으로 그가 밀의 대의정치론의 중요성을 몰랐다고

24 전기적 활동에 대해서는 山下重一, 「永峰秀樹訳「代議政体」の草稿(明治八年)について(資料)」, 『国学院法学』 19(3)(1981), pp.117-121; 山下重一, 「永峰秀樹訳『代議政体』: ミル『代議政治論』の本邦初訳」, 『国学院法学』 49(2)(2011), pp.55-59 참고.

25 山下重一, 「永峰秀樹訳「代議政体」の草稿(明治八年)について(資料)」, p.120.

26 물론 이러한 부분 번역은 당시 일반적인 것이었으며, 저자에 대한 소개나 역자의 서문이 없는 것 역시 드문 일은 아니었다.

평가하기는 어렵다. 왜냐하면 당시 의회 설립 운동과 관련해서 대의제와 관련된 내용들은 민권파 사이에서 널리 알려져 있었고, 밀의 이름 역시 널리 소개되었기 때문이다. 그러나 나가미네가 밀과 이 책에 대해 어떻게 생각했는지에 대한 언급이 없어 어떤 의도로 이 책을 번역했는지는 판명하기 어렵다.[27]

이를 보기에 앞서 우선 간과할 수 없는 문제는 밀의 논의 자체가 굉장히 복잡한 이야기 구조를 가지고 있다는 점이다. 밀의 사상이 난해하다는 점은 기존 연구에서도 자주 지적되어 온 바이다. 프리든(Michael Freeden)은 밀의 자유주의의 특이성으로 자유, 개인주의, 그리고 진보가 상호 의존적이며 상호 정의적임을 지적하면서 밀에게 자유, 개인주의, 진보는 하나의 세트를 구성한다고 보았다. 즉, 밀의 정치 저술에서 인간의 본성(human nature)과 정부 조직(the organization of government)이라는 두 가지 주제는 따로 떨어진 것이 아닌데, 이것이 그의 사상을 이해하기 어렵게 만든다는 것이다.[28] 더군다나 밀의 저작 앞부분에서는 대의정부의 필요성이나 의의에 대해 직접 언급하는 부분이 많지 않다. 『대의정부론』 4장까지는 대의제와 관련한 본격적인 내용에 들어가기 전 일반적인 내용을 서술하고 있으며, 특히 그의 사상의 핵심 내용이라 할 수 있는 인간 본성과 정치 조직의 상관관계에 많은 부분을 할애한다.[29]

---

27 야마시타는 이 책이 나가미네의 『부국론』, 『폭야물어』, 『물리문답』 같은 다른 번역서가 도쿄 야마시로야(東京山城屋)에서 출판되었다는 점에서 출판사의 요구에 응해 번역된 것이 아닐까 추측하고 있다. 山下重一, 「永峰秀樹訳『代議政体』の草稿(明治八年)について(資料)」, p. 122; 山下重一, 「永峰秀樹訳『代議政体』: ミル『代議政治論』の本邦初訳」, p. 59.

28 Michael Freeden, *Ideologies and Political Theory: A Conceptual Approach* (Oxford: Clarendon Press, 1998), p. 148.

29 밀은 1장 「정부 형태는 어디까지 선택사항인가」, 2장 「좋은 정부 형태의 기준은 무엇인가」, 3장 「이상적인 최선의 정부 형태는 대의정부이다」, 4장 「대의정부의 작동

나가미네의 번역이 4장까지만 이루어진 것은 그런 점에서 생각해 볼 여지가 있다. 번역된 내용만을 가지고 나가미네가 밀의 논의를 얼마나 이해했는지 밝히기는 어렵지만, 당시에도 밀의 사상이 난해하다고 언급되었음[30]을 고려하면 나가미네 역시 밀의 복잡한 논의를 이해하기 쉽지 않았으리라 추측할 수 있다.[31]

그럼에도 밀의 책이 선택된 이유에 대해 가설적으로 생각해 보자면 나가미네가 거의 같은 시기에 번역한 『구라파문명사』와 『대의정체』의 연관성을 생각해 볼 수 있다.[32] 기조의 *Histoire de la civilisation en*

을 가로막는 조건들」의 순서로 기술하는데, 3장까지도 밀의 초점은 최선의 정부 형태에 있지 대의정부를 본격적으로 설명하는 데 있지 않다.

30 당대 밀의 이해에 대해서는 Peter Nicholson, "The Reception and Early Reputation of Mill's Political Thought", in *The Cambridge Companion to Mill*, edited by John Skorupski (New York: Cambridge University Press, 1998), 밀의 초반 논의의 난해함에 대해서는 이태숙, 「존 스튜어트 밀의 의회론」, 『영국 연구』 제9호(2003), p.82 참고.

31 실제로 밀의 『대의정부론』의 또 다른 번역본인 우에다 번역의 『강목대의정체(綱目代議政體)』(1887)에서는 밀의 논의의 핵심을 강목 형태로 제시하는데, 그 이유에 대해 다음과 같이 말한다. "역자가 이를 강목체로 분별하고자 한 까닭은 고풍을 따라서도 아니고, 신기함을 좋아해서도 아니다. 다만 역자 스스로 종래의 경험을 갖고 이를 생각함에 우리나라 사람들이 서양 서적을 읽을 때 왕왕 매절의 대의를 뽑아 냄에 약하고 또한 전후 각 절의 관계가 있음을 알지 못해 한 편의 주의(主意)를 이해하지 못한 자가 적지 않다. 하물며 이 책과 같이 의장이 면밀해서 의론이 고묘(高妙)한 것에 있어서랴. 따라서 역자 스스로 감히 중복의 비방을 두려워 않고 이를 강목체로 역술해 내보여 독자의 편의를 도모하고자"한 것이었다. 彌爾, 上田充 譯述, 『綱目代議政體』(大阪: 岡島宝玉堂, 1887), 序言, p.1. 또한 1890년 마에바시의 번역본 『대의정체』의 강조점 역시 밀의 사상을 이해하는 어려움에 있었다. "밀 씨의 『대의정체』는 많은 정치서 중에 걸출한 것임은 이미 세상 사람들이 인정한 바"이긴 하지만, "밀 씨의 사상이 고상하여 적절히 이를 설명해 상세하고 주도면밀"하게 이해하기 힘들기에 독자들이 숙독해 이를 씹어 음미해야 한다는 것이다. 弥児, 前橋孝義 譯, 『代議政體』(東京: 開新堂書店, 1890), 例言, p.1.

32 기조의 『유럽 문명의 역사』를 번역한 것이 메이지 7~10년, 밀의 『대의정부론』을 번역한 것이 메이지 8~11년으로, 거의 동시에 작업했다고 볼 수 있다.

*Europe*을 번역한 『구라파문명사』는 후쿠자와 유키치를 비롯하여 당대 지식인들에게 가장 많이 읽힌 책 중 하나였다. 나가미네가 『구라파문명사』를 번역하고 곧바로 『대의정체』를 번역한 이유는 기조의 사상과 밀의 대의정부론 논의를 연속선상에서 파악했거나, 기조가 말한 유럽의 문명사와 관련된 중요한 내용이 밀의 대의정부론 논의 속에 들어가 있다고 보았을 수 있다.[33] 일례로 기조의 글에서 대의를 직접적으로 다루지는 않지만, 정부의 좋고 나쁨의 기준으로 이야기하는 부분은 나가미네에 의해 다음과 같이 번역된다.

> 첫째로, 사람에게 과실이 없을 수 없지만, 권리상 큰 과오 없는 인류로서 이를 인정할 때는 정권이 인민의 준수(俊秀)함으로 돌아가게 하여 종래 곳곳에 산재한 정권(正權)을 모아서 이를 준수한 자에게 맡기고, 중권(重權)을 장악하게 해 법률을 제어하고, 권세를 행하게 해야 합니다. 둘째로, 이처럼 바르게 세워진 권세를 집행하는 자는 또한 지배하에 있는 자의 자유를 방해하지 않도록 주의해야 합니다. 권세를 바로 세우는 정법(政法)과 자유를 공고히 보호하는 정법은 신정(神政), 국정(國政)을 논하지 않고 선미한 정부가 시행하는 바입니다. 때문에 정부의 선악을 결정하는 것은 모두 이 두 가지 일로 잣대를 삼습니다.[34]

---

33 또한 밀의 『자유론』의 유행이 밀의 『대의정부론』 번역에 직접적 영향을 끼쳤을 수 있다. 그렇다면 나카무라 마사나오의 『자유지리(自由之理)』 번역에서 대의제와 관련된 생각이 어떻게 나타나는지 연결해서 분석할 필요가 있음은 분명하다. 이는 다음의 과제로 남겨 두고자 한다.

34 ギゾー, 永峰秀樹 譯, 『歐羅巴文明史』(東京: 奎章閣, 1874~1877), pp.18-19. 현대 한국어 번역본에서는 다음과 같이 번역된다. "첫째, 인간적 요소의 불완전한 한계를 인정하면서도, 어쨌든 권력은 가장 유능한 최적의 인물에게 부여되며 또 그렇게 유지되어야 합니다. 사회 곳곳에 숨어 있는 능력이 검증된 유능한 인물을 찾아내서, 그들에게 사회를 위한 법을 발견하게 하고 권력을 행사하게 해야 합니다.

정부의 정당성의 근거로 삼은 "곳곳에 산재한 정권을 모아서 이를 준수한 자에게 맡긴다"는 발상은 기조의 대의제를 바탕으로 한 것이었고, 이는 밀 역시 공통적으로 갖고 있던 생각이었다. 물론 이것만으로 나가미네가 기조와 밀이 연결되는 지점을 파악했다고 주장하기는 어렵다. 그럼에도 불구하고 기조와 밀의 사유가 그리 멀지 않다는 점에서 연이어 번역했을 가능성은 있다. 물론 이는 추론일 뿐 번역자의 의도를 밝히기 위해서는 번역 과정에서 생길 수밖에 없는 추가와 삭제, 오역 등이 보여 주는 변용적 차원과 함께,[35] 번역자의 의도가 가장 잘 드러나는 서문에 주목할 필요가 있다. 번역자는 주로 서문에서 어떤 이유로 자신이 번역했는지, 그리고 어떻게 읽혔으면 좋은지 등에 대한 의견을 간접적으로나마 제시하기 때문이다. 하지만 나가미네의 번역본에는 역사 서문이 따로 존재하지 않는다. 그렇다면 번역된 시차가 12~15년 정도 존재하지만 대의와 관련된 다른 번역서들의 서문을 참고하면서 나가미네의 번역 의도를 간접적으로 역추적해 볼 수는 있을 것이다. 다음 절에서는 다른 번역서들의 서문을 중심으로 당시 번역자

둘째, 정당하게 수립된 권력은 그 권력의 지배를 받는 사람들에게 정당한 자유를 존중해야 합니다. 종교적이건 세속적이건, 권력의 형성과 조직에서 훌륭한 체제 그리고 자유를 보장하는 체제, 이 두 조건이 충족될 때 일반적으로 좋은 정부가 존재할 수 있습니다. 정부의 좋고 나쁨은 모두 이러한 기준에 따라 판단되어야 합니다." 프랑수아 기조, 임승휘 옮김, 『유럽 문명의 역사』(파주: 아카넷, 2014), p. 180.

35 이 시기 번역의 의미에 관해서는 더글라스 하울랜드, 박은영 외 옮김, 『서양을 번역하다: 문명개화 시대의 자유, 권리, 주권, 사회』(서울: 성균관대학교출판부, 2021); 나가누마 미카코, 김도형 외 옮김, 『번역된 근대: 문부성 〈백과전서〉의 번역학』(서울: 성균관대학교출판부, 2021) 참고. 하울랜드의 책 제목이 말해 주듯이 '서양'을 번역(Translating the West)한다는 것은 이 시기의 번역 작업이 단순히 언어적 차원만이 아니라 개념적·정치적 구조를 다른 곳으로 확장하는 작업임을 보여 준다. 나가누마 역시 이 시기 번역 작업을 검토하면서 번역의 낭만적 등가성을 해체한다.

들의 번역 의도를 추적해 보자.

3. 대의정부론 번역서 서문의 의미

기조의 번역과 스펜서의 번역은 당시 대의정체와 관련된 책을 번역한 역자의 의도를 보다 자세히 말해 준다. 기조의 번역본에서 서언을 작성한 오다 준이치로(織田純一郎)는 인류가 지능 면에서 금수와 다르다는 점을 지적한다. 사람은 어려서 어리석어도 자라서는 지혜롭게 되는데, 그 지혜 역시 지혜의 진정한 극한에 도달한 것은 아니며, 어리석음 역시 어리석음의 진정한 극한에 도달한 것은 아니라고 말한다. 그러면서 무리가 따르는 바를 따르는 것이야말로 중지(衆智)라고 이야기한다.

> 이로써 옛날 현인은 무리[衆]가 따르는 바를 따르고, 무리가 좋아하는 바를 좋아하고, 요임금이 순임금에게 양위하고, 순임금이 우임금에게 양위한 것은 요임금이 아직 순임금을 현명하다고 여기지 않았음에도 무리들이 모두 순임금을 왕으로 여겨서이고, 순임금이 아직 우임금을 현명하다고 여기지 않았음에도 무리들이 모두 우임금을 따라 왕으로 삼았기 때문이다. 이는 중지(衆智)에 합치하여, 추천[推]한 바에 따라 정치[政]하는 것을 선함으로 여겨서이다. 요순이 현명함으로 하는 바가 이와 같다면 하물며 다른 사람에게서랴. 즉, 지혜나 어리석음이라 칭하는 것은 한 사람이 능히 정할 바가 아님을 입증하는 것이다. 지금 세상[今世]에 소위 대의정체라는 것도 이 뜻에서 나온 것이다. 위로 주권을 두고, 아래로 중지를 두어 이를 합해 추천한 바에 따라 정치를 하는 것이 아직은 반드시 지혜롭

다고 말할 수 없는 자의 말을 채택[採]하고, 어리석다고 말할 수 있는 자의 설을 버리는 것이 없다. 어찌 이것이 인류의 지능에 극한이 있음을 보지 못하였기 때문이겠는가.[36]

기조의 책을 번역한 이유를 사람들의 지혜가 아직 극한에 도달하지 않았으며, 일본과 같이 사람들의 지혜가 아직 열리지 않은 상황에서는 오히려 중지로 정치를 행해야 하기 때문이라고 말한다. 그는 순임금과 우임금의 이야기를 빌려 대의정체를 강조한다. 이미 1890년을 기해 대의정체를 실시하겠다는 칙유가 나온 상황에서 지금부터라도 이 책을 읽어 7년 후에 그 효능을 기다려야 한다고 역자는 주장한다.

여기서 기조 또한 인민에 의한 직접적 권력 행사가 아니라 능력을 검증받은 자에 의한 간접적 방식의 권력 행사를 주장한 인물임에 주목해야 한다. 기조의 생각은 이른바 '이성의 주권(sovereignty of reason)'이라는 논의 속에서 이해될 수 있다. 기조에게 representation이란 단순히 여러 사람의 의견을 들어 보는 차원을 넘어 사회 전반에 퍼져 있는 이성을 가능한 한 모으는 것이었다.[37] 이는 번역자들이 서문에서 대의의 필요성을 단순히 무리가 좋아하는 것을 따르는 차원이 아니라, 보다 높은 극한의 지혜를 뽑아 내는 작업으로 규정한 것에서도 알 수 있다. 그리고 이는 나가미네가 기조의 책을 번역한 후 연이어 밀의 『대의정부론』을 번역하기로 마음먹은 동기와 관련될지도 모른다. 밀에게도, 기조

36 魏像, アンドリー 譯, 山口松五郎 重譯, 『代議政體原論』(東京: 加藤正七, 1883), 「序」, pp. 3-4.

37 당시 '대의'라는 개념은 단순히 여러 의견을 듣는 것이 아니라, 논의 과정을 통해 일종의 공적인 것을 찾는 과정이었다. 메이지 시기 공적인 것을 찾는 과정으로서 의회의 역할에 대해서는 본서 제6장 김태진의 논의 참조.

에게도 수적 다수의 지배로서 민주주의라는 사고는 부정적으로 파악된다. 수적 다수의 지배가 개인의 자유에 가장 위협이 된다는 것은 밀 역시 『자유론』 이래 줄곧 강조해 온 관점이었다.

기조의 책을 번역한 야마구치 마쓰고로(山口松五郎)는 서언에서 문명 제국의 정체 중 다수가 대의정체를 하고, 그 치적이 크다는 것을 알고 있어 일본에서 이 정체를 적용하지 않는다고 한탄해 왔음을 지적한다. 천황이 7년 후 이 정체를 적용해야 한다고 정한 것은 조야(朝野)가 함께 그 이해득실을 판명하여, 급선무로 삼았기 때문이다. 그러나 '게걸음[蟹行]의 문자'를 이해하는 사무라이들이야 문제가 없지만 3,500만 동포 중에서 양서를 읽을 수 있는 자는 아직 근근이 손에 꼽을 정도였다. 따라서 이 책을 세상에 공포해 그 도를 얻고자 하는 사무라이들의 가려움을 긁어 주는 역할을 하고자 한다는 것이다.

이들의 발언에서 소개되듯이 당시 메이지 천황은 의회 개설을 약속하며, 앞으로 공론에 의한 정치를 시행할 것임을 천명했다. 이에 맞춰 선거에 대한 논의 역시 많이 소개되어 무르익고 있었다.[38] 하지만 election으로서 선거의 의미가 의회 제도의 부속적 논리로 도입되었다면 representation으로서 대의는 이를 넘어 무엇을, 어떻게, 누가 대표할 것인가 하는 문제와 관련된다. 앞서 「민선의원설립건백서」에서 "위로는 제실(帝室)에 있지 아니하고, 아래로는 인민에 있지 아니하며, 오로지 유사(有司)에 있을 뿐"이라는 대목을 다시 떠올려 보자. 이들이 주장한 대의는 유사전제를 비판한 것이지만, 이때 그 반대편에 있는 대의는 제실에만 있는 것이 아니고, 그렇다고 인민들을 통해서만 발견할 수 있는 것도 아니었다. 물론 「민선의원설립건백서」가 권력 투쟁에서 밀

38 이에 대해서는 澤大洋, 「明治最初期の選挙制度論の発展」 참조.

러난 정치세력이 천황의 권력이 구체화되지 않은 상황에서 본인들이 정권을 잡고자 한 일종의 정치 투쟁임을 부정할 수는 없다. 하지만 그럴 때조차 그것은 정당성을 확보하는 언설 차원에서 기조와 밀의 문제의식과 공명하는 방식으로 어떻게 천황과 인민 '사이'에서 정치적 지혜를 찾아나갈 수 있을까와 관련된 것이었다.

밀 역시 대의정치에서의 대표를 단순히 대리인(delegate)이라기보다 수탁자(trustee)로 파악한다.[39] 즉, 대표란 단순히 인민의 의견을 따르는 사람이 아니라 인민의 의견을 받아 이를 전체의 이익에 맞게 판단하는 존재다. 이러한 문제의식은 스펜서의 책을 번역한 이들의 생각과도 공명한다. 스펜서의 『대의정부론』을 번역한 미야기 마사아키(宮城政明)는 의회제의 문제를 스펜서의 논의에 따라 간섭과 방임의 문제로 설명한다.

> 간섭은 개명 사회를 다스리는 대책이 아니다. 방임[任他]은 미개 사회를 다스리는 대책이 아니다. 따라서 간섭으로 개명 사회를 다스리고자 한다면 손해를 일으키지 않을 수 없고, 방임으로 미개 사회를 다스리고자 한

39 이에 대해서 서병훈, 「국민에 대한 거역? 존 스튜어트 밀의 '민주적 플라톤주의'」, 서병훈 외, 『왜 대의민주주의인가』(서울: 이학사, 2011) 참고. 대리인이 국민의 뜻을 그대로 옮기는 이라면, 수탁자는 국민의 이익을 위해 때로 국민의 뜻을 거스르는 것도 불사하는 이들이다. 마넹은 이를 '전령'과 '은행원'으로 설명하며, 전령은 그에게 주어진 서신을 있는 그대로 옮기는 사람이지만 은행원은 고객이 맡긴 돈을 자신의 판단에 따라 최상의 방향으로 투자하는 자라고 구별한다. 버나드 마넹, 『선거는 민주적인가』, p.18. 이는 루소가 『사회계약론』 제3권 15장에서 "대의원(deputies)은 인민의 대표자도 아니고 될 수도 없는 것이다. 그들은 인민의 대리인에 불과하고 어떤 것도 최종적으로 결정할 수 없다"고 한 지적과 대비된다. 이에 대해서는 강정인, 「루소의 『사회계약론』에 나타난 정치참여와 대의제」, 서병훈 외, 『왜 대의민주주의인가』(서울: 이학사, 2011) 참고.

다면 효력을 잃을 수밖에 없다. 유해한 정책은 진정한 정책이 아니다. 무효한 정책 역시 진정한 정책일 수 있겠는가. 하물며 정책을 강구하는 자는 우선 때와 장소에 따라 간섭과 방임의 이해를 살피지 않을 수 없다.[40]

따라서 아직 자치(自治)의 정신을 발휘할 수 없는 야만의 백성[蠻民]을 다스릴 때는 간섭을 주로 하는 것이 진정한 정책이고, 방임은 진정한 정책이 아니다. 이를 반대로 생각하면 이미 독립의 기상이 풍부한 철인(哲人)을 대할 때는 방임으로 하는 것이 진정한 정책이고, 간섭은 진정한 정책이 아니다. 이른바 대의정체는 독립의 기상과 자치의 정신이 풍부한 철인을 다스리는 뜻에서 나온 것으로, 이때는 방임이 장점일 수 있지만 간섭은 장점이 아님을 지적한다. 스펜서의 역자가 보기에 구주 제국, 영국과 같은 나라에서도 간섭에 치우치는 정책이 아직 적지 않았다. 이때 대의정체의 간섭과 방임의 장점을 구별하는 것을 번역자가 주의 깊게 봐야 한다고 지적한 점에 주목해야 한다. 이러한 스펜서의 입장은 밀이 야만과 문명의 정도를 나누며 대의제의 필요성을 강조하는 부분과 맞닿아 있기 때문이다.

4. 밀의 '대의'와 나가미네의 '대의'

다시 나가미네의 번역으로 돌아가 보자. 밀은 1장에서 미개 사회에서는 전제정치가 불가피함을 말한다.[41] 어떠한 인민은 그 정체의 건

40 斯邊鎖, 宮城政明 譯, 「序言」, 『代議政體論覆義』(東京: 加藤正七, 1883), p. 1.
41 존 스튜어트 밀, 서병훈 옮김, 『대의정부론』(파주: 아카넷, 2012), pp. 14-15.

설에 필요한 직분을 싫어하거나 그 직분을 다할 능력이 없어, 이러한 때 인민의 행복을 도모하는 것은 문명의 좋은 정부보다 엄법중형(嚴法重刑)의 전제(專制)라고 설명한다. 이 부분 외에도 밀은 계속하여 대의정체가 제대로 실행될 요건을 강조한다. 밀에게 대의제란 모든 상황에서 만병통치약이 아니라, 대의제를 통해 얻을 수 있는 개인의 도덕적이고 지적인 능력 향상과 관련된다는 점에서만 의미가 있었다. 또한 그가 대의정부의 장점을 주장한 것은 사실이지만, 이것이 보다 많은 인민을 정치에 참여하게 하는 수의 확대에 방점을 찍은 것은 아니었다. 밀은 유권자들이 자신의 정부에 충분히 관심을 가지지 못하고 공공이익이 아니라 그저 돈에 눈이 어두워 표를 팔아 버리거나, 자신에게 영향력을 행사하는 사람의 꼬드김에 빠지거나, 사적인 이유로 그런 사람의 환심을 사고 싶은 생각에 투표권을 행사하는 경우 대의제도가 아무런 가치를 지니지 못함을 지적한다. 이럴 때 투표권은 악정을 견제하기보다 오히려 그것에 날개만 달아 주는 셈이 된다고 보았다.[42] 이는 번역에서 다음과 같이 제시된다.

> 이와 같이 인민 중에 대의정체를 건설함에 특히 포학간모(暴虐奸謀)를 도모할 우려가 있다. 이 같은 풍습의 선거인은 대저 그 정부를 자신들의 편의를 도모하는 바라고 생각한다. 또한 국가를 위해 현량(賢良)을 선택하고자 하는 생각이 없거나 돈을 받아 표를 팔거나 자신이 부자가 되기 위해 투표하거나 개인적 은혜를 받아 이를 갚기 위해 투표함에 이르는 것이 세의 자연이다. 이 같은 국풍에서는 정부의 포학을 막고 국가의 안고(安固)함을 얻고자 대의정체를 건설함에도 그 실상은 돌아보면 오직 정부라

42 밀, 『대의정부론』, pp. 15-16.

는 포학 기계에 한 바퀴를 추가하는 것일 뿐이다.[43]

밀은 현명하고 유능한 사람이 더 큰 정치적 능력을 발휘해야 한다는 문제의식에서 유권자의 지적 능력에 비례하는 복수투표제 또는 차등투표제를 구상하기도 했다.[44] 밀은 민주주의가 기계적 평등주의로 흐를 개연성을 염려하며 모든 사람은 평등한 고려를 받아야 한다는 원리에 매몰된 나머지 탁월한 재능을 가진 사람에 대해 제대로 대우해 주지 못한다고 비판한다. 그가 모든 사람이 투표권을 가져야 한다는 것과 각자가 모두 똑같은 발언권을 가져야 한다는 것은 전혀 다른 말이라고 했던 점을 떠올린다면, 그가 기계적 평등주의보다는 일종의 차등 민주주의, 숙련 민주주의라는 문제의식에서 대의제를 생각했음을 알 수 있다.[45] 밀은 좋은 정부의 요건으로 virtue와 intelligence를 강조했고, 나가미네는 이를 '덕의(德義)'와 '지식'을 높이는 것으로 파악했다. 나가미네가 좋은 정부의 가장 중요한 원질은 국가를 구성하는 인민의 덕의와 지식을 증진시킴에 있다고 강조할 때, 이는 밀이 대의정부가 국민 전체의 지적·도덕적 진보와 관련 있는 정체라고 한 설명에 따른 것이었다.

물론 밀이 가장 이상적인 정부 형태로 주권이 국가 구성원 전체에 귀속되어야 함을, 모든 시민이 주권 행사에 발언권을 가질 뿐 아니라 공공 임무를 수행함으로써 직접 참여할 수 있어야 함을 주장한 것은 사실이다.[46] 이는 나가미네의 번역본에서 다음과 같이 번역된다.

---

43 弥児, 永峰秀樹 譯,『代議政體』卷一(東京: 奎章閣, 1875), p.13.

44 서병훈 외,『왜 대의민주주의인가』, pp.177-179.

45 서병훈 외,『왜 대의민주주의인가』, pp.192-193.

46 밀,『대의정부론』, pp.59-60.

상론을 숙독완미하면, 지선정체에서 관치(官治)의 대권(즉, 주권)은 국인(國人) 일반이 공유하는 것으로, 각인이 집정자(執政者)를 택할 권리[權]가 있어야 할 뿐 아니라,각인이 때때로 지방 혹은 대정청(大政廳)에서 공무를 취급함으로써 스스로 정부의 사업을 분령(分領)함에 귀착함은 논하지 않아도 분명하다.[47]

그럼에도 불구하고 이들이 좋은 정부의 요소로 파악한 대의란 단순히 정치에 참여하는 것에서만 찾을 수 있는 것이 아니었다. 앞서 살펴본 기조 역시 대의제를 공적인 이성과 공적인 도덕을 집중시키고 실현하여 실제 권력을 확립시키는 것으로 파악한다. 그런 점에서 기조에게 대의란 사회 구성원들의 개별적인 의지를 헤아리고 수집하는 어떤 산술적 기제가 아니다. 대의제 과정은 결코 개인의 의지를 표상하는 것이 아니라 진리와 이성이 권력으로 형성되는 과정이다. 따라서 기조에게 있어 선거권은 이성을 갖춘 능력 있는 시민에게만 부여되어야 한다. 대의제 정부는 하나의 수단임과 동시에 일련의 과정으로서 존재한다는 점에서, 대의제 정부 자체가 하나의 통치집단으로 존재하는 것을 상정하는 것이 아니라, 진리를 발견하는 과정으로 하나의 정치적 기제에 가깝다. 따라서 기조에게 선거는 권리가 아니라 기술적 의미에서 "선거의 목적은 국가에 가장 능력 있고 나라로부터 가장 신임할 수 있는 사람을 보내는 것"이 된다.[48]

---

47 『代議政體』 卷一, p.15.

48 대의정부에 대한 기조의 관점은 홍태영, 「기조(F. Guizot)의 이성의 주권론과 프랑스 정치문화」, 『정치사상연구』 제6집(2002), pp.124-129 참조. 19세기 서양의 대의제에 대해서는 본서 제1장 홍철기의 논의 참조.

밀 역시 토크빌(Alexis de Tocqueville)의 『미국의 민주주의(*De la Démocratie en Amérique*)』에 대한 서평에서 인민이 정치를 직접 담당하고 정부 일에 간섭하는 것을 '인민주권의 오용'이라고 비판했다. 다수가 아무런 통제도 받지 않은 채 전권을 행사하면 '그릇된 민주주의'로 흘러간다고 염려한 그는 인민이 정치 2선에 물러나 있으면서 지혜 있고 유능한 대표가 소신껏 국정을 처리할 수 있게 맡겨야 한다고 주장했다. 이른바 '합리적 민주주의(rational democracy)'라는 그의 생각은 『대의정부론』의 바탕을 이룬다. 한편으로 모든 사람이 참여하는 대의민주주의의 아름다움을 찬양하면서, 다른 한편으로는 체제의 효율성을 담보하는 숙련 민주주의를 주장한 것이다.[49]

이처럼 권력의 문제를 통제하기 힘든 개인들의 열정과 의지에만 맡겨 둘 수 없다는 사고는 당대 서양에서도 일반적이었다. 이는 밀뿐만 아니라 당시 많이 읽혔던 기조나 버크, 토크빌의 저서에서도 나타나는 공통된 견해였다. 그런 점에서 당시 대의제 정부라는 문제는 사회에 존재하는 다양한 의견과 이해를 어떻게 국가 권력 내에서 논할 것인가 하는 의미의 '대의(discussion by the representatives)'라기보다, 국가가 그것들을 적극적으로 해석하고 나아가 계몽하면서 사회 조직자로서 행동하는 문제로 전환시킴으로써 올바른 뜻을 다시 나타나게 할 것인가 하는 의미의 '대표(re-presentation)'와 관련된 것이었다. 그리고 이는 메이지 일본에서 대의정부와 관련된 representation 개념을 번역하고자 한 이들도 공유하던 문제의식이었다.

49 서병훈, 『민주주의: 밀과 토크빌』, p. 177.

5. '유사전제' vs. '대의'의 반대편: '대표' vs. '표창'

지금까지의 논의에서 드러난 바와 같이, representation 개념을 일반 유권자를 대신해서 논의한다거나 자기를 대리해 정치를 할 대의사를 뽑는 식으로 해석할 수만은 없다. 즉, representation에는 무엇을 다시 가시화·현재화할 것인가, 그리고 이것이 누구에 의해 어떻게 가능한지의 문제가 항상 결부될 수밖에 없다. 이러한 점에서 당대에도 representation의 이해에 대해 유사전제–대의라는 한 축이 있었다면, 또 다른 축으로는 국가를 '대표'하는 천황의 존재를 어떻게 규정할 것인가 하는 문제가 있었다. 이를 함께 볼 때 우리는 흔히 민권파로 불리는 집단이 생각했던 대의 개념 역시 잘 이해할 수 있다. 그렇다면 천황의 역할을 중시하는 국권파가 representation 개념을 어떻게 이해하고 있었는지 살펴보자.

우선, 이토 히로부미(伊藤博文)는 1899년 연설에서 represent 개념에 대한 자신의 이해를 설명하면서 '대표'라는 번역어가 적절하지 않다고 주장한다.[50]

> 일국이라는 것은 그 국토와 인민을 합해 하나의 보자기 안에 싼 것 같은 것이다. 이를 대표, 소위 리프레젠트(represent)한다는 말을 사용하고 있다. 이는 곧 대표라는 말에 해당하지만, 나는 일본의 군주는 국가를 대표한다고 말하지 않고, 일본국을 표창(表彰)한다거나 나타낸다[表はす]는 말을 쓰고 싶다. 결코 대표는 아니다.[51]

50 이와 관련해서는 다음 연구에서 시사를 많이 받았다. 瀧井一博, 「象徵として天皇: 明治憲法下での議論」, 鈴木貞美·劉建輝 編, 『東アジアにおける知的交流: キイ·コンセプトの再検討』(京都: 国際日本文化研究センター, 2013), pp. 237-247.

이토는 천황이 일본국을 represent한다고 쓰면서, 이 번역어로 '대표'라는 말이 많지만 천황에 대해서는 '대표'란 번역어가 맞지 않고 오히려 '표창'이라 번역해야 한다고 주장한다. 이러한 주장을 통해 이토는 천황이 단순히 국가를 대표하는 차원에 그치는 것이 아니라 국민 전체에 의해 구성된 'body politic = 국가'의 일부로 주권자가 될 수 있다는 점을 강조한다. 이렇게 해서 이토는 국가의 절대성을 내외에 '표창'하면서도, 구체적인 정치 과정에서는 하나의 국가기관으로 행동하는 천황이라는 신체의 이중성을 구축한다.[52]

여기서 대표 개념은 국가를 하나의 법적 인격으로 파악하는 논의와 연결된다.[53] 즉, 국가를 재현하기 위해서 대표란 한편으로는 정치공동체라는 유형이자 무형의 구조물을 눈에 보이게 하는 것이며, 무엇보다 정치공동체를 작동하게 하는 권위와 권력의 가시화이기도 하다.[54] 이 점에서 당시 메이지 헌법의 기초자였던 이노우에 고와시(井上毅)가 천황을 일종의 '상징(symbol)'으로 규정한 점 역시 주목할 필요가 있다.

---

51 이러한 논의는 슈타인에게서 배운 것일지도 모른다. 이토는 슈타인에게서 국가를 하나의 인격으로 파악해 인격이란 양지(良知) = Ich, 의사 = Wille, 행위 = Tat라는 3요소를 구성하는 것이라고 여겼는데, 이때 국가의 "양지란 군주가 있는바, 즉 나라고 말하는 대명사로서 방국을 표창한다"라고 설명한다. 이토와 슈타인의 관계에 대해서는 瀧井一博, 『ドイツ国家学と明治国制: シュタイン国家学の軌跡』(東京: ミネルヴァ書房, 1999) 참조.

52 瀧井一博, 「象徴として天皇: 明治憲法下での議論」, p. 241.

53 'representation'은 라틴어 'repraesentare'에서 온 말로, 다양한 의미나 역사적 변천을 갖는 개념이며 '표현', '묘사', '연출'이라는 어의를 지니고 있다. 즉, 이념적인 것을 가시화한다는 의미를 포함한 개념이다. 이 개념의 핵심에는 person = 공인(公人) = 배역에 의한 어떤 이데아 내지 이상향의 구체적 출현이라는 관념이 연결되는데, 이로써 공공/공중/관중 앞에서 행하는 것 = 공공성, 그것과 결부된 가시성과 밀접한 관계를 낳는다. 瀧井一博, 「象徴として天皇: 明治憲法下での議論」, pp. 240-241.

54 오향미, 「정치적 '대표' 개념과 대의제」, p. 282.

이노우에 고와시에는 국왕을 다음과 같이 설명한다.

> 국왕은 국권의 초상(シンボル)이다. 따라서 독일 각국의 헌법에서 명확히 말하고 있는 것같이 국왕은 일체의 제반 정권을 총람해, 헌법에 따라 이를 시행하는 자이다.[55]

위 인용문에서 '초상'이라는 단어에 'シンボル(심벌)'라는 후리가나가 달려 있는 것처럼, 이노우에는 일본어로는 '초상'이라고 쓰고, 이것이 'symbol'이라는 점을 명시하고 있다.[56] 당시 이노우에는 천황을 어떻게 규정할 것인가 하는 문제를 두고 모세(Albert Mosse)나 뢰슬러(Hermann Roesler) 등 서양의 헌법학자들과 논의했다. 국가의 주권 속에서 천황을 어떻게 이해해야 하는가 하는 점들이 주요한 논의 대상이었는데, 이노우에가 영국과 독일 헌법의 차이에 대해 물었을 때 뢰슬러는 다음과 같이 답변한다.

> 공화국과 군주국의 차이는 하나는 무형인(無形人)으로서 주권자를 삼고, 하나는 유형인(有形人)으로서 주권자를 삼는 것에 있다. 그리하여 군주국에서도 영국과 같이 그 주권자를 무형인으로 간주하는 경우가 있다. 즉, 영국의 고어(古語)에 '국왕은 불사(不死)하는 사람'이라는 것이 이를 입증

55 國學院大學日本文化硏究所 編,『近代日本法制史料集』第一 ロエスレル答議一(東京: 國學院大學, 1979), p.32.

56 타키 코지는 이중적으로 사용된 '초상(symbol)'이라는 단어에 대해서 칸트로비츠가 말하는 '국왕의 신체'가 지니는 이중성과 비슷한 생각을 이노우에 고와시가 가지고 있었으며, 살아 있는 신체로서의 천황을 우선 '초상'이라 하고, 여기에 그 신체에 포함되어 있는 또 하나의 추상적인 신성함을 '심벌'이라고 하면서 국가를 지탱하는 신체와 겹치도록 했을지도 모른다고 지적한다. 타키 코지, 박삼헌 옮김,『천황의 초상』(서울: 소명출판, 2007), p.181.

할 수 있다. 이 의의에 따르면 왕위는 앞뒤로 계승되어, 한 순간도 그 자리를 비우는 바 없이, 영구동일한 주권자인 것이다. 영국의 속담에 의원이 국왕이라는 것과 같이 영국 왕은 정치상 국민의 총대자(總代者)로서 주권을 갖는 것이다.[57]

뢰슬러는 공화국과 군주국의 차이는 주권자가 무형인인가 유형인인가로 구별됨을 지적한다. 주권자를 유형의 인물인 왕으로 볼지, 하나의 인격으로 볼지의 차이가 있으며, 영국의 국왕 역시 유형인이 아닌 일종의 무형인으로 파악한다. 영국의 국왕을 '국민의 총대자'로서 주권을 갖는 자로 설명하는 논리 역시 여기서 비롯된다.[58] 또 다른 설명에서는 "대의정체는 국회 정부 없이도 성립할 수 있다. 합중국이 그러하다. 합중국은 공화정부로서 대통령은 어떤 한정된 시간에 인민에 의해 선출[選擧]되어 결단으로 스스로 보조하는 집정을 선임한다"고 설명한다.[59]

57 國學院大學日本文化硏究所 編,『近代日本法制史料集』第三 ロエスレル答議三(東京: 國學院大學, 1980), p. 281.

58 당시의 대표 개념은 총대, 대리, 명대인 등 다양하게 쓰였다. 후쿠자와 유키치는『서양사정』(1866)에서는 '의사원', '상원의 의사관', '국민의 명대인(名代人)'을, 외편에서는 '국의(國議)의 원(員)', '의정(議政)의 원(員)'과 같은 표현을 사용한다. 밀의『대의정부론』을 원용하는『문명론의 개략』(1875)에서는 '대의'라는 말을 사용한다. 가토 히로유키 역시『입헌정체략』(1866)에서 '대의사'라는 표현을 자주 사용하고 있으며,『진정대의』(1870)에서는 "천하 백성들의 명대인으로 삼는 대의사"라는 표현을, 블룬칠리의 책을 번역한『국법범론』(1876)에서는 '대리원'이란 말을 쓰고 있다. 홉스의『리바이어던』을 번역한『주권론』(1883)에서는 주권자야말로 '인민의 진정한 대표인[眞代表人]'으로서, '대의사(代議士)'를 '순수한 인민의 대표인'으로 간주하는 것이 이치에 맞지 않음을 지적한다. 김태진,「[자료 정선] Thomas Hobbes, Leviathan; 홉스, 문부성 편집국,『주권론(主權論)』」,『개념과 소통』제26호(2020). 당시 represent와 관련된 번역어 용례에 대해서는 이 책 부록의 사전 용례 참조.

59 國學院大學日本文化硏究所 編,『近代日本法制史料集』第三 ロエスレル答議三,

그런 점에서 이토나 이노우에가 천황을 설명할 때 보인 논의가 일본적인 한계나 변용의 차원만은 아니었음에 주의할 필요가 있다. 절대군주정으로부터 입헌군주정이 도입되고 다시 의회민주정으로 전환되면서 '대표' 개념 역시 변화를 겪는다. 이는 왕의 정치적 신체(body politic)에서 의회라는 정치적 신체로의 개념 이행 과정이자 개념의 투쟁 과정이었다.[60] 유럽에서 대표의 정치적 의미 역시 먼저 절대군주의 고유 권한으로 확립되어 의회로 확장되는 과정을 거쳐 왔던 것이다.[61]

이토와 이노우에가 파악한 천황의 대표성 역시 이러한 측면을 나타낸다. 이때 국가는 단순히 군주의 소유물이 아니라 군주에 의해 '표상'되는 인적·물적 차원의 총체로 파악된다. 따라서 군주는 단순히 '통치자'일 수만은 없고, 전체 신민의 통일된 '대표자'로 등장한다. 그런 점에서 대표란 대표되어야 할 무언가를 만드는 과정과 함께 진행된다.[62] 보이지 않는 넓은 영토를 통치하기 위해서, 한 번도 만난 적이 없는 전체 신민의 통일성을 확인하기 위해서 군주는 단지 통치자로 군림하기

---

p. 251.

60 이에 대해서는 Ernst H. Kantorowicz, *The King's Two Bodies: A Study in Mediaeval Political Theology* (Princeton: Princeton University Press, 1997) 참조.

61 즉, 절대군주정이 정치공동체의 통일성과 전체 의지는 군주에 의해 배타적으로 대표된다는 사고에 기반한다면, 이는 인민주권 이념에 따라 인민 전체가 자신들이 선출한 대표자에 의해 대표되어야 한다는 사고로 이행된다. 이로써 군주의 대표 권한을 국민대표 기관과 분할, 공유하는 입헌군주정의 성립을 가져왔다. 오향미, 「정치적 '대표' 개념과 대의제」, pp. 279-280.

62 즉, 홉스가 지적하듯이 대표를 통해 다중(multitude)은 하나의 인공적인 인격(artificial person)이 되며, 이러한 의인화(personation) 과정에서 왕은 국가를 재현/대표한다. 홉스의 인격 개념과 대표에 대해서 Quentin Skinner, "Hobbes on Representation", *European Journal of Philosophy* 13(2)(2005) 참조. 앞서 지적했듯이 홉스의 번역본 『주권론(主權論)』에서 represent의 번역어로 '대표'라는 말이 등장하는 것은 시사적이다.

만 하는 것이 아니라 왕국의 영토와 신민을 통일적인 하나로 보여 줘야 했으며, 바로 군주 자신이 '보이지 않는' 정치공동체의 통일성을 '보이게 하는', 즉 '대표'하는 역할도 해야 했다. 군주는 단순히 사적인 개인이 아니라 군주의 권력이 미치는 국가의 상징으로 보이지 않는 공동체를 하나로 보여 주는 공적 인격이었다. 이는 군주도, 국민도 아니고 군주와 국민을 포함하는, 군주와 국민에 앞서 존재하는 '국가'라는 개념의 재구성이고, 이 재구성에 따르면 국가는 군주와 국민으로부터 구별되는 '독립적 인격'이다.[63]

그렇게 보면 앞서 이토가 '대표'라는 번역어 대신 표창하는 존재로 묘사한 점은 군주를 국가와 구별하고자 한 의도로 볼 수 있다. 이들에게 '대표'란 천황이라는 개인에 체현되기는 하지만, 기본적으로 국가라는 인격에 담보되는 것이었다. 따라서 이때 천황은 자의적으로 통치하는 것이 아니라 일본의 정치적 의사를 대외적으로 상징 내지 표창하고, 대내적으로 육화하는 존재인 것이다. 이토는 천황이 일본을 대표한다는 식으로 이해할 때 '천황 = 일본'이라고 쉽게 생각해 버릴 우려가 있다고 보았을지도 모른다. 그런 점에서 표창이라는 표현은 전후 상징 천황제에서의 '상징'과 관련된 논의를 선취하는 것처럼 보이기까지 한다.

6. 'representation' 개념을 통해 메이지 일본 다시 보기

정치적 의미의 재현이라는 점에서 representation은 우리가 손쉽게 대의민주주의로 번역하는 representative democracy에서 대신 논의한다

63 오향미, 「정치적 '대표' 개념과 대의제」, pp. 282-284.

는 차원에 한정되는 것이 아니라, 정치적 의사를 '누가', '어떻게' 재현할 것인가의 문제와 맞닿아 있다. 그리고 이 과정에서 '정치'가 일어난다. 이를 단순히 인민의 권리를 강조하는 민권파와 국가의 권리를 강조하는 국권파라는 대립 구도에서만 이해할 수 없는 측면이 존재한다.

이러한 점에서 볼 때 메이지 시기 대의정체에 관한 번역서들은 representation의 번역어로서 '대의(代議)'란 무엇인가를 우리에게 다시금 생각하게 한다는 의미가 있다. 앞서 보았듯이 메이지 시기 대의제 관련 서적들을 번역한 이들은 대의제를 단순히 국민들의 의견을 폭넓게 듣는 기구로 이해한 것이 아니었다. 물론 이는 당시 일본에서만이 아니라, 원저자였던 밀, 스펜서, 기조 역시 의회를 단순히 정치 참여를 확장하는 데서 의미를 찾은 것이 아니었던 점에서 기인할 것이다. 메이지 일본에서 대의제란 그동안 정치 영역에서 소외되어 왔던 이들에게 정치 참여 기회를 보장한다는 측면이 없지는 않지만, 그럴 때조차 많은 사람의 이야기를 듣고 그것을 정치적 결정에 반영해야 한다는 데 방점이 있다기보다 몇몇 관리의 목소리를 넘어 더 높은 이성(reason)을 발견하는 장소로서 생각되었던 측면을 고려할 필요가 있다. 이런 점에서 대의제를 경고하는 목소리에 역자들이 주의를 기울인 것은 어쩌면 당연하다.

그렇다면 정치철학적으로 representation이란 복합적 의미를 동시에 내포하는 대의/대표/상징으로서 읽을 수 있다고 할 때, 이것이 메이지 시기 일본의 논의에서 어떠한 함의를 가지는가? representation이 다의적인 개념임을 보여 주듯이, 메이지 시기에도 이를 이해하는 방식은 다양했다. 민권파들은 '대의(代議)'적인 의미에서 유사전제와 반대되는 것으로 대의제를 생각했다. 물론 이는 밀이 생각하는 대의제와 관료제의 관계와 일치하는 것이 아니었다. 그렇다고 단순히 관료들 외에도 정치 참여를 보장한다는 양적 확대만을 의미하는 것은 아니었다. 오히려 기존 정치 체제에서 제대로 재현되지 못한 '이(理)'나 '공(公)'을 찾아 나가는 작업이었다. 반면에 국권파들은 국가의 주권 자체를 중요시하면서 천황을 '심벌' 내지 '표창'으로 파악하고자 했다. 이들은 천황 그 자체를 일본과 동일시하려는 생각에 반대하며, 천황을 국가 혹은 주권의 상징으로 접근하고자 했다. 이들이 헌법에서 천황을 앞세운 것은 실제로 천황만이 정치적 의사를 독점할 수 있다는 의사 표현이 아니라, 천황은 만세일계의 신화적 존재이고 통치권의 총람자라는 규정을 이용하여 일본형 입헌주의로서 자신들의 정치적 의사를 재현한 것이었다.

이런 점에서, 서양에서 대표 개념의 다양성을 염두에 두고 메이지 시기의 대의 개념을 볼 필요가 있다. 그렇지 않으면 이 시기를 서양의 의회 제도가 기반하고 있는 자유주의가 수용되지 못한 역사로 기술해 버리는 오류를 범하기 쉽다.[64] 이 과정에서 나타나는 번역어의 다양성은 개념 수용 과정의 오해를 드러낸다기보다 오히려 원어가 갖고 있던 다양성을 고스란히 보여 준다. 이를 유럽의 생각을 제대로 이해하지

64 하울랜드가 지적하듯이 "인민이 합세하여 전제 군주에 반대하고, 전제 군주의 특권을 인민이 개인의 자유를 가지고 정부에 참여할 권리로 변화시키는 법률을 강제"하도록, "시민사회와 정치체가 발전함에 따라 올바르게 통치할 수 있는 우월한 이해력을 가진 합리적인 사람들이 사회 하층민 교육을 담당하고, 더 많은 이에게 정치에 참여하는 선거권을 부여"함으로써, "참여가 확대됨에 따라 모든 인류의 잠재적인 발전 역시 함께 된다"는 식의 '이상적인 시나리오'는 메이지 일본에서 미리 결정되어 있는 단순한 작업이 아니었다. 또한 개념의 번역은 "뿌리가 흙과 삼베에 안정하게 고정된 상태로 배달되는 나무"와 달리 깔끔한 꾸러미로 포장된 형태로 이식된 것이 아니었다. 서구화의 내용을 규정하는 개념은 번역이 잘될 수 없었고, 일본의 기존 개념에 자연스럽게 들어맞지 않았다. 하울랜드, 『서양을 번역하다』, pp. 12-13.

못했다거나 일본적 현실에 맞춰 제멋대로 바꾸었다고 평가할 수만은 없다. 왜냐하면 유럽에서와 마찬가지로 그들은 자유주의적 제도 설립에 신중을 기했으며, 대다수 일본 지도자는 조심스럽게 대의적 제도가 있는 헌정 체제를 옹호했기 때문이다. 인민은 그들 자신을 대표하기에 앞서 정치적이고 도덕적인 계도를 필요로 했다.[65] 그런 점에서, 일본에서 사용되던 '대의'나 '대표' 개념에서 드러나는 일종의 '절충주의'는 일본뿐만 아니라 19세기 당대 서양의 대의제를 논하는 이론가들 역시 공통적으로 지니고 있었다.

또한 거듭 강조할 점은 의회 도입 역사를 민권주의적 입장에서만 기술하는 것은 역사에 대한 현대적 관점의 덧씌우기일 뿐 아니라, 민권 대 국권의 대립으로 이 시기를 기술함으로써 의회 설립 결과를 민권으로의 이행이 제대로 되지 못한 사이비 대표의 전개 과정으로 읽는 오류를 범한다는 사실이다. 그러나 대표를 둘러싼 논의는 단순히 '국권파 = 권위주의' 대 '민권파 = 민주주의'식 구도로 읽기 힘든 상황을 보여 준다. 기존 관점에서 민권파, 천황파, 국권파로 구별되는 정치적 세력들이 representation 개념으로 제시했던 대의/대표/상징이란 번역어와 그 의미를 생각해 보면 그들이 각각 의도하고자 했던 바가 크게 다르지 않았을지도 모른다. 이는 아마도 어떻게 좋은 정부를 만들 것인가 하는 질문이었을 것이다. 물론 어떤 방식으로 잘 represent할지는 각각의 정치적 입장에 따라 다를 수밖에 없었다. 그런 점에서 이들 번역 작업은 우리에게 '대의제(representative democracy)'란 무엇인가라는 본질적 질문을 다시 던지고 있다. 슈미트(Carl Schmitt)가 "대표를 둘러싼 투쟁이란 언제나 정치적 투쟁(The struggle for representation is always a

65 하울랜드, 『서양을 번역하다』, pp. 13-14.

struggle for political power)"이라고 지적한 것을 차용하자면,[66] 메이지 시기에 representation 개념의 번역 양상 역시 일종의 '정치적 투쟁'이었던 셈이다.

---

66 Carl Schmitt, *Constitutional Theory*, translated by Jeffrey Seitzer (Durham: Duke University Press Books, 2008), p.245. 슈미트의 '대표' 개념에 대해서는 Duncan Kelly, "Carl Schmitt's Political Theory of Representation", *Journal of the History of Ideas* 65(1)(2004); 홍철기, 「비밀 투표는 '민주적'인가?: 존 스튜어트 밀과 카를 슈미트의 비밀 투표 비판」, 『정치사상연구』 제24권 1호(2018) 등 참고.

제5장

블룬칠리의 『국법범론』 번역

가토 히로유키의 대의제 인식과 '공론'의 탈각

김도형

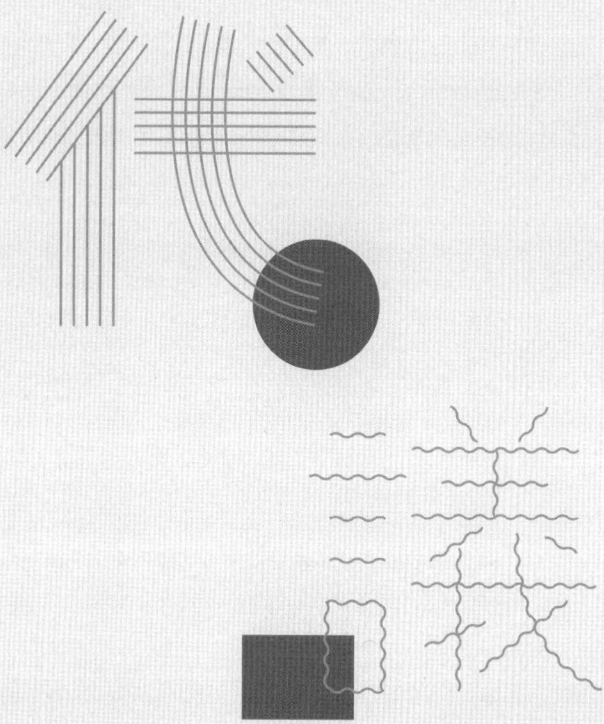

1. 대의제 수용 문제와 근대 일본

대의제 또는 대의정체를 명확히 규정하기는 어렵다. 우리는 지금 모두 대의정체를 채택하여 운용하는 근대 국가의 시스템 안에서 살아가지만, 정작 이것이 담고 있는 내용에 대해서는 갑론을박이 있을 수 있다. 다만, 한자 의미대로라면 이는 '대의(代議)', 즉 대신/대표하여 의논 또는 계획한다는 내용을 담고 있어야 할 터이다.[1] 그러나 이것도 어디에 방점을 찍고 바라보는가에 따라 내용이 크게 달라질 수 있다. 애초에 근대 국가를 구성하는 대부분의 것이 일종의 '구성물'이라는 점에서(물론 가장 기초에 있는 권리나 법 개념에 대해서도 예외가 아니다) 매우 많은 함의를 가질 수 있기 때문이다. 이와 같은 대의제의 문제를 생각할 때, 근대 일본에서 이러한 시스템을 어떻게 받아들이고 재구성했는지 살펴보는 것은 중요한 의의를 갖는다. 일단 동아시아에서 representation이라는 말이 대표적으로 '대의'로 번역되어 '시스템'으로서 본격적으로 수용되고 구축된 첫 사례는 일본이기 때문이다.

물론 '대의'라는 단어의 개념이나 제도 자체가 메이지 초기에 대단

* 이 글은 김도형, 「『국법범론』과 근대 일본의 대의제 인식: 가토 히로유키의 블룬칠리 번역수용을 중심으로」, 『日本文化研究』 제82집(2022)을 수정·보완한 것이다. 기존 연구 인용의 적절성에 대한 지적이 있어 이를 대폭 반영했다. 심사자들의 지적과 고견에 감사의 뜻을 표한다.

1 이에 대한 본격적인 문제 제기는 정치학 분야에서 활발히 이루어지고 있는 듯하다. 가령 본서의 제1장 「대의민주주의 개념의 서양사: 대표, 민주주의, 의회제의 역사」(홍철기)는 서구 정치사상에서 Representative Democracy의 연구사를 검토함으로써 대의/대표적 성격의 교차와 혼동, 나아가 현재 시점에서 진단을 시도하고 있으며, 제2장 「왜 '대의민주주의'가 되었을까?: 용례의 기원과 함의」(이관후)는 이 문제에 대해 서구의 논의와 한국의 수용 사례를 본격적으로 고찰한 연구로, 본질적이면서도 흥미로운 논의를 전개하고 있다.

히 생소했음은 말할 필요도 없다. 그런 만큼 일본의 많은 정치가와 지식인들은 이미 시행 중인 서양의 정치 제도 및 사상으로부터 '대의' 개념과 제도를 배우고 이해하려 했으며, 특히 번역서 형태로 관련 지식들을 받아들였다. 그러나 번역, 그것도 완전히 다른 체계로 이루어진 구미권의 언어를 한자를 포함하는 일본어로 번역하는 작업은 결코 간단치 않았다. 번역자가 아무리 원전 텍스트를 최대한 그대로 옮기려 해도, 번역 결과물은 언제나 원전의 의미에서 어긋나거나 배반하는 형태로 나타나기 때문이다. 심지어 의도적인 생략이나 오역, 자의적 해석이 일어나는 경우도 있고, 원전 텍스트를 최대한 충실히 번역하려 해도, 결국 그 결과물이나 수용 및 적용이 원저자의 의도를 과장, 축소, 왜곡하는 일도 적지 않았다.

그러나 조금 달리 보자면, 우연이건 고의건 간에 원저자의 과장, 축소, 왜곡 등을 포함하는 번역이라는 행위 자체에서 본래 '스캔들'[2]은 일어날 수밖에 없다. 그리고 그 '스캔들'은 전혀 다른 세계의 문화를 모방하려는 의도에서 시작되었으나 의도치 않은 결과에 이르는 과정에서 일어난 것임을 감안한다면, 영원히 해결할 수 없는 미스터리이자 그 해결 불가능성으로 인한 끊임없는 지향점으로서 근대 일본을 추동한 에너지원 성격을 가졌음을 염두에 둘 필요가 있다. 그런 의미에서 근대 일본이 수행한 서양 세계의 학습(혹은 모방)을 위한 번역 작업들을 살펴볼 때는 이와 같은 '사건'들의 성격을 충분히 고려할 필요가 있다. 이

2 나가누마 미카코는 근대 일본 문명 개화 과정에서 일어난 번역 양상을 고찰한 자신의 저서에서 등가번역이라는 일종의 '환상' 안에서 작업이 이루어졌으며 그 과정에서 번역이라는 행위 자체가 내재하는 원전 텍스트와 기점 텍스트 간의 엇갈림이 은폐되는 일들이 일어났음을 지적하고, 이를 "번역의 스캔들"이라고 표현했다. 이에 대해서는 나가누마 미카코, 김도형·김태진·박삼헌·박은영 옮김, 『번역된 근대』(서울: 성균관대학교출판부, 2021), 서장 참조.

는 '대의'라는 개념 혹은 제도를 근대 일본 지식인들이 어떻게 수용하고 이해했는지, 그리고 이후 그것을 바탕으로 어떤 개념으로 인식되었는지 살펴보는 데도 적용된다. 본 연구는 이러한 문제의식에 입각하여 번역을 통한 대의제 인식의 한 사례로 메이지 초기 일본에서 수행되었던 블룬칠리(Johann Kaspar Bluntschli) 저서의 번역 수용이 그 번역자인 가토 히로유키의 대의제 인식에 어떤 영향을 주었는지, 또 거기에서 일어나는 '스캔들'의 배경에는 어떤 사회적·역사적 상황이 있었는지 등을 함께 고려하면서 가토가 번역한 『국법범론』의 번역 양상에 초점을 맞추어 살펴보고자 한다.

2. 19세기 후반 일본의 공의와 공론

근대 일본에서 '대의'라는 말의 본격적인 사용은 서양의 정치 체제를 받아들여 운영하고자 했던 시도들과 밀접한 연관을 갖는다. 에도시대 말기, 기존 일본 정치의 '대표자'였던 도쿠가와 막부가 본연의 기능인 '외적으로부터 일본을 방어하는 최강자' 역할을 온전히 수행할 수 없다는 사실이 흑선 내항 사건(1853)을 통해 상징적으로 드러났을 때, 막부의 대표성은 급속하게 상실되어 갔다. 에도 막부 운영자들과 거기에 충성하던 사람들은 이런 '대표성의 위기'를 회복하기 위해 여러 가지 방법을 모색했는데, 그중 가장 효과적인 방법으로 '공의(公議)'를 통한 '공론(公論)' 형성이 고려되었다. 그리고 이 '공의'는 정치 참여 범위를 확대하는 것으로 시작되었다. 기존 막부의 의사결정 과정은 사실 막부와 가까운 관계를 유지하는 후다이다이묘(譜代大名)들만 취임 가능한 로쥬(老中)들 간의 합의로 이루어져 폐쇄적이었다. 그러나 막부의 권위가 실추된 시점에서 더 이상 폐쇄적인 의사결정이 권위를 담보하기 어렵다고 판단되자 당시 막부 정권의 중심 인물이었던 로쥬 아베 마사히로(阿部正弘)는 여러 다이묘와 하타모토(旗本)들이 폭넓게 참가하는 '공의'를 통한 정책 결정을 추진했는데, 이는 250년간 존속해 온 도쿠가와 정치 체제의 분수령이 되었다. 다이묘들이 이제까지 닫혀 있던 정책 결정 과정에 스스로 참가할 수 있다고 생각했기 때문이다.[3]

이후 막부와 메이지 신정부를 막론하고 '공의'는 중요한 문제가 발생할 때 반드시 등장하는 용어가 되었고, 이를 둘러싼 사상가들의 각종 논의도 등장했다. 대표적으로 요코이 쇼난(横井小楠)과 같은 유학자는 당시 양이와 개국(開國)을 둘러싼 세력들 간의 갈등이 심해지는 상황에서 막부를 폐지하고 조정(朝廷)에 공가(公家)와 무사가 참여하는 회의를 열어 천황 앞에서 '공론'을 도출하는 방식으로 개국으로의 정책 전환을 도모했는데, 이 과정 역시 전국의 유력자들로 이루어진 정부를 조직하고 여기에서 숙의(熟議)를 거쳐 정책을 결정하는 거국일치체제를 만들어 내고자 구상한 것이었다. 즉, 다수가 참가하여 논의하는 '공의'를 통해 모두가 납득할 수 있는 '공론'을 만들어 내는 것이 바람직하다고 생각했던 것이다.

서양학 연구자였던 가토 히로유키(加藤弘之)는 이미 1861년 『최신론(最新論)』[4]을 저술하여 당시 서양의 입헌군주제와 의회제를 소개했는데, 이 저술의 핵심 테마는 아편전쟁 사례에서 서양의 동아시아 진출로 인한 위협이 현실화된 시점에서 '인화(人和)'를 달성하는 것이 서양의 위협에 대처하는 가장 효과적인 방술이며, 이 '인화'를 달성할 수 있는 가

3 久保田哲, 『帝国議会』(東京: 中央公論新社, 2018), p. 5.

4 이 원고가 쓰인 것은 1861년이며, 당시에는 공개적으로 출판되지 않다가 1899년에 『도나리구사(隣草)』라는 제목으로 출판되었다.

장 좋은 방법은 상하분권(上下分權)이라는 '공명정대한 정체'를 채택하는 것이라는 주장이었다.[5] 그 이유로, 이러한 '입헌'의 정체를 취하는 나라가 '천하 만민의 천하'이며, 따라서 그 정치도 '오로지 국가 만민을 위해서 도모하는 것을 본의'로 하고, 그것을 제도적으로 실현하기 위해서 헌법에 기초하여 국정이 운용되며, 모든 국사(國事)는 만민의 대표 기관인 '공회(公會)'의 결정에 따라 진행된다는 입헌주의가 관철되고 있다는 점을 들었다.[6]

이 시기 요코이 쇼난이나 가토 히로유키는 모두 서양의 사상을 어느 정도 섭취하고 있었으나, 그 바탕에 깔려 있는 지적 기반은 유학이라고 할 수 있다. 이들은 '천하는 천하 만민의 천하'[7]라거나 '인정(仁政)'[8]이라는 유교의 이상적인 정치 이념을 달성하기 위해 서양의 제도와 정치 이념에 눈을 돌리게 된 것이다. 그리고 이런 정치 이념을 달성하기 위해 사람들이 함께 이야기하는 절차가 중요하다는 것은 굳이 서양의 지식을 빌리지 않더라도 잘 알 수 있고, 함께 이야기하는 사람의 범위를 넓혀 가는 편이 바람직하다는 점 또한 이해하기 어렵지 않았을 것이다. 다만 그것을 어떻게, 어느 범위까지, 어떤 명분을 통해 넓혀 갈 것인가, '천하 만민의 천하'이건 '인정'이건, 어디까지나 천하를 생각하고 담당할 만한 엘리트들이 주도하고 시행하는 정치였다면 정치 담당자를 어디에서 어떤 기준으로 제한해야 '공회'의 '공론'이 될 것인가 하는 고민이 있었을 것이다.

5 加藤弘之, 『隣草』, p.56. 이하 인용 쪽수는 가토 히로유키, 김도형 옮김, 『도나리구사』(서울: 문사철, 2014)에 따른다.

6 加藤弘之, 『隣草』, p.40.

7 加藤弘之, 『隣草』, p.41.

8 加藤弘之, 『隣草』, p.52.

이런 고민들은 에도 말기부터 메이지 초기까지 많은 시행착오를 겪으며 구체화되었다. 막부 말기의 열번회의론(列藩會議論)을 시작으로, 유신 이후 공의소(公議所)와 집의원(集議院), 좌원(左院)의 설치, 건백서(建白書) 등 '공의여론(公議與論)'을 모으기 위한 많은 시도가 있었으나, 대부분 의도했던 것만큼 유효하게 작동하지 못했다. 애초에 「5개조의 서약문(五箇条の御誓文)」을 통해 '널리 회의를 일으켜 정치에 관한 일은 공론으로 정한다(広く会議を興し万機公論に決すべし)', '위와 아래가 마음을 하나로 하여 왕성하게 경륜을 행한다(上下心を一にして盛に経綸を行ふべし)'라는 원칙을 내걸고 출발한 메이지 신정부는 아직 구체화되지 못한 정부의 권위와 정당성을 확보해 주는 주요한 방법이자 장치로서 '공의정체(公議政體)'를 내세울 수밖에 없었을 것이다.

하지만 위에서 언급한 막부 말기에서 메이지 초기에 이루어진 '공의정체'를 위한 시도들은 실질적인 의미를 갖지 못했다. 여기에서 채택된 의안이 실제 정책으로 이어지거나 공포되는 예가 없었기 때문이다.[9] 게다가 '논의'라는 행위 자체에 익숙하지 않은 각 번의 대표들에 의해 행해지는 '공의'는 그다지 원활하게 합의되지 못했다. 형태로만 보면 막부 말기에 이미 요코이 쇼난이나 가토가 구상했던 '열번회의론'과 비슷하게, 흔들리던 막부의 권위를 보완하기 위해 각 번 대표들이 모인 회의처럼, 이번에는 신정부의 권위를 보좌하기 위한 '공의'로서 구상된 것이었다고 봐도 무리는 아닐 것이다. 다만 '공의'라는 용어 자체가 정치 참여 확대를 호소하는 정통성을 가지는 것으로 사용되었음은 분명

9 공의소는 1869년 3월 7일 개설되어 1869년 7월 8일 집의원으로 개칭되었다. 각 번의 대표 1명이 공의인(公議人)으로 파견되어 논의에 참가했다. 취급 의안은 주로 의원이나 관원이 제안한 것들이었으며, 일반 백성으로부터 올라온 안건이 논의되는 경우도 없지는 않았다.

하다. 상호 비판과 논의를 거듭하는 가운데 '올바른' 주장을 도출할 수 있다는 믿음이 바탕에 깔려 있었기 때문이다.[10] 이것은 단지 '다수의견'을 '공의'로 한다는 의미가 아니었다. 적어도 이 시기에 그것을 구상했거나 논의에 참가한 논자들은 자기 지식의 바탕을 이루는 유학적 교양으로부터 어떤 '지당한 이치'를 찾아내 납득하는 사고에 익숙했고,[11] 그것이 '공(公)'이라는 말이 붙은 어떤 것을 찾아내고자 하는 논의라면 더더욱 그러했을 것이기 때문이다.

3. 가토 히로유키의 초기 저작에 나타난 인민의 권리와 대의정체

지금까지 살펴본 내용을 바탕으로 본절에서는 가토 히로유키가 서양의 '공의', '공론' 개념을 어떻게 받아들이고 이해했는지 살펴보고자 한다. 위에서 언급한 바와 같이 가토 히로유키는 매우 이른 시기부터 입헌제와 의회제에 관심을 가졌고, 이를 선구적으로 소개한 인물이다. 이런 활동 덕분에 그는 메이지 정부에 출사한 직후 정체율령조사담당관(政體律令取調御用掛)에 임명되었다. 앞의 「5개조의 서약문」에서 마지막 서약이 '지식을 세계에서 구하여 널리 황기를 떨쳐 일으킨다(智識を世界に求め大に皇基を振起すべし)'는 것이었던 만큼, 새로운 정체를 정하는 데 서양의 지식과 경험을 참고해야 한다는 점은 메이지 정부 내에서도 널리 공유되고 있었다. 이런 상황에서 가토가 이와 관련이 있는 성격의

10 久保田哲, 『帝国議会』, p.37.

11 伊故海貴則, 「近世後期~幕末期における「議論」と「意思決定」の構造」, 『立命館大学人文科学研究所紀要』 115(2018), p.37.

기관에서 근무한 것은 어쩌면 당연한 수순이었을 것이다.

이 시기에 가토는 이미 서양의 의회론과 그 사례들을 상당히 연구한 상태로, 그가 메이지 정부에 출사하면서 상재한 저작 『입헌정체략(立憲政體略)』(1868)은 그러한 연구 성과를 잘 보여 준다. 여기서 대의제와 관련하여 특히 주목할 만한 내용은 바로 인민의 권리를 책임자재(責任自在)의 권리인 사권(私權)과 국가의 일에 관여할 권리인 공권(公權)으로 구별했다는 것이다. 먼저 '사권'→'책임자재의 권리'에 대해 8개 항목으로 나누어 설명했는데, 첫 번째를 "생명과 활동[生活]의 권리. 생활은 하늘이 내려주신[天賜] 것이므로, 이를 빼앗을 수 있는 것 또한 하늘이다. 남이 함부로 빼앗을 수 있는 것이 아니"[12]라고 말한 내용은 매우 중요하다. 가토는 또한 『진정대의(眞政大意)』(1870)에서도 "사람이라면 모두 귀천, 상하, 빈부, 현명함과 어리석음의 차이에 관계없이 결코 타인으로 인해 속박되거나 억제당하지 않"는다고 설명하고, 이로 인해 군주 정부는 완전히 동류(同流)인 인간의 '천부(天賦)의 영혼심사(靈魂心思)'를 제어할 권리가 없다고 지적한다.[13] 이 내용은 소위 '천부인권론'이라는 주장으로 통칭되면서 당대의 많은 지식인에게 큰 영향을 끼쳤다.

이처럼 천부인권론을 전면적으로 긍정하는 가토의 논의는 곧바로 공권에 대한 긍정으로 이어질 소지를 충분히 가지고 있었다. 실례로, 가토는 공권 가운데 선거권 및 피선거권을 "천하의 인민들 모두"가 갖는 권리로 설명한다. 가토에 따르면, 공권은 "국사(國事)에 관여할 수 있는 권리로, 그 가운데 가장 큰 선택 권리는 입법부의 관원을 선택할 수

12 加藤弘之, 『立憲政體略』, p.68. 이하 인용 쪽수는 가토 히로유키, 김도형 옮김, 『입헌정체략·진정대의』(서울: 세창출판사, 2017)에 따른다.

13 加藤弘之, 『眞政大意』, p.119. 이하 인용 쪽수는 가토 히로유키, 김도형 옮김, 『입헌정체략·진정대의』(서울: 세창출판사, 2017)에 따른다.

있는 권리 및 그 관원으로 선택받을 수 있는 권리를 말한다. 원래 입법부의 관원에 대해서는 천하의 인민 모두가 이 권리를 가지는 것이 매우 당연하므로 인민에게 빈부대소의 구별 없이 모두 이 권리를 부여하여 조금도 제한을 두지 않는 나라도 있다. 또는 몇 개의 조례를 두어 이를 제한하는 나라도 있어 모두 조금씩 다르다. 다만 설령 조금도 제한하지 않는 나라라고 해도 부녀자, 소년, 정신에 이상이 있는 사람 및 죄를 지어 형벌을 받은 자, 그 밖에 스스로 생계를 영위할 수 없는 자 등에게는 이 권리를 부여하지 않음은 물론이다."[14] 가토는 이어 "관직을 맡을 권리 역시 모든 인민에게 동일하게 주어진 것으로, (…) 다만 재능에 따라 높고 낮은 여러 관직에 등용된다. 그러므로 현명한 자와 어리석은 자가 각각 그 있을 곳을 얻게 되므로, 천하를 힘들이지 않고 다스릴 수 있다"고 언급하며,[15] 관리가 되는 권리 또한 보편적인 권리로 모든 인민에게 부여된다고 설명한다.

한편 『진정대의』에서 가토는 '공권'의 의의에 대해 추가 설명을 한다. 구체적으로 '공권'은 "인민의 마음으로 인민을 다스리는 것으로, 예의 군주전치(君主專治)와 상하동치(上下同治)가 서로 다른 바는 특히 이 권리가 있는가 없는가에 달려 있다"면서,[16] 이것의 유무야말로 군주전치와 상하동치의 차이이며, 신민에게 이 공권이 있는 것은 "백성들[蒭蕘]에게 자문을 구하거나 겸청(兼聽)하는 제도가 분명하게 서는 것이므로, 아랫사람들의 정(情)과 통하여 민심을 얻는 데는 이보다 좋은 방법이 없"[17]다고 하여, 그것이 제도로 확립되었는지 여부가 한토(漢土)와

14 加藤弘之, 『立憲政體略』, pp. 70-71.
15 加藤弘之, 『立憲政體略』, p. 71.
16 加藤弘之, 『眞政大意』, p. 136.
17 加藤弘之, 『眞政大意』, p. 137.

서양의 차이라고 설명한다. 이러한 설명을 앞의 '공의', '공론' 관련 논의의 연장선상에서 본다면, '공권'을 가진 인민들 역시 거기에 참여할 권리를 천부적으로 가진다는 주장까지 가능해질 수 있다.

그러나 이러한 논리적 가능성과 별개로, 이 시점에서 가토의 공권에 대한 설명과 표현 방식은 여전히 '인민의 마음으로 다스'리는 주체로서 위정자의 민본주의적 사고를 위주로 하며, 그런 의견을 듣는 것은 어디까지나 좋은 정치를 위한 일종의 '자문'으로 생각되었던 것으로 보인다. 동시에 『최신론(最新論)』을 저술하던 시기와 비교해서는 질적 변화라고 감지할 만한 부분도 많이 나오는데, 앞에서 언급한 천부인권 사상은 물론이거니와, 무엇보다 가토는 점차 '공회' 대신 '입법부'라는 개념을 사용한다. '입법부'에 관해서 그는 "입법부를 두어 입법권병을 장악하게 하고, 이를 통해 천하의 인민들을 대신하게 하여 군주와 함께 헌법을 제정하여 세우며 큰일들을 의논하여 정하게 한다"고 언급하며 입법기관으로서의 국회를 보다 분명히 인식했다.

나아가 『국체신론(國體新論)』(1874) 단계에 이르면 "무릇 문명개화가 완전히 갖추어지지 못한 나라들에서는 아직 국가와 군민의 진리를 깨닫지 못했기 때문에 천하의 국토가 모두 군주 한 사람의 사유물이며 그 안에 사는 많은 백성은 모두 군주의 신복(臣僕)이라고 생각한다. (…) 어찌 야만의 누열(陋劣)한 풍속이라 하지 않겠는가"[18]라며 국학자(國學者)들을 중심으로 나온 가산국가론적 주장과 정면으로 대립하는 입장을 표방했다. 인간 본연의 권리로서 천부인권을 강조한 그는 한편으로 국학자들이 주장하는 "천황의 어심(御心)을 마음으로 삼는다"[19]는 주장

18 加藤弘之, 『國體新論』, p.383. 이하 인용 쪽수는 植手通有 編, 『日本の名著 34 西周·加藤弘之』(東京: 中央公論社, 1986)에 따른다.

19 加藤弘之, 『國體新論』, p.384.

〈그림 5-1〉 블룬칠리, 가토 히로유키 번역, 『국법범론』(1876)

에 대해 “우리 인민 또한 천황과 마찬가지로 인류이므로 각각 하나의 마음을 가지고 자유의 정신을 가진 자다. 어찌 이 마음과 정신을 내버리고 단지 천황의 어심으로 마음으로 삼는다는 이치가 있겠는가”라며 엄격하게 비판했다. 나아가 가토는 ‘공권’에 관해서도 그것이 입법권을 군주와 공유하고 법의 제정을 통해 인민의 ‘사권’을 보장하는 역할을 갖는 것이라는 인식을 분명히 드러내는데, 이러한 논의는 역시 전통적 사고의 연속이라기보다 서양 정치사상의 영향을 강하게 받은 것이라고 봐야 할 것이다. 특히 가토가 블룬칠리의 텍스트를 숙독하고 번역한 사실은 이미 잘 알려져 있는데, 그렇다면 앞에서 살펴본 그의 ‘대의제’, ‘권리’ 등의 관념에 끼친 블룬칠리의 영향을 확인해 볼 필요가 있을 것이다.

4. 블룬칠리의 '사권', '공권' 개념에 대한 가토의 번역 수용 양상

가토와 블룬칠리의 관계를 생각할 때 가장 먼저 떠오르는 것은 *Allgemeines Staatsrecht*를 『국법범론(國法汎論)』이라는 제목으로 번역한 작업일 것이다. 이 책의 번역은 메이지 천황에 대한 진강용 교재를 만드는 작업이어서 매우 신중하게 이루어졌고,[20] 그런 만큼 이 책으로부터 받은 영향이 컸을 것으로 보인다. 실제로 그의 『진정대의』와 『국체신론』 등의 저작에 『국법범론』과 중첩되는 내용이 보이는 것에서도 그 영향 관계를 확인해 볼 수 있다. 가령 『국체신론』이라는 제목이 단적으로 보여 주듯이 가토가 추구한 테마가 새로운 국체상(像)이었다면, 블룬칠리의 『국법범론』 역시 유럽에서 새롭게 성립하여 발전하고 있으나 아직 이론적으로는 충분하게 해명되지 못하던 근대 국민국가(Volksstaat)라는 새로운 양상을 설명하려는 목적에서 쓰인 것이었다. 그것은 『국법범론』의 최초 판본이라고 할 수 있는 *Allgemeines Staatsrecht geschichtlich begründet*(『역사에 기초한 근대국법학』)가 1851년 뮌헨에서 처음 출판된 이래 지속적인 수정 및 개정판을 거듭했고, 1875년에 세 권으로 이루어진 *Lehre vom modernen Staat*(『근대 국가 이론』)로까지 체재를 쇄신하면서 자신의 이론을 계속 변화·발전시킨 작업 과정을 통해서도 잘 드러난다. 블룬칠리는 『국법범론』 초반부에서 이 국민국가 이념의 역사적 성립 과정에 대한 고찰을 시도했는데, 한편으로는 국민국가의 '근대성'이 강조되면서, 다른 한편으로는 그것을 그리스·로마의 고대 이래 유럽

20 번역에 이르는 경위와 그 전후 사정에 대해서는 김도형, 「근대 일본의 블룬칠리 수용과 한계에 관한 고찰: 가토 히로유키의 경우를 중심으로」, 『日本文化研究』 제73집(2020) 참조.

사상사의 문맥 안에서 설명하려 했다.[21]

블룬칠리는 당시 역사적 방법을 사용하는 많은 학자가 그러했듯이, 고대 그리스를 서양 국가이념 역사의 중요한 기원으로 상정한다. 고대 그리스는 윤리와 법을 포함하는 모든 것을 갖춘 국가 안에서 개인이 "흡사 일단 국가 안으로 소멸한 연후에 완전히 국가의 비호(庇護)에 의해 비로소 자유롭고 귀중한 생명을 얻어 탄생하"는 것처럼,[22] 사적인 자유, 사적인 권리를 완전히 갖지 않는 존재로 상정된다. 그러나 이런 국가의 이념은 로마 이후 법치를 통한 제약이 가해지는 공동체로 전환함과 동시에 국가는 개인의 사적 사항에 개입하지 않도록 그 권력을 스스로 제한했다. 즉, 로마 이후 서양의 국가 공동체는 법치에 의존하면서 윤리(종교)적인 부분을 분리하여 개인의 영역에 맡김으로써 스스로의 절대성을 약화시켜 "사람 사는 세상의 일에 대한 제반 사항을 대저 사람의 자유로운 습관과 그 종교심에 맡기고 국가는 감히 이를 제재하지 않"게 되었으며,[23] 이로부터 사인(私人)의 사적 영역이라는 관념이 인정되기 시작했던 것이다.

그러나 블룬칠리가 이 '사인의 권리'라는 관념과 관련하여 보다 주목한 것은 중세 게르만인 등장 이후의 세계다. 블룬칠리가 보기에 게르만인의 "각개 독립의 기상이 원래 대단히 장대"한 특성은 국가와 국민의 성립 이전에 "각인의 권리는 각자 태어나면서부터 고유(固有)한 것"이라는 관념을 선행시키고, 이 권리를 국가가 보호할 것을 요구했던 것이다. 이런 게르만인의 주장은 윤리와 법을 망라하는 고대의 국가 이념을 타파하고 강대한 각 개인과 가문, 인민의 자유권을 기초로 하는

21 加藤弘之, 『國法汎論』 首卷, pp. 16-19.

22 加藤弘之, 『國法汎論』 卷之一, pp. 52-53.

23 加藤弘之, 『國法汎論』 卷之一, pp. 56-57.

새로운 국가이념을 창출했다.

> 게르만인은 특히 로마국의 전치정치를 훼괴하여 마침내 각 개인 사회 및 인민 각 문지의 자유권을 강대하게 함으로써 국가의 이치를 일신할 수 있었다. 몽테스키외는 오늘날 대민회의(代民會議) 제도의 맹아가 이미 옛날의 초매한 독일의 숲속에서 발생했다고 하였는데, 실로 확론이라 할 수 있다. 그야말로 옛날 게르만에서 후백추장(侯伯酋長) 등의 아래에서 자유권을 가진 민중이 함께 살던 무렵부터 오늘날 입헌 제도의 기본이 이미 배태했다. 게르만인은 각자가 권리를 인정하여 원래부터 오직 국민의 의사로부터 받을 수 있는 것으로 하지 않고, 각인의 권리는 각자가 태어나면서 원래 가진 것이라 하여 결코 국가의 권리로서 제정한 것이라 하지 않았기 때문에 엄밀히 이를 보호함은 곧 국가의 직무라 하고 이로써 각인이 모두 공중에 대해서와 정부에 대해서 능히 자기의 당연한 권리를 보호했다. 그러므로 게르만인은 저 '국가는 곧 만사만물을 망라한다'고 할 수 있는 태고의 논지를 열심히 구축한 것이다. 여기에서 세태가 완전히 전변하게 되었다. 게르만인은 먼저 각국인의 자유권을 가지고 가장 존귀한 것이라 하고 이후에 오직 그 일부를 희생이라 하여 국가에 양여함으로써 그 나머지 부분을 더욱 안전하게 보존하고자 했다. (…) 게르만인의 의사는 앞에서 논한 바와 같지만, 그러므로 그 성과도 자연히 로마와 서로 달라 특히 사권리(私權利)를 귀중하게 했다. 이로 인해서 각인, 가족 및 사회의 자유권이 모두 로마에서보다 자못 견고해지고 커졌다. 여기에서 국가의 권리는 마침내 사인의 권리로 인해 크게 제한되지 않을 수 없었다.[24]

---

24 加藤弘之,『國法汎論』卷之一, pp. 65-67.

중세 게르만인의 등장 이후 새롭게 등장한 '인간 천연의 권리 및 인신의 자유'는 근대에 국가 권력에 맞서 자신을 주장하고, 이것이 '대민회의(代民會議)의 맹아'를 이루면서 국가 권력은 제한되었다.[25] 그러므로 블룬칠리는 근대에 성립한 국민국가는 "태고의 이론과 같이 국가를 앞세우고 각 개인을 뒤로 돌리는 일이 없으며 먼저 각 개인을 주안으로 삼은 연후에 비로소 각 개인의 합동에 이르는 것"[26]이라는 특징을 갖는다. 이러한 블룬칠리의 근대 국민국가 형성과 특징에 대한 역사적 설명에 가토는 다음과 같은 주석을 달아서 자신의 이해를 밝히고 있다.

> 태고 로마는 국민합동의 나라였는데 중고 시대에 이르러 봉건 제도로 인해 국민이 분열할거했기 때문에 합동의 나라라고 칭할 수 없게 되었고, 신세(新世)에 이르러 봉건 제도가 사라지고 다시 국민합동을 회복할 수 있었다.[27]

> 천연의 자유권은 태고 시대의 그리스와 로마에서는 아직 알려지지 않았고, 중고 시대 게르만인이 처음 발명한 것이다.[28]

블룬칠리의 국민국가 성립에 대한 논의에서 가토는 두 가지 성격을 말한다. 하나는 근대 국민국가의 성립이 게르만 이후 분열할거한 봉건 제도를 극복한 '국민합동의 나라'의 회복이라는 점이고, 다른 하나는 '태고 로마'에서는 천연의 자유권이라는 것이 없었는데 '근대'적 의

25 加藤弘之, 『國法汎論』 卷之一, p. 75.
26 加藤弘之, 『國法汎論』 卷之一, p. 78.
27 加藤弘之, 『國法汎論』 卷之一, p. 76.
28 加藤弘之, 『國法汎論』 卷之一, p. 75.

미의 국민국가는 게르만인의 자유권을 발명하면서 성립되었다는 점이다. 이 주석문이 의미 있는 것은, 가토가 블룬칠리의 국민국가론을 고찰하는 과정에서 자신의 중요한 문제의식을 끌어냈다는 점이다. 근대 국민국가는 태고 로마와 같은 '국민합동의 나라'이지만 동시에 그것은 태고 로마와 달리 '자유권'이 생겨난 이후 성립한 '국민합동의 나라'이다. 그러므로 가토가 보기에 근대 국민국가의 성립은 '자유권' 성립 과정과 동시에 진행되었다. 이러한 인식이 가토의 국가관 형성에 얼마나 결정적 역할을 했는지는 그의 주저인『국체신론』의 다음과 같은 문장에 단적으로 드러난다.

> 프랑스의 몽테스키외라는 대학자가 말하길 '자유는 독일의 삼림 안에서 싹텄다'고 한 것처럼, 자유의 권은 독일이 아직 완전히 개화로 향하지 않았던 세상에서 일어난 것이다. 이미 그전 그리스·로마와 같은 나라는 크게 제도 문물이 개명한 나라로서, 인민이 모두 국사에 참여할 권리를 가질 정도였지만 인민의 사적 자유권은 도리어 적었는데, 독일인은 아직 미개라는 이름을 벗어나지 못한 시기부터 이미 사적 자유권을 주장하기 시작했다. 그런데 그 후 유럽 각국이 봉건세록의 제도가 왕성해지면서 이 권리가 자못 방해받는 듯했지만, 요사이 문명개화가 점점 진보하면서 이 권리의 세력이 다시금 강대해졌기 때문에, 결국 그 방해를 제거하고 지금 세상에 이르러서는 실로 확고불변한 것이 되었다.[29]

위 인용문은 앞에서 인용한 블룬칠리의 근대 국민국가 성립의 역사적 맥락을 그대로 답습하는 동시에 가토가 블룬칠리의 논리를 따라

29 加藤弘之,『國體新論』, pp. 401-402.

근대 국민국가 성립의 역사적 문맥을 고대적 자유의 부정, 즉 개인의 '사적 권리' 성립이라는 측면에서 파악하고 있음을 보여 준다. 그리고 이러한 인식은 그의 자유에 대한 관념 자체에도 깊은 영향을 주었으며, 국가 형성과 사적 자유권 확대에 대한 이해는 이제 『입헌정체략』과 『진정대의』에 이어 '공권'에 대한 나름의 이해로 이어지는 것으로 보인다. 그는 먼저 근대 문명개화 입헌국에서는 이러한 '사적 자유권'이라는 '천부의 자유권' 회복에 더해 '공사상의 자유권', 즉 '국사에 참여할 권리'도 인민의 권리가 되었다고 말한다. 그렇지만 더욱 중요한 점은 다음과 같은 인식일 것이다.

> 태곳적 그리스·로마에서는 인민의 대리자를 세우는 법이 없어 총인민이 직접 국사를 의논할 권리를 갖고, 그뿐만 아니라 대소사 모두를 공의하여 정하는 법이 있었으므로, 인민이 공사(公事)의 자유권을 쥐고 있는 것이 대단히 컸지만 도리어 사사(私事)는 각인의 자유에 맡기는 일이 적지 않았으므로 사사의 자유권은 대단히 미미했는데, 근금(近今)의 제도는 대리자의 법을 세우고, 모든 인민으로 하여금 직접 국사를 의논케 하지 않고, 또 크고 작은 일을 모두 공의로 정하는 법은 아니기 때문에 인민 공사의 자유권은 태곳적만큼 크지 않지만, 사사는 대개 본인의 자유에 맡기기 때문에 사사의 자유권은 태고의 제도보다 수 배에 이르렀다. 모름지기 근금의 제도가 지당하다 할 것이다.[30]

고대 그리스와 로마 같은 절대적 성격의 국가에서는 모든 인민이 직접 국사를 의논할 권리를 가져 공적 자유권을 많이 가지고 있었지만

30 加藤弘之, 『國體新論』, p. 402.

사적 자유권은 적었던 데 비해, 근대 국민국가에서는 대리자의 법을 세우므로 공적 자유권은 줄었으나 사적인 일에 대해서는 자유권이 이전에 비해 크게 늘어났다는 것이다. 이에 대해 야마다 에이코는 가토가 "근대 국가의 성립 계기를 '인민의 사적 자유권'의 제도적 보장에서 찾고, 거기에 비한다면 '인민의 공적 자유권'이라는 점에서 '태고'에 비해 후퇴한 듯 보이는 상태도 블룬칠리에게서 긍정적으로 평가될 수 있었듯이, '공적 자유'를 '사적 자유'와 구별하고, 전자에 대한 후자의 우위를 강조한 것"[31]이라 평가하고, 이로부터 가토의 '자유권'에 대한 인식 자체가 '사적 자유'의 문제에 보다 강조점을 둠으로써 그의 유명한 '천부인권론'마저 '사적 자유'에 보다 무게를 두는 인식으로 이어졌다고 해석한다.[32] 가토는 '천부의 자유권'이라는 말을 블룬칠리의 논리를 따라 이 논의 안에서 처음 사용했는데, 여기에서 '천부의 자유'라는 것은 그야말로 독일의 숲에서 생겨난 자유권, 즉 '사적 자유권'으로, 가토는 이러한 권리들이 없으면 "절대로 안녕과 행복을 추구할 수 없"고, "이 권리는 감히 타자에게서 빼앗을 수 있는 것이 아니"[33]라고 주장하며 '사적 자유권'의 천부적 성격과 불가침성을 강조한다. 이처럼 '사적 자유'를 강조하는 '천부인권론'은 '군주 정부의 악'과 '폭정'에 대항하여 "천부의 인권을 온전히 하지 않으면 안 된다"[34]고 하는 저항권에 대한 적극적인 긍정으로까지 이어진다.

31 山田央子, 「ブルンチュリと近代日本政治思想: 国民観念の成立とその受容(下)」, 『東京都立大学法学会雑誌』 33(1)(1992), p. 241.

32 山田央子, 「ブルンチュリと近代日本政治思想: 国民観念の成立とその受容(下)」, p. 241.

33 加藤弘之, 『國體新論』, p. 402.

34 加藤弘之, 『國體新論』, p. 400.

> 군주 정부가 만일 그 권한을 넘어 함부로 인민의 권리를 방해하는 일이 명확해진다면, 인민은 감히 여기에 공순(恭順)하지 않을 권리가 있을 뿐만 아니라, 도리어 여기에 공순하지 않는 것을 인민의 의무로 해야 한다.[35]

위 인용문에서 가토가 저항권을 '의무'로까지 표현한 점이 흥미롭다. 이러한 표현을 통해 공동체 내지 국가와 인민 간 관계에서 국가 이전에 인민의 권리가 선행하고, 그로부터 국가가 구성된다는 선후 문제에 대한 당시 가토의 생각을 엿볼 수 있다. 인민의 권리가 공동체에 선행하는 것이라면, 이 '의무'라는 표현은 가토가 어쩌면 블룬칠리 이상으로 사적 자유권의 권리적 성격, 국가에 대한 '사권'의 권리 보장을 절대적으로 요청하는 감각을 가진 것처럼 읽히기도 하기 때문이다. 그러나 이러한 '사권'의 절대적 보장에 대한 집착에 비해, 가토의 '공권'에 대한 인식은 그 절대성을 인정하는 것으로 보이지 않는다. 그렇다면 근대 국가에서 '사권' 발달에 대한 블룬칠리의 인식은 어떻게 유럽의 '대의제'로 이어지며, 그것을 가토는 어떻게 받아들였을까?

5. 역사적 전개로서 블룬칠리의 근대 국가와 대의제

앞에서 살펴본 바와 같이, 가토가 강조하는 국가상은 인민의 '사권'을 절대 침해하지 않고 보호해 주는 국가다. 실제로 가토는 '군주, 정부의 의무'와 관련하여 국가의 목적이 인민인 이상 군주와 정부는 인민의 생명, 권리, 사유의 '보호'를 중요한 의무로 간주해야 한다고 주장한

35 加藤弘之,『國體新論』, p. 401.

다.[36] 가토는 여기서 한발 더 나아가 풍속, 지식, 직업의 개명을 도와주는 '권도(勸導)'를 행하는 것을 국가의 중요한 권리이자 의무로 제시한다.[37] 다만 인민 측에서 보자면, 인민이 권도를 받는 것은 반드시 권리라 할 수 없으며, 원래 권도란 인민들 상호 간에서도 충분히 일어날 수 있는 것이므로 정부는 자칫 권도가 인민의 '사권'을 침해하지 않도록 주의를 기울여야 한다고까지 설명한다.[38] 이러한 설명의 근거에는 사사(私事)상의 권리나 인민의 자유권을 정부의 통제가 미치지 않는 범위로 하여, 사권의 영역과 국가에 관한 영역을 명확히 구별하는 블룬칠리의 근대 국가에 대한 기본적 발상이 있었을 거라고 여겨지는데, 문제는 이러한 사권의 강조 자체가 블룬칠리가 넘어서야 하는 사상적 과제였다는 점이다.

앞에서 언급한 "태고 로마는 국민합동의 나라"였고, 봉건 시대에 분열되었다가 근대에 들어 다시 "국민합동을 회복"했다는 블룬칠리의 주장을 살펴보면, 이 과정에서 게르만인의 사적 자유권 확대가 큰 역할을 한 것이 사실이지만, 동시에 그것만으로 블룬칠리가 구상하는 근대적 국가에 이를 수 없으리라는 것도 분명했다. 블룬칠리는 로마가 국민합동의 나라로 성립할 수 있었던 이유는 로마인이 "국민(Volk)의 이치를 알았기 때문"이며, 이로부터 로마는 "국민의 의사를 통해 모든 법제의 연원으로 삼도록" 했다. 게다가 그것이 이미 "그리스와 같은 작은 공동체[一邑]가 아니었기 때문에 국민합동의 나라(Volksstaat)가 되었"다고 설명한다.[39] 그러나 이렇게 성립한 '국민합동의 나라'는 자유의 권

36 加藤弘之,『眞政大意』, p.138.

37 加藤弘之,『眞政大意』, p.189; 加藤弘之,『國體新論』, p.390.

38 加藤弘之,『國體新論』, p.393.

39 加藤弘之,『國法汎論』卷之一, pp.56-57.

리에 큰 진전을 가져온 중세에서 그 의미를 잃는데, 그것은 게르만인이 사적인 자유권을 중시한 나머지 "국가가 온전히 하나의 활체(活體)인 연유를 알지 못했"기 때문이다.[40] 그런 의미에서 블룬칠리가 보기에는 게르만인이 추동한 '사권의 확대' 이상의 어떤 변천을 거쳐야만 근대적 의미에서 '국민합동의 나라'가 다시 성립 가능했다. '사권의 확대'는 국가의 법제로부터 종교의 요소를 완전히 배제함으로써 "국가의 일치와 그 전권"을 회복하게 했으나, 나아가 등족적(等族的) 질서를 파괴하고 봉건제도, 판도 분할 등으로 국가국민이 분열했으므로 "고대 로마와 같은 국가 이치의 순정함과 강성함을 보존하지 못했"던 것이다.[41]

이렇듯 사권의 확대를 강조하는 것만으로는 '하나의 활체'로서 국가로 나아갈 수 없다는 데 주목한 점에서 블룬칠리의 국가론은 인민의 사적 자유권 문제란 과도한 통치를 비판하는 것만큼이나 그 자신의 폭주 또한 제어해야 하는 것이자, 거기에 대한 비판과 극복을 의도하고 있는 것이었다. 또 여기서 가장 중요한 진전은 '국민의 의사'를 국가 안에서 어떻게 수용하고 있는가의 문제, 동시에 그것이 단순한 사권들의 총합이 아닌 국가의 의사(Staatswille)를 구성하는 일부로서 유기적으로 결합할 것인가의 문제였다. 그리고 그것을 수용할 수 있는 제도가 바로 대의제를 어떻게 파악하고 구성하는가와 관련되었다고 볼 수 있다. 이를 위해 블룬칠리는 입헌군주제를 군주와 정부와 의회가 상호 견제할 뿐 아니라 서로가 각자의 존재를 전제하면서 성립하고 기능하는 정체라고 설명한다.[42]

40 加藤弘之, 『國法汎論』 卷之一, p.68.

41 加藤弘之, 『國法汎論』 卷之一, p.70.

42 加藤弘之, 『國法汎論』 卷之四, pp.89-99.

또한 블룬칠리는 『국법범론』에서 역사적 견지에서 근대적 대의제가 성립하기까지 유럽에서 각 신분의 자율성과 각 개인의 자유권에 기초를 두는 중세 신분제 의회로부터 발전한 '대표제'를 통해 국민의 의사가 유기적으로 국가로 실현되고 있는 양상을 밝힌다.[43] 이에 대한 설명으로 주목할 만한 것은 블룬칠리가 『국법범론』 제5권 2관(款)에서 서술한 등족헌법(等族憲法)과 대의헌법(代議憲法)의 구별이다. 블룬칠리는 이 부분의 서술 목적을 다음과 같이 적고 있다.

> 중고 시대의 등족헌법은 16세기 중반 이래 곧 중고 시대 전제정치의 마지막 때에 이르러 다른 옛 제도들과 함께 점차 소멸하여 마침내 사라지게 되었고, 근세 인문(人文)의 환발(渙發)함을 맞이하여 민선주의(民選主義)가 이를 대신하여 일어났다. 그런데 등족주의와 대의주의는 원래 모두 군주의 전횡에 항거하여 인민의 정권을 보호하는 것이었으므로 그 성질이 서로 매우 유사하고 또 등족주의는 대의주의로 나아가는 사다리로서 그 관련성 역시 중고의 정론보다 근세 정치의 여론에 가까운 듯하다. 그렇지만 이 양 주의가 서로 대단히 유사하기 때문에 학자들이 때로는 이를 헷갈리며 오인할 우려가 있으니 양자의 서로 반대되는 바를 열거하고자 한다.[44]

블룬칠리가 적고 있는 등족주의와 대의주의의 차이를 요약하면 다음과 같다. 먼저 등족주의는 인민들 가운데 신분 등의 분리에 기초하지만 대의주의는 인민의 합일에 기초하며, 전자는 대의자가 선거인의 의사로부터 자유롭지 못하나 후자의 의원은 의견의 제한을 받지 않

---

43 加藤弘之, 『國法汎論』 卷之五, pp.118-138.
44 加藤弘之, 『國法汎論』 卷之五, p.139.

는다. 전자는 선거인에 대해 책임지는 데 비해 후자는 오직 정부에 대해 책임을 가지며, 전자는 각 등족이 자기의 이익을 도모하는 것이 제일의 목적이나 후자는 인민과 정부의 안녕, 사회의 이익을 도모하면서 일반의 행복에 주의할 의무가 있다고 한다. 또 등족은 군주에 대해 구속력이 없고 의견이 맞지 않을 때는 서로 병력으로 다투기도 하나, 현재의 국가는 그러한 국체의 분열을 허가하지 않고, 이전의 등족은 입법 사무보다 행정을 통한 권력의 행사에 주력하나 현재의 의원은 행정을 감독하는 데 그쳐 행정적 영향력을 갖지 않는다. 또한 전자는 의원들 가운데 정부에 상주하는 위원을 두어 정부와 대립하기도 하지만 지금의 의원은 오직 임시적인 위원만을 두고 정부의 정책을 방해하지 않으며, 무엇보다 이전 등족의원의 권리의무는 사권과 공권이 반반 섞여 있었던 데 비해 지금 의원의 권리의무는 완전히 공권에 속하는 것이라고 설명하고 있다.[45]

이와 같은 내용은 근세의 대의정치 제도가 인민의 공권을 인정하는 바탕 위에서 성립하고 그 대표성 역시 공적인 것으로 인정된다는 변화에 기초한다는 점을 설명하지만, 그 바탕에는 '국가'라는 '하나의 활체'가 전제된다는 것을 알 수 있다. 과거 등족들이 대표를 내세우던 의회는 어디까지나 각각의 공동체가 자기의 이익을 다투는 일종의 합법적 이권 다툼 장소였다면, 여기에 나오는 의회와 의원의 존재는 어디까지나 국가의 안녕과 행복이라는 거대한 전제하에서 자발적으로 움직일 만한 인성과 교양을 갖춘 존재일 수밖에 없다. 그리고 그것은 단지 강한 세력들 간의 이합집산이나 일시적 평화 상태로 설명될 수 있는 것이 아닌, 역시 어떤 강력한 공동체성, 즉 '유기체적 성격'을 전제로 상

45 加藤弘之,『國法汎論』卷之五, pp. 139-145.

정하지 않으면 유지될 수 없는 것이었다.

6. 블룬칠리의 근대 국가 논의에 대한 가토의 변용

앞에서 살펴본 블룬칠리의 근대 국가 논의, 특히 유기체적 성격을 지닌 국가와 거기에서의 대의제에 대한 설명을 가토는 어떻게 받아들였을까? 당대 일본에서 근대 국가 수립을 둘러싼 상황을 생각할 때, 블룬칠리의 국가 이론을 액면 그대로 받아들이기는 어려웠을 것이다. 특히 '국민의 의사'를 '법제의 연원'으로 삼기 위한 제도적 보장인 '대의제'의 적용은 신중하지 않을 수 없었을 것이다. 그러나 가토가 블룬칠리로부터 사권과 공권, 대의제에 대한 관념을 받아들이는 데 더욱 곤란했을 문제는 바로 유기체로서의 국가 개념, 그 자체로부터 기인한 것으로 보인다. 야마다 에이코가 지적한 바와 같이, 가토가 블룬칠리의 국민국가 개념을 수용하는 과정에서 몇 가지 '엇갈림'[46]이 발견된다. 우선, 가토는 『국체신론』에서 국가, 군민이 성립한 연유를 블룬칠리에 의거하여, 천신에 의한 창설, 민약론, 자연상태론 등 몇 가지 설을 들어 부정한 후, "사람은 반드시 서로 결합하여 국가를 이루는 천성을 갖춘 자이다"라는 아리스토텔레스의 말을 인용하고, 국가 성립의 진정한 원인을 '사람의 천성'에서 찾고 있다.[47] 이것은 블룬칠리가 아리스토텔레스를 인용하여 "사람이 서로 결합하여 국가를 이루는 것은 원래 그 천성에 고유한 바이므로 세월이 지남에 따라 이 성국의 맹아가 자연히 발생하

46 山田央子, 「ブルンチュリと近代日本政治思想: 国民観念の成立とその受容(下)」, pp. 247-248.

47 加藤弘之, 『國體新論』, p. 388.

여 결국에는 실제로 국가를 이루기에 이른 것"[48]이라고 한 논의에 의거한 것이다. 그러나 블룬칠리는 여기에서 더 나아가 여러 설을 비판 검토하고, 마지막으로, 인간의 본성인 '국가 형성에 대한 충동(Statstrieb, 가토의 번역은 成國의 情意)'이야말로 국가 형성의 근본 원인이라고 하여, 국가의 기립(起立)을 '전체의 의사(Gesammtwille)', '국가의사(Statswille)'로부터 설명한다.[49] 이 개념이 중요한 것은 그 구성원들의 '의사(Wille)'가 분명히 국가 형성의 가장 근본적 동인으로 등장하고 있으며, 이것이야말로 앞에서 살펴본 대로 블룬칠리에게 근대에서 '국민합동의 나라'를 실현시키기 위한 핵심적 개념이기 때문이다. 그런데 여기서 한 가지 중요한 점은 가토가 여타 저작들에서는 '천성설'을 수용하지만, 정작 블룬칠리가 검토한 '천성설' 개념에서 더 나아가 최종적으로 이루어지는 국가의사와 관련된 문제는 언급하지 않고, '천성설'을 논거로 하여 국가의 목적은 '인민의 안녕과 행복'이라는 점만 언급한다는 사실이다.[50] 즉, 블룬칠리는 국가를 형성하려는 주체로서 '국민의 통일적인 의사'를 중심으로 근대 국민국가의 성립을 과제로 하고 있었던 데 비해, 가토는 '천하는 국가만민을 위해'라는 초기부터의 주장, 즉 객체 또는 목적으로서 인민을 '근대적 자유'의 소유자로 규정하는 이론적 근거를 제공하는 데 그치고 있다.[51]

또 가토는 국민(Volk)이라는 관념을 국민국가(Volksstaat)가 아니라, 도리어 기구로서의 국가(Staat)로 전환시켜 이해하려는 경향이 있었으

48 加藤弘之,『國法汎論』卷之三, p.54.

49 加藤弘之,『國法汎論』卷之三, pp.79-82.

50 山田央子,「ブルンチュリと近代日本政治思想: 国民観念の成立とその受容(下)」, p.248.

51 山田央子,「ブルンチュリと近代日本政治思想: 国民観念の成立とその受容(下)」, pp.247-248.

며, 가토의 번역 전체를 통해서 보면 국민의 유기적 통합으로서 국가라기보다 통치기구로서 국가의 의미가 강조되었다는 점[52] 역시 중요하다. 가령 가토는 '국가의사'에 대한 주석문에서, "국욕(國欲)이란 단지 천하 각인의 의사를 합한 것이 아니라 실제로 일개의 활인(活人)인 국가의 의사를 말하는 것"이라고 함과 동시에 "대개 국가의 현황에 따라서 치안을 영위하기에 적당한 의사가 즉 이것이다"라고 언급한다.[53] 전반부는 블룬칠리의 유기체적 국가관을 수용한 것으로 보이면서도, 후반부의 '치안을 영위하기에 적당'이라는 언급은 역시 도구적 성격이 강조되는 통치기구라는 뉘앙스가 담겨 있다는 점에서 블룬칠리의 유기체적 국가 관념과 다른 가토의 근대 국가 이해가 드러난다고 할 수 있을 것이다. 이 밖에도 가토가 '유기체로서 국민국가'라는 관념에 대한 이해가 불명확했다는 주장은 이미 여타 연구를 통해 다음 원문과 번역문의 대조로부터도 지적된 바 있다.[54]

> Die Völker als Gesammtwesen und die Menschheit als Gesammtwesen können nicht anders zur Darstellung ihrer innern Gemeinschaft und Einheit, nicht anders zu ihrer Selbstbestimmung als grosze Ganze gelangen, als indem sie ihre Statsanlage zum State verwirklichen. Der Stat ist die Erfüllung der Gesammtordnung und die Organisation zur Vervollkommnung des Gesammtlebens in allen öffentlichen Dingen.[55]

52 山田央子,「ブルンチュリと近代日本政治思想: 国民観念の成立とその受容(下)」, p. 248.

53 加藤弘之,『國法汎論』第1巻, p. 18.

54 山田央子,「ブルンチュリと近代日本政治思想 国民観念の成立とその受容(下)」, pp. 248-249.

55 J. C. Bluntschli, *Allgemeines Staatsrecht* (1863), p. 268; 山田央子,「ブルンチュリと近代日本政治思想: 国民観念の成立とその受容(下)」, p. 249에서 재인용.

> 모든 사람은 모두 즉 서로 결합하여 국가를 이루는 성질을 갖춘 자이므로, 모름지기 국가의 기립으로 인하지 않는다면 어떻게 그 천성을 창달하여 모두 협동일치를 도모하여 일대 전체를 이룰 수 있겠는가. 그러므로 국가는 즉 인민이 서로 함께 협동일치를 도모함으로써 일대 전체를 이루는 중요한 도구[要具]라고 인정하지 않을 수 없다.[56]

이 부분의 논지는 '국민이나 인간은, 국가를 형성함으로써만 안에 가진 공동성, 통일성을 실현하고 국가로서 스스로 결단할 수 있다. 국가란 전체의 질서이며, 모든 공적인 사태에서 전체의 생활을 완전하게 하기 위한 조직인 것이다'라고 요약할 수 있다. 그런데 번역문에서도 알 수 있듯이 가토는 블룬칠리가 국가의 존재를 전제로 하여 논한 '국가라는 하나의 구심으로서, 스스로 의사결정하고 행동하는 일이 가능'하다는 도달 목표를 단지 "일대 전체를 이루는 중요한 도구"라고 번역함으로써 자기결정 의미를 빠뜨리고 있다. 블룬칠리는 국가가 그야말로 하나의 전체 혹은 국민의 전체로서 자신의 행동을 스스로 결정한다는 자기결정 능력을 불가결하다고 생각했기 때문에 국가를 유기체로 간주한 것인데, 그런 의미에서 가토는 대단히 중요한 점을 번역하지 않은 것이다. 또한 '국가'는 '중요한 도구[要具]'라는, 원문과 거리가 있는 번역을 덧붙이는데, 이런 표현은 기계론적인 국가론에 대한 반박을 의도하여 유기체론을 제기했던 블룬칠리와 명백하게 모순된다.[57]

이렇게 가토는 한편으로 블룬칠리의 근대 국민국가에 대한 역사적 이해에서 인민의 사적 자유권 확립 과정의 의의를 블룬칠리 이상

56 加藤弘之, 『國法汎論』 卷之三, p. 83.

57 山田央子, 「ブルンチュリと近代日本政治思想: 国民観念の成立とその受容(下)」, p. 250.

으로 강조했는데, 그것과 대조적으로 사적 자유의 긍정과 그 추구로부터 파생되는 새로운 유기체적 공동체 형성을 전망한 블룬칠리의 시도까지는 온전히 받아들이기 어려웠던 듯하다. 도리어 가토의 근대 국가는 '공명정대한 국체'를 모색하는 가운데 '사적 자유'가 강조되는 한편, '국가'는 '공적'이라는 성격을 부여받아 지속적으로 국민을 대상이자 목적으로 하는 통치기구였던 것이다. 그런 의미에서는 블룬칠리가 모색한, 즉 사적 자유를 전제로 하면서 '공'의 권위와 책임을 체현한 기구와 공존한 근대 국가에서 제시된 대의제의 모습과 당대 일본의 현실에서 가토가 모색한 '공명정대한 국체' 안에서 대의제의 모습이 다를 수밖에 없었다. 대의제를 구현하는 기관으로서 의회는 유기체적 국가 안에서는 그 자체로 군주 및 정부와 함께 상호 견제 기구인 동시에 서로가 그 존재의 명분이자 이유 자체일 수 있는 구조였지만, 가토가 모색하는 국가 안에서 그것이 과연 천황을 중심으로 하는 어떤 도구적 신체의 '기관' 또는 기계의 부품 이상의 의미를 가질 수 있을지는 의문이 들기 때문이다. 이처럼 국가에 대한 상상력의 차이는, 그것이 원본과 번역본의 단순한 오역 수준 이상으로 그 구성물의 위상이나 의의에서 차이를 만들어 냈을 것으로 여겨진다.

7. 가토의 대의제 인식

이상과 같은 가토의 블룬칠리 수용 양상은 이후 그의 대의제 인식에 어떤 영향을 미쳤을까? 잘 알려진 것처럼 가토는 입헌과 의회 제도, 천부인권, 삼권분립, 심지어 정치 참여의 권리로서 '공적 자유권'이라는 개념까지도 일본에 가장 선구적으로 소개한 인물이다. 그런 만큼 그는 자유민권운동의 이론가나 활동가들에게 주요한 이론적 근거를 제공했다고 해도 과언이 아닐 것이다. 그러나 그는 정작 의회제 관련 논쟁이 벌어졌을 때 가장 앞장서서 반대한 인물이기도 하다. 그의 입장은 흔히 '시기상조론'이라는 명분에서 알 수 있듯이, 당시 일본의 상황이 의회를 도입하기에 아직 미숙하다는 것이었다.[58]

이런 가토의 입장은 사실 민선의원 논쟁이 본격적으로 벌어지기 전부터 충분히 예상 가능했다. 앞에서 살펴본 것처럼 가토의 '천부인권'은 자유민권론자들에게는 정치 참여를 정당화해 주는 근거가 되는 '공권'으로서 충분히 유의미했으나, 정작 가토가 가장 주의를 기울인 것은 철저하게 사적인 영역과 관련된 '사권'에 가까운 것이었기 때문이다. 가토의 저작 가운데 가장 정부 비판적이고 급진적이라고 평가되는 『국체신론』에 나오는 인민의 정치 참여에 대한 견해는 이런 입장을 잘 보여 준다.

> 인문 지식이 아직 입헌정체를 세우기에 적합하지 않은 나라에서는, 어쩔 수 없이 잠시 군권무한의 정체를 사용하여 국가의 권병(權柄)들을 오직 군주 정부에 수람(收攬)시키지 않으면 안 된다고 하나, 그래도 결코 그 천자(擅恣)를 허용할 수 있다는 것은 아니다. 저 프리드리히 2세가 말한 것처럼, 군주라는 것은 사실 국가 제1등 고관에 지나지 않는 것이므로, 설령 아직 입헌정체를 세우지 않았다고 해도 조리(條理)에 따라 힘껏 자기의 권력을 제한하고, 이로써 인민을 위해 도모해야 함은 본디 지당하며, 순수한 사사(私事) 및 영혼심사(靈魂心思)상에는 감히 그 권(權)을 행하지

58 이를 둘러싼 논쟁에 대해서는 김도형, 「1874년 가토 히로유키(加藤弘之)의 민선의원설립 시기상조론에 관한 일고찰」, 『인문연구』 제72호(2014) 참조.

않고 그 자유(自由)에 맡겨야 하는 것이 중요하다. 그러므로 군권무한의 정체라고 칭해도, 결코 군주 정부의 천자를 허락하는 정체를 가리키는 것은 아니다. 다만 입법부로 인해 정권(政權)이 제한받지 않는 정체를 가리키는 것이다. 지금 러시아 등은 곧 이러한 정체를 쓰고 있다. 스위스의 대학자 블룬칠리(내가 번역한 『국법범론』의 저술자)의 논의에 '지금 유럽에서 여전히 군권무한의 정체를 쓰는 것은 오로지 러시아뿐인데, 이 나라의 문명개화는 다른 나라들에 비해 훨씬 뒤떨어졌기 때문에, 인민이 스스로 사사를 영위할 재력(才力)을 이미 갖추었다고 해도, 아직 국사(國事)가 무엇인지 모르는 자가 허다하기 때문에, 이 나라에서 지금 여전히 무한의 정체를 사용하는 것은 실로 어쩔 수 없는 일이라고 했다.[59]

그렇지만 인민의 대리자로 하여금 국사에 참여시키는 것과 같은 일은, 결코 지금 만국이 똑같이 행할 수 있는 것이 아니다. 오로지 인지(人智)가 개명한 나라에서 행할 수 있고, 가령 개명한 나라라도 발언 권리를 나라 안 모든 인민에게 허락할 수는 없으니, 특히 부인, 소년, 광인, 형인 및 극빈하여 구육(救育)을 받는 자는 물론, 그 외에 이러한 사항이 없어도 가산이 빈소한 자 등에게는 어쩔 수 없이 이 권리를 허락하지 않는다. (…) 단, 공화정치의 나라에서는 만민이 모두 국사에 참여하는 것을 당연한 천리라 하여 이 권리를 사람이 태어나면서부터 지닌 권리, 즉 인권(人權)이라고 하기 때문에, 일반의 발언 권리로서 국내 인민에게는 모두 이 권리를 허가함을 당연한 천리라고 하는데, 이것은 도리어 이(理)에 반하는 것이다. 프란츠의 설에 따르면, 모름지기 사람이 태어나면서부터 지닌 권리, 즉 인권이란 오로지 일개의 몸에 고유(固有)한 여러 종류의 권리로서, 그

59 加藤弘之, 『國體新論』, p. 397.

> 외에는 사권(私權)이라고 해도 지금의 교제로부터 생겨난 것으로 소위 득유(得有)의 권리이므로, 하물며 국사(國事)에 참여할 권리와 같은 것은 결코 인권이라 칭할 수 있는 것이 아니다. 원래 이 권리를 허가할지 안 할지는 오직 방국 치안의 경황에 착안하여 정하는 것이 당연하므로, 허락하여 해가 될 것 같은 자에게 이 권리를 허락하지 않는 것이 본디 정리(正理)라고 할 수 있다.[60]

위 인용에서는 각각 블룬칠리와 프란츠(Constantin Frantz)를 인용하여 국가는 사적 자유에 대해 절대로 침해하지 않지만, "국사에 참여할 권리와 같은 것은 결코 인권이라 칭할 수 있는 것이 아니"며, "허락하여 해가 될 것 같은 자에게 이 권리를 허락하지 않는 것이 본디 정리(正理)"라고 한다. 이는 공권이 성별이나 연령, 신분, 빈부 등에 의해 주어지지 않을 수 있다는 점을 주장하고, 특히 인민의 대리자로 하여금 국사에 참여시키는 것은 개명한 나라에서 제한된 인민에게 허가된다는 주장으로, 대단히 제한적인 범위의 선거를 염두에 둔 발언이라고 할 수 있다. 그가 천부인권을 주장하면서 공권에 대해 이런 인식을 가졌던 것은 역시 앞에서 살펴본 유럽의 특수한 역사적 사정에 의한 대의제의 발달과 일본의 현실에서 기인한다고 생각된다. 결국 대의제 문제는 그 국가의 역사적 사정 및 현실의 도달점과 깊은 관련이 있는데, 이런 문제의식은 사실 블룬칠리의 역사-철학 절충주의적 방법론과도 일맥상통한다. 가토의 입장에서 대의제 실시는 어디까지나 그 국가의 역사적 개화 상태와 대응하는 것인지 어떤지 파악한 뒤에야 가능했다.

1881년 의회 개설 조칙이 내려지고, 9년 후인 1890년 11월 25일

60 加藤弘之,『國體新論』, pp. 400-401.

제1회 제국의회가 소집되면서 일본에서 신민의 대의기관이 본격적으로 작동하기 시작했다. 가토는 1891년 3월 14일 시행한 강연을 기초로 『사학회잡지(史学会雑誌)』 제17호에 게재한 「민권 진보의 상황 동서가 서로 다르다(民権進歩ノ状況東西相異ナレリ)」라는 글에서 가토는 서양과 동양, 특히 일본의 참정권 획득 역사를 언급한다. 서양의 특징은 해외 진출에 의한 상업 및 공업의 발달로 '평민'이 고정적인 토지 수입에 묶인 귀족의 '부'를 능가하여 '인민의 권력이 더욱 왕성하게 되어' 참정권을 얻었다. 즉, '부'에 의해 뒷받침된 권력을 가짐으로써 정치에 참가하게 되었다. 나아가 조세 대상이 되는 '부'를 지킨다는 사적(私的)인 이유로 정치에 임한다는 것이다.

> 서양에서는 인민이 국가의 공리공익이라는 것을 왕성하게 칭도하는 일이 없다. 인민의 이익을 지키기 위해서, 자신이 정사(政事)에 끼어들지 않으면 안 된다. 자신은 금을 많이 가지고 있으니, 그것으로 인해 세금을 빼앗긴다. 세금을 빼앗기는 이상, 정부가 말하는 대로 세금을 빼앗겨서는 참을 수 없으니, 그러므로 정치에 간섭하지 않을 수 없다고 말한다.[61]

서양에서는 국가에서 말하는 공리공익을 도모하는 장 이전에 사리사익의 장이 존재하며, 국가에 대한 방어 수단으로 민권이 발달했다는 것이다. 반면 일본은 '존왕'론의 침투에 의한 무가 비판과 서양의 '인민의 공론'을 받아들이는 '공명정대'한 정치를 지향하면서 민권론이 발전했다. 즉, 무가정치를 특징짓는 봉건적 소유권에 대한 비판과 외래사상이라는 '이유'가 선행했던 것이다. 가토에 의하면 서양은 경제적

61 加藤弘之, 「民権進歩ノ状況東西相異ナレリ」, 『史学会雑誌』 17(1891), pp. 17-18.

기반과 역사적 연혁의 '자연의 기세'에서 민권이 형성되었기 때문에 의회는 '사리사익'을 조정하여 '공리공익'을 도모하는 데 비해, 일본은 경제적 주체의 필요에서 생겨난 것이 아니기 때문에 '사리사익'보다 '공리공익'이 강조되는 '서생류'의 '의론'으로 기울기 마련이라고 말한다. 또 '지나의 가르침이, 사리사익을 말하지 않는 주의이므로' '본통(本統)은 마음속에 있어도' '공리공익'을 선행시키는 '서생류'가 횡행하고 있다고 여겼다.[62]

> 일본은 일보 진전하여, 이로부터 상업과 공업이라는 것이 왕성해져, 그것이 충분히 선거권 위에서도 권력을 얻고, 피선권상에서도 권력을 얻지 않으면, 정말로 국가의 실제 행복을 얻는 것이 아직 의심스러우리라 생각한다.[63]

결국 가토의 주장에 따르면 일본에서도 '상업과 공업'의 발달에 의해, 국가→공리공익과는 다른 사회→사리사익의 형성이 가능해질 때가 되어야 대의정체에서 '실제 행복'이 실현된다. 결론적으로, 가토는 "첫째는 사리사익을 보호하여 일한다고 하는 것이 대의정체의 진면목이라고 생각한다"고 언급하며, 사리사익 보호가 대의정체의 가장 중요한 기능이라고 주장한다.[64] 즉, '대의정체의 진면목'이란 '사리사익'을 추구하는 시민사회를 기반으로 그것들을 조정하는 제도이며, '공리공익'이 정의라고 주장하거나 실현하는 장은 아니다. 가토의 의회에 대

62 田頭愼一郎,『加藤弘之と明治国家: ある「官僚学者」の生涯と思』(東京: 学習院大学, 2013), p. 280.

63 加藤弘之,「民権進歩ノ状況東西相異ナレリ」, p. 17.

64 加藤弘之,「民権進歩ノ状況東西相異ナレリ」, p. 19.

한 이상과 같은 인식에는 막부 말기에서 메이지 초기의 그것과 비교해 커다란 변화가 보인다. 가토는 이제 더 이상 '정론'으로서의 '공론' 또는 '공리공익'을 논의하지 않는다. 다만 참가하는 대표자들이 자신의 '사리사욕'을 가지고 다툰다는 것이다. 이는 심지어 그가 모델로 삼아 오랫동안 고안해 왔던 서양 의회에서 일어나는 일이었다. 이렇게 보면 의회의 역할은 어디까지나 인민의 '사권'을 보장하거나 증대하는 데 있는 것처럼 보인다.

그렇다면 이러한 의회에서 인민의 '공권'은 제대로 행사되거나 보장되는 것일까? 가토가 말하는 이 의회는 더 이상 '국체' 내지 '주권'에 관여하거나 '정론'으로서의 '공론'을 이야기할 필요가 없어 보인다. 일본의 '공론'은 이미 주권자가 아닌 통치자로서의 국가(천황과 내각정부)가 담당하고 대표하기 때문이다. 천황이 '인정'을 베풀어 의회를 내려주고 거기서 상호 간 이익 다툼을 '허용'한 상태가 이미 이루어졌다면, 의회에서 어떤 아귀다툼을 하건 그것은 인민의 '공론'일지 몰라도 국가의 '공론'일 필요는 없는 만큼 그다지 관계없는 것이기 때문이다. 그들은 '사권'을 위해 의회에서 정당하고 합법적인 투쟁을 전개한다. 의회는 천황을 보좌하고 보필할지언정 천황과 함께 '공론'을 다투거나 논쟁할 필요가 없었다. 물론 실제 제국의회는 그렇지 않았지만, 적어도 가토의 구상에서 의회는 초창기 공의소나 집의원에 모인 각 번의 대표들이 탁상공론과 비분강개를 날리던 모습과 동떨어진 '대의의 장'이 되었던 것이다.

8. '인화'와 '공론': 블룬칠리 이후 대의제의 향방

블룬칠리 텍스트의 일본어 번역은 일본을 넘어 중국과 한국의 국가학 관련 텍스트들에도 많은 영향을 끼쳤다. 량치차오(梁啓超)는 물론 그를 경유하여 국가학을 학습했거나 일본에 유학을 다녀온 한국 지식인들도 많이 읽었던 것으로 확인된다.[65] 그러나 이들 텍스트가 읽히고 이해되는 양상은 독자들이 처한 상황만큼 달랐다. 일본에서 블룬칠리의 저술은 어떤 이에게는 민권운동의 교과서로, 어떤 이에게는 점진적 국가발전의 비전을 제시한 지침서로 읽혔다. 또한 중국과 한국의 지식인들에게는 민족주의 국가 수립을 위한 희망을 발견하기에 적절한 교과서로 읽히기도 했다. 그뿐만 아니라 '공권', '사권', 나아가 '저항권' 등의 개념은 독자들의 독해에 따라 다양한 강조와 결락, 번역의 뉘앙스를 통해 변형되었다.

근대 초기 일본이라는 상황을 배경으로 가토는 블룬칠리에 의거해 서양에서 근대 국가가 어떻게 성립되어 왔는지 연구했고 그 성과를 번역서로 남겼다. 가토는 또한 일본에서 처음으로 '사권'과 '공권'을 구별하여 인민의 정치 참여가 가능한 권리가 '천부'적인 권리로서 존재함을 인정했다. 그러나 가토의 '천부인권' 주장은 '사권'에 치우친 것으로, 사권은 국가를 포함한 그 누구도 침범할 수 없는 권리로 설명하지만, '공권'에 대해서는 그것이 똑같이 천부의 권리임에도 불구하고 매우 유보적인 태도를 취한다. 이것은 당대 일본의 상황에 대한 가토 나름의 현실 진단이자 비전 제시였을 것이다. 물론 블룬칠리를 비롯한 당대

65 박근갑, 「한국에 건너온 블룬칠리 국가학」, 『개념과 소통』 제20호(2017); 우남숙, 「한국 근대 국가론의 이론적 원형에 관한 연구: 블룬츨리와 양계초의 유기체 국가론을 중심으로」, 『한국정치외교사논총』 제22집 1호(2000) 등 참조.

서양의 많은 학자도 인민의 개화 정도에 따른 공권의 행사를 조건부로 제시했으며, 가토 역시 이를 따른 것에 불과할지 모른다. 심지어 가토의 눈에 비친 당시 일본에는 인민의 개화 외에도 해결해야 할 과제가 산적해 있었을 것이다.

다만 그전에 가토에게는 애초부터 블룬칠리가 말하는 '유기체로서의 국가'라는 개념과 그 안에서 의회의 존재에 대해 충분히 이해하지 못했거나 의도적으로 이해하지 않았을 가능성이 존재함을 확인했다. 이것은 가토가 처음부터 생각했던 정치적 이상, 즉 '인정'과 '천하만민의 천하'라는 '공의'를 누가 시행하여 '공론'을 도출할 것인가의 문제와 관련이 있을 것으로 생각된다. 올바른 공론이 도출되고, 그것을 모두가 납득하게 하여 '인화'를 이루어 낸다면, 그리고 그것을 수행할 주체가 있기만 하다면 굳이 모두가 '공의'에 참여할 필요는 없을 것이기 때문이다. 국가, 나아가 그 구성 요소의 일부로서 의회는 인정을 시행하기 위한 도구의 의미가 더욱 강했다. 애초에 '공의'란 막부의, 이후에는 조정의 '권위'를 담보하기 위한 도구가 아니었던가. 블룬칠리는 그것이 독자적인 결정성과 운동성을 가진 '기관'으로서 상호 의존적으로 각각의 부분을 구성함으로써 '전체의 의사'로서 '국가의사'를 이루어 내는 것이라는 의미를 부여했다. 민권운동을 주장하는 이들의 목소리가 분출되는 당시 상황에서 과연 그것이 정말 '인화'를 이루어 낼 수 있는 방법이었을까? 가토는 그렇게 생각했을지도 모른다. 그가 이윽고 블룬칠리를 떠나 훨씬 과격한 유기체론, 게다가 대단히 기계론적이고 도구적인 유기체론을 주장한 프란츠에 도달한 것은 어쩌면 필연적인 행보였을지도 모르겠다.

제6장

루소의 『사회계약론』 번역

루소의 '일반의지' 번역어로서 조민의 '공지(公志)'

김태진

1. '일반의지'라는 아포리아

루소(Jean Jacques Rousseau)의 일반의지를 어떻게 해석해야 하는가 하는 문제는 지금까지 많은 논란이 되어 왔다.[1] 루소는 '일반의지(volonté générale)'가 공동의 이익과 관련된 데 반해, '전체의지(volonté de tous)'는 사적인 이익과 관련되며 이는 '개별의지(volonté particulière)'의 합계일 뿐이라고 말한다. 하지만 개별의지의 합인 전체의지와 구별되는 일반의지란 어떻게 도출되는가? 루소는 이에 대해 인민이 충분한 정보를 가지고 심의할 때 많은 수의 작은 차이로부터 언제나 일반의지가 도출되고, 그 심의는 항상 좋은 결과를 가져온다고 말한다. 즉, 심의 의결 과정에서 사회 전체를 위한 일반의지가 도출되는 것이다. 이 말대로라면 어쨌든 루소에게 일반의지의 도출은 '정치 = 심의' 과정을 통해 이루어진다. 그러나 루소의 사상을 단순히 심의를 통해 자동적으로 일반의지를 도출하는 과정으로 이해하기 힘든 면이 있다. 루소의 사상을 이런 식으로 이해하는 것은 일반의지를 단순히 다수결의 문제 내지는 의사소통적 합리성으로 해결 가능한 문제로 파악해 버리기 때문이다.

또 다른 문제는 일반의지란 무엇인가에 대한 루소의 애매모호한 설명과 관련된다. 그는 개별의지의 합계인 전체의지와 달리 일반의지는 개별의지들에서 서로 상쇄하는 과부족 의지 부분을 뺀 차이의 결과로 설명한다. 그러나 이 불명확한 설명이 오히려 일반의지란 무엇인가

---

* 이 글은 김태진, 「근대 초기 일본의 대의민주주의의 수용: 루소의 '일반의지' 번역어로서 조민의 '공지(公志)'」, 『일본사상』 제33호(2017)를 수정·보완한 것이다.

1 일반의지의 난점에 대해서는 김영욱, 「일반의지의 수학적 토대와 비관주의: 루소 『사회계약론』 2권 3장의 해석 문제」, 『한국정치연구』 제26집 1호(2017); 오근창, 「일반의지의 두 조건은 상충하는가?: 루소와 '자유롭도록 강제됨'의 역설」, 『철학사상』 제47호(2013) 등 참조.

를 이해하는 데 더 큰 어려움을 준다. 서로 상쇄하는 과부족 의지를 뺀 차이가 개별적 의지들의 교집합을 의미하는 것도 아니기 때문이다.[2] 그리고 이때 오류가 있을 수 있는 전체의지와 달리 일반의지는 오류가 불가능하며 전적으로 옳다고 루소는 말한다.

이러한 설명은 루소의 일반의지를 해석하는 데 여러 난점을 열어 놓고 있다. 즉, 루소의 논리 속에서 일반의지가 어떻게 구성되는지, 일반의지가 항상 옳다는 것은 어떻게 보장되는지, 여러 풀리지 않는 아포리아가 루소의 논리 안에 내재하고 있기 때문이다. 그렇다면 이러한 아포리아를 메이지 시기 『사회계약론』을 번역한 나카에 조민(中江兆民)은 어떻게 이해했을까? 이 장에서는 조민이 '일반의지'라는 개념을 어떻게 번역했는지 알아보며, 이것이 메이지 시기 일본에서 대의민주주의 수용과 어떤 연관이 있는지 살펴보고자 한다. 기존 연구들은 조민의 초기 루소 번역과 이후 의회 개설 운동 시기의 대의민주주의 수용 논의를 함께 분석하지 않았다.[3] 하지만 조민에게 루소의 사상은 단순

---

2 수학적 방식으로 루소의 일반의지를 해석하는 논의로는 필로넝코(Alexis Philonenko)의 논의를 참고할 필요가 있다. 그는 일반의지를 수학에서 적분의 문제로 이해한다. 즉, 공동의 이익과 기타 불일치하는 요소들의 조합이 아니라 어떤 기본 욕구와 극히 작은 차이들의 합으로 정의하는 것이다. 일반의지는 이렇게 정의된 개별의지들을 적분하여 얻어지는데, 루소가 말하는 "차이들의 합" 혹은 "작은 차이들의 합"의 의미란 결국 적분 용어로 설명될 수 있다는 것이다. 김영욱, 「일반의지의 수학적 토대와 비관주의」, pp.37-43.

3 조민의 『사회계약론』 번역과 관련한 기존 연구를 모두 언급할 수 없으나 대표적인 단행본을 소개하면 山田博雄, 『中江兆民翻訳の思想』(東京: 慶應義塾大学出版会, 2009); 宮村治雄, 『開国経験の思想史—兆民と時代精神』(東京: 東京大学出版会, 1996); 井田進也, 『中江兆民のフランス』(東京: 岩波書店, 1987) 등이다. 이 외에도 松田宏一郎, 「中江兆民における「約」と「法」」, 『季刊日本思想史』 79(2012); 狭間直樹, 「中江兆民『民約訳解』の歴史的意義について-「近代東アジア文明圏」形成史: 思想篇」, 石川禎浩·狭間直樹 編, 『近代東アジアにおける翻訳概念の展開』(京都: 京都大学人文科学研究所, 2013); 井田進也, 「明治初期『民約論』諸訳の比較検

히 번역에 그치는 것이 아니라, 그의 사상 저류에 자리 잡고 있었다는 점을 고려하면 이를 함께 분석함이 당연하다.

그렇지만 문제는 루소에게도, 조민에게서도 '대의' 개념이 그리 간단하지 않다는 데 있다. 왜냐하면 우리가 일반적으로 이해하는 '대의'라는 개념이 루소의 사상과 완전히 일치한다고 보기 어렵기 때문이다.[4] 루소의 핵심 주장 중 하나는 '주권의 양도 불가성'으로, 그는 "주권은 일반의지의 행사일 뿐이기에 결코 양도될 수 없으며, 주권자는 집합적 존재일 뿐이기에 오직 그 자신에 의해서만 대표될 수 있다"고 말한다.[5] 그런 점에서 조민이 루소의 사상과 완전히 일치한다고 볼 수는 없는, 대의민주주의와 루소의 사상 사이의 관계를 어떻게 이해했는지는 메이지 시기 정치 개념의 수용을 이해하는 데 빼놓을 수 없는 질문이다. 결론을 앞서 말하자면 그것은 '대의(representation)'와 '일반(general)'과 '대(代)'와 '공(公)' 사이의 기묘한 사각 관계에 대한 질문과 관련된다.

이는 또 다른 문제와도 관련되는데, 번역을 통해 어떤 사상이 전파, 수용되는 과정에서 일어나는 전유, 변용, 접합에 적절한 주의를 기

討」,『兆民をひらく: 明治近代の〈夢〉を求めて』(東京: 光芒社, 2001); 岡田清鷹,「『民約訳解』再考: 中江兆民と読者世界」,『Core Ethics』 6(2010); 何鵬挙,「'理'の探索と国会: 中江兆民の憲政論における政道と政体」,『相関社会科学』 24(2014) 등의 연구가 있다. 국내에서 조민의 연구로는 이예안,「中江兆民『民約譯解』의 번역과 정치사상: 법치주의와 덕치주의의 정치구상」,『일본사상』 제22호(2012); 이혜경,「나카에 조민의 이상사회: 동양과 루소의 만남」,『철학사상』 제17호(2003) 등 참조.

4 대의라는 개념뿐만이 아니라 루소의『사회계약론』자체가 인간이 자유롭고 평등하게 살아가는 일이 거의 불가능에 가깝다는 이야기로서 읽어야 한다는 역사적 해석을 염두에 둘 필요가 있다. 이에 대해서는 김영욱,「일반의지의 수학적 토대와 비관주의」; 김민철,「루소의 사회계약 이론에 대한 역사적 독해」,『역사비평』 제131호(2020).

5 장 자크 루소, 김영욱 옮김,『사회계약론』(서울: 후마니타스, 2018), p.35.

울이지 못하고 있다는 점이다. 그동안 번역 문제는 사상사에서 그에 걸맞은 주목을 받지 못했다.[6] 하지만 번역이 단순히 기계적 차원의 의미 전달로 한정될 수 없다. 번역이란 원본 언어와 목표 언어 사이의 '차이'를 개인의 창의성과 상상력으로 파악하는 활동이다.[7] 그런데 이 둘, 즉 원본과 번역된 말 사이의 '간격'이 쉽게 메워지지 않는다는 데서 문제가 발생한다. 이 둘 사이를 연결 혹은 접합시키는 어떤 의미론적 분석이 필요한 이유다.

따라서 우리가 주목해야 할 것은 언어적으로 동일한 혹은 비슷한 단어 뒤에 숨겨진 본질적인 다른 경험들, 이해들, 기대들일지도 모른다. 왜냐하면 이러한 경험과 가치는 쉽게 번역될 수 없기 때문이다. 이는 번역을 통해 사상의 전파를 자극하고, 새로운 정치적 혹은 사회적 요인들을 접합시키는 과정에서 나타나는 이질적인 것들이 상호 충돌하는 과정을 잘 보여 준다.[8] 그렇게 보면 번역은 의미 전달이라는 기술적 작업을 넘어 '번역의 사상'이라는 문제로 접근할 필요성을 제기한다. 이 장은 번역이라는 문제에 착목하여 이후 조민의 '대의' 개념이 어떻게 전개되는지 살피는 데 목적이 있다.

---

6 Melvin Richter, "Introduction: Translation, the History of Concepts and the History of Political Thought", in *Why Concepts Matter: Translating Social and Political Thought*, edited by Martin J. Burke and Melvin Richter (Leiden: Brill, 2012), p. 1.

7 Richter, "Introduction:Translation, the History of Concepts and the History of Political Thought", p. 5.

8 Jörn Leonhard, "Translation as Cultural Transfer and Semantic Interaction: European Variations of Liberal Between 1800 and 1830", in *Why Concepts Matter: Translating Social and Political Thought*, edited by Martin J. Burke and Melvin Richter (Leiden: Brill, 2012), pp. 93-108.

2. '일반의지'의 번역어로서 '중지(衆志)'

'동양의 루소'라 불리던 나카에 조민은 프랑스 유학 후 루소의 『사회계약론』을 번역해 『민약론』(1874)으로 출판했다. 이는 일본에서 출판된 루소의 첫 번째 번역서였다. 이후 조민은 사상의 심화 속에서 8년 후 한역 형태로 재번역하여 『민약역해』(1882)를 간행한다. 이는 책 제목을 '역해(譯解)'라 한 것에서도 알 수 있듯이 번역[譯] 이외에도 자신의 해석[解]을 덧붙인 것이었다.

그렇다면 조민은 앞서 논했던 '일반의지'의 난점을 어떻게 이해했을까? 조민이 『민약역해』에서 일반의지의 번역어로 우선 선택한 단어는 '중의(衆意)' 내지 '중지(衆志)'였다. 조민은 루소의 사회계약 과정을 "민(民)이란 중의(衆意)가 서로 결합되어 몸을 이루는 것[成體]이다. 이 몸은 의원(議院)으로써 심복(心腹)을 삼고 율례(律例)로써 기혈(氣血)을 삼아 그 의사를 펼치는 것"이라고 말한다.[9] 이 표현에서 '중의'란 루소의 '일반의지'에 대한 번역어였다. 조민은 이를 개별의지인 '중인의 뜻'과 구별한다.[10]

> '중지(衆志)'와 '중인의 뜻[衆人之志]'은 서로 크게 다른 점이 있다. 청컨대 이를 분명히 하면 중지라는 것은 중인이 함께 그러하다고 하는 바[衆人之

---

9 루소에게서 신체 은유가 가지는 의미에 대해서는 김태진, 「나카에 조민의 루소 수용: 심장과 혈액의 은유와 집합적 신체(Body Politic)」, 『정치사상연구』 제23집 1호 (2017) 참조.

10 최초의 완역본인 핫토리 도쿠(服部德)가 번역한 『민약론(民約論)』(1877)에서는 이를 '중인의 의지'와 '공동(公同)의 의지'로 구별한다. 하라다 센(原田潛)이 번역한 『민약론복의(民約論覆義)』(1883)에서 일반의지의 번역어로 '공동의 의지'라는 말은 보이지만 이를 전체의지와 구별하는 논의는 보이지 않는다. 세 번역본의 비교 연구와 관련해서는 井田進也, 「明治初期『民約論』諸訳の比較検討」 참조.

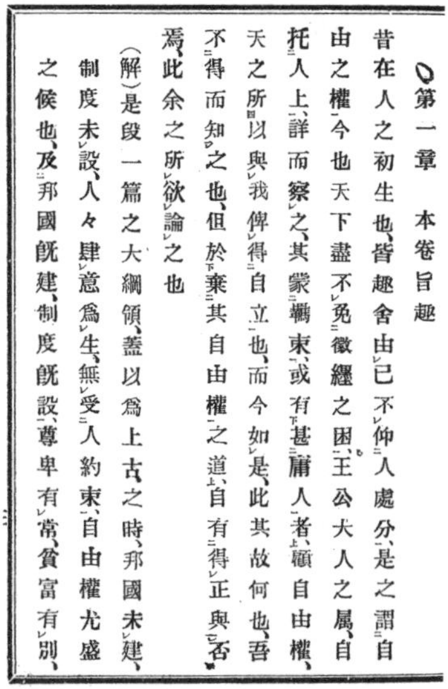

○第一章　本卷旨趣
昔在人之初生也、皆趣舍由己、不仰人處分、是之謂自
由之權、今也天下盡不免徽纆之困、王公大人之屬、自
托人上、詳而察之、其蒙羈束、或有甚庸人者、顧自由權、
天之所以與我俾得自立也、而今如是、此其故何也、吾
不得而知之也、但於棄其自由權之道、自有得正與否、
焉、此余之所欲論之也
(解)是段一篇之大綱領、蓋以爲上古之時、邦國未建、
制度未設、人々肆意爲生、無受人約束、自由權尤盛
之候也、及邦國既建、制度既設、尊卑有常、貧富有別、

〈그림 6-1〉 루소, 나카에 조민 번역, 『민약역해』(1882)

〈그림 6-2〉 핫토리 도쿠 번역의 『민약론』(1877)에 실린 루소 초상화

所共然]이다. 중인의 뜻이라는 것은 중인이 홀로 그러하다고 하는 바[衆人之所自然]이다. 고로 중지라는 것은 항상 '공(公)'으로 나아가고, 중인의 뜻이라는 것은 항상 '사(私)'로 나아간다. 이른바 중지는 반드시 중인의 뜻에서 얻어진다.[11]

앞서 『민약론』에서는 이를 "또한 종종 중의(衆意)와 중인의 뜻[衆人ノ意] 사이에 큰 차이가 생기는 일이 있다. 중의란 의회 중 다수의 뜻으

11 中江兆民, 『民約譯解』(1882), 『中江兆民全集』 1卷(東京: 岩波書店, 1983), p.112. 현대 한국어 번역본에서는 "모두의 의지와 일반의지 사이에는 흔히 큰 차이가 있다. 일반의지는 오직 공동이익에 몰두한다. 모두의 의지는 사적인 이익에 몰두하며 개별의지의 합일 뿐이다. 그런데 이 개별의지들에서 서로 상쇄되는 더 큰 것들과 더 작은 것들을 빼면, 차이들의 합계로 일반의지가 남는다." 루소, 『사회계약론』, p.39.

로 공리(公利)에 이르는 것이다. 중인의 뜻은 이와 반대로 편향되게 사리(私利)에 힘쓴다"라고 번역했다.[12] 여기서 조민은 중의, 즉 일반의지를 '의회 중 다수'의 뜻으로 파악했다. 그러나 『민약역해』에서는 다수의 문제가 아니라 '중인이 함께 그러하다고 하는 바'로 바뀌었다. 공리와 사리의 구별은 동일하지만 이를 단순히 다수의 문제로 환원하지 않은 것이다. 의회 개설이 조민에게 중요한 과제였던 점은 분명하지만, 이 차이가 의미하는 바는 무엇일까?

『민약역해』에서 중지(= 일반의지)란 '사'로 나아가는 중인의 뜻(전체의지)과 달리 항상 '공'으로 나아간다. 보편(일반 = general)과 특수(개별 = particular)의 관계로서 일반의지와 전체의지가 조민에게 '공'과 '사'라는 전통적 개념 속에서 보충되는 것이다.[13] 이는 『민약론』의 설명을 보충해서 일반의지와 공의 관계를 보다 분명히 하고 있는 것처럼 보인다. 그렇다면 이때 조민이 생각하는 공과 사의 대립 구도는 무엇을 의미하는가? 그리고 이는 루소의 생각과 얼마나 같고 얼마나 다른가?

'공'과 '사'라는 문제의식은 조민에게 꽤나 중요한 주제였다. 그의 다른 논문 「논공리사리(論公利私利)」(1880)에서 그는 "만약 이(利)가 의(義)로부터 생긴다면 한 몸에 그치는 것도 공으로, 반드시 두루 사람들에게 미쳐야 하는 것은 아니다. 만약 '의(義)'로부터 생기지 않는다면 '이(利)'

12 中江兆民, 『民約論』(1874), 『中江兆民全集』 1巻(東京: 岩波書店, 1983), p.7.

13 조민의 유학에 대한 경도는 여러 연구에서 지적된 바 있는데, 이를 정리한 논문으로 井上厚史, 「中江兆民と儒教思想: 「自由権」の解釈をめぐって」, 『北東アジア研究』 14·15(2008) 참조. 국내에서도 이러한 유학과의 상관성이 많이 주목되어 왔다. 이예안, 「나카에 조민의 '자유' 개념: 루소사상의 일본적 독해를 통한 개념 재구축」, 『일본학』 제41집(2015); 이예안, 「中江兆民 『民約譯解』의 번역과 정치사상」; 박홍규, 「나카에 쵸민(中江兆民)의 평화이념과 맹자」, 『정치사상연구』 제11집 2호(2005) 등 참조.

가 두루 사람들에게 미친다고 해도 역시 사로서, 이로 인해 사람을 해치기에 족하다"라고 한다.[14] 이 논문은 조민의 사상에서도 핵심을 이룬다고 평가되는데, 여기서 문제의식은 '의(義)와 이(利)의 관계'다. 눈여겨볼 대목은 '이(利)'가 개인에게 미치면 사이고, 널리 미치면 공이라는 발상을 조민이 거부한다는 것이다. 즉, 공이란 단순히 많은 사람에게 이익을 주기 때문이 아니며, 공을 단순히 다수의 문제로 환원시킬 수 없다는 생각이 엿보인다. 조민은 전통적인 공과 사의 논리를 루소의 사유를 해석하는 전거로 가지고 온다. 이때 공과 사의 문제는 다수와 소수의 문제라기보다 루소식 일반의지와 개별의지의 문제와 연결된다.

이는 전통적인 공사 관련 논의와 비교해 볼 필요가 있다. 전통적인 공과 사의 구도[15]에서 '공'이란 '사의 배제'로 설명되었다.[16] 『설문해자』나 『한비자』에서 '사'는 사적 소유의 개념으로, 그리고 '공'은 이의 부정형으로 그려진다. 즉, '사(私)'란 글자는 원래 '厶'의 형태로 쓰였는데, 이때 '厶'는 간교하게 스스로를 둘러싼다[自環者]는 뜻이다. 반면 공(公)은 이러한 사사로움[厶]을 등진 형태[背]로 등장한다. 따라서 공은 공정함·공평함, 사는 편벽됨·간사함이라는 성질을 띤다.[17] 이러한 사고가

14 中江兆民, 「論公利私利」(1880), 『中江兆民全集』 11卷(東京: 岩波書店, 1984), p. 23.

15 물론 전통 시기의 공과 사에 대한 논의 역시 시기별, 학자별로 차이가 있기 때문에 하나로 볼 수 없음은 당연하다. 여기서는 큰 틀에서 공사론이 갖는 의미를 검토하기로 한다.

16 공과 사의 전통적 논의에 대해서는 미조구치 유조, 정태섭·김용천 옮김, 『중국의 공과 사』(서울: 신서원, 2004); 미조구치 유조, 고희탁 옮김, 『한 단어 사전 공사(公私)』(서울: 푸른역사, 2013) 등 참조.

17 물론 공과 사가 서양의 public/private 영역처럼 구별되는 것은 아니다. 서양에서 사적 소유의 영역과 이와 구분되는 공적 영역이 따로 설정된다면, 동양에서 공사 개념의 특징은 연속적·상호적·보충적이라는 데 있다. 김석근, 「〈공공성〉, 공과 사 그리고 수기치인: '정의'와 '도덕' 담론과 관련해서」, 『오늘의 동양사상』 제22호

이어져 '공'이란 결국 성인 내지 군자의 것, 적어도 통치자의 성질과 관련되며, '사'는 소인(小人) 내지 백성, 즉 통치 대상의 성질과 관련된다.

그러나 조민에게서는 통치의 주체와 대상이라는 이분법적 구도가 전통적인 논의와 다른 모습을 보인다. 조민이 주권(sovereignty)을 '군(君)'이란 말로 번역하며 이것이 실제 존재하는 '군주'를 의미하는 말이 아니라 '무리가 모여 이루는 것[夫君合衆而成]'으로 풀어 설명하는 것에서 보듯이, 공은 이제 백성의 합, 즉 사의 합으로 구성된다.[18] 물론 이때 통치 대상으로서 백성이 집합적으로 공을 이룬다는 논리적 전환은 대단하지만, 이것만으로는 일반의지의 번역어로서 '공'이라는 조민의 발상을 설명하기에 부족하다. 왜냐하면 앞서 보았듯이 일반의지가 개별의지의 합이 아닌 것처럼, 공 역시 사의 합일 수 없기 때문이다. 그렇다면 조민에게 일반의지는 어떻게 구해질 수 있는가? 조민은 앞서 제시한 '중지(일반의지)'와 '중인의 뜻(전체의지)'이 '공'과 '사'로 접근하는 차이점을 명확히 하면서도 중지(일반의지)가 중인의 뜻(전체의지)에서 나옴을 지적한다. 이에 대해 조민은 "중인의 뜻 중에서 '가장 급한 것'과 '가장 느린 것', '가장 과격한 것'과 '가장 온화한 것'을 제외한 것이 중지"라고 설명한다.[19] 즉, 조민에게 공으로서 중지인 일반의지는 사의 종합이면서 극단적인 부분을 배제한 것이다.

(2011); 배병삼, 「유교의 공과 사」, 『동서사상』 제14집(2013) 등 참조.

18 이러한 '군'의 새로운 용법에 대해서는 山田博雄, 『中江兆民翻訳の思想』, pp. 102-106 참조.

19 中江兆民, 『民約譯解』, p. 112. 『민약론』에서는 "즉, 중인의 뜻은 단지 각인의 사의(私意)를 취합한 것으로, 그럼에도 그중에서 서로 제어하는 가장 과격한 설과 가장 완만한 설을 제외하고 나머지 대동소이한 것들을 합하면 자연히 공리에 이르는 뜻으로, 즉 소위 중의를 염출(捻出)할 수 있다"로 번역한다. 中江兆民, 『民約論』, p. 7.

원문에서 루소가 일반의지와 전체의지의 차이를 논하는 데 초점을 둔 반면, 조민이 원문에 없는 "소위 중지라는 것은 반드시 중인의 뜻에서 이를 얻을 수 있다"는 내용을 추가로 적어 넣은 것을 보면 그가 일반의지란 인민들의 개별의지에서 나온다는 점을 강조한 것처럼 보인다. 이는 정치란 군주의 의지뿐만이 아니라, 인민들의 의지 역시 중시해야 한다는 점을 강조하기 위한 의도였다고 생각할 수 있다. 즉, 조민에게 핵심은 인민들이 정치에 참여할 수 있는 의회 개설이 급선무였고, 일반의지의 구성 원리보다 일반의지에 인민들의 견해가 반영되어야 한다는 점을 중시했다고 볼 수 있다. 그러나 조민이 일반의지란 공과 같이 언제나 바름을 향해서 나아가는 것이 중요하다고 한 점을 고려하면, 이것은 단순히 인민들의 견해를 대변하는 의회 개설 요구에 그치는 것이 아닐 수 있다.[20] 조민에 따르면 백성은 간혹 속거나 혹할 수 있으나 백성들의 뜻의 합인 중지는 결국 바름을 향해 간다. 그렇다면 어떻게 백성들의 뜻이 바름으로 나아간다고 확언할 수 있을까? 이것이 의미하는 바는 무엇일까?

20 "앞에서 추론했듯이 중지라는 것은 항상 바름[正]을 향해 나아가고, 공(公)을 향해 나아감을 알 수 있다. 그러나 실수[失]가 없이 항상 좋다[良]고 여길 수는 없다. 즉, 그렇지 않은 것 역시 있다. 이를 한 사람의 몸[一人之身]에 대해 말하자면 무릇 이(利)를 좇고 해(害)를 피하는 것이 인지상정이다. 혹 이가 해가 되고, 해가 이가 됨을 인정한다 해도 스스로 착오하는 바가 왕왕 있다. 백성도 또한 이와 같아서, 그 뜻이 항상 스스로의 이익[自利]에 있어 혹 실수가 있을 수 있다. 즉, 이것이 없다고 할 수 없어, 백성이 이에 속을[欺] 수는 있으나 혹할[誣] 수는 없다. 다만 그 속음을 보는 것이 곧 중지가 스스로 실수하는 것으로, 바름은 그다음에 있다." 中江兆民, 『民約譯解』, p. 111.

3. '중지'와 '공지'의 차이: '의'한다는 것의 의미

다시 루소의 논의로 돌아가 보자. 루소는 일반의지 도출 과정을 설명하면서 "만약 인민이 충분한 정보를 가지고(suffisamment informé) 심의할 때 시민들이 서로 어떤 의사소통(communication)도 하지 않는다면, 많은 수의 작은 차이로부터(du grand nombre de petites différences) 언제나 일반의지가 도출될 것이고, 심의는 언제나 좋은 결과를 가져올 것"이라고 말한다. 이 부분은 조민에 의해 다음과 같이 번역된다.

> 따라서 무리[衆]가 서로 모여 사조(事條)를 토의함에 모두 미리 시무의 필요한 바를 알고, 처음부터 사사로이 상약한 바 없이, 반드시 각자 자기의 뜻을 전부 발의한다. 각자 자신의 뜻을 다하면, 즉 그 보는 바에 반드시 작은 차이가 있다. 이러한 차이 중에 협찬(協贊)을 얻은 바가 가장 많은 것으로써 '공지(公志)'가 있음을 안다. 이와 같다면 의(議)는 항상 중정(中正)을 얻고 실책하는 바가 없다. 이를 의사(議事)의 정법(正法)이라고 한다.[21]

조민은 '의(議)', 즉 논의하는 행위가 사를 공으로 바꾸는 작업의 핵심이라고 말한다.[22] 일반의지는 개별의지의 단순한 총합이 아니다. 마찬가지로 조민에게 역시 백성들의 의견이 모인다고 해서 곧바로 공지가 될 수는 없었다. 이를 조민은 각자 자신의 뜻을 다하면 다르고 같지

21 中江兆民, 『民約譯解』, p. 112.

22 야마다는 이에 대해 "타자에 닫혀 있는 '사'(=중인의 뜻)를 어떻게 '공'(=중지)으로 열어 묶어 낼 것인가. 이에 대해 조민은 그 열쇠를 '의(議)'하는 행위로 석출한다. 게다가 '사'를 없애는 것이 아니라 이 '중인은 모두 사를 끼고 의에 임한다'. 이로써 '공'이 도출된다"고 지적한다. 山田博雄, 『中江兆民翻訳の思想』, p. 145.

않음이 있는데, 이 중에서 협찬, 즉 동의를 가장 많이 얻은 바가 공지가 된다고 설명한다. 그런데 여기서 '중지(衆志)'와 구별해 '공지(公志)'라는 단어를 사용하고 있음에 주목할 필요가 있다. 이는 공지가 단순히 백성들 각자의 뜻을 발의한 것 중에서 다수의 동의를 얻는 것만으로 그치는 것이 아님을 지적하는 것처럼 보이기 때문이다. 의(議)의 과정이야말로 논의가 항상 중정(中正), 즉 올바름을 얻는 방법이 되는데, 여기서 공의 논리가 직접적이지는 않지만 뒤에 깔려 있다고 볼 수 있다.

물론 이때 협찬을 가장 많이 얻은 것이 공지가 된다는 조민의 논의는 국회에서 다수결의 원리를 도입하기 위한 것처럼 읽히는 것이 사실이다. 그러나 루소의 원문에서 보듯이 전체의 뜻은 부분들의 뜻 사이에 서로 토의를 거쳐 어떤 것이 가장 전체의 뜻에 맞는지 결정하는 다수결의 차원이 될 수 없다.[23] 이에 대해 조민이 루소의 공공적 인격, 공통의 자아가 만들어지는 사회계약론의 '의제(擬制)적' 성격을 파악하지 못했기 때문이라는 비판이 있다. 조민은 일반의지를 단순히 토론 과정에서 서로 다른 차이를 종합하는 차원으로밖에 이해하지 못했다는 것이다.[24] 그러나 그가 일반의지를 설명하며 원문에 없는 "군이란 중신(衆身)이 상합한 것이고, 군권이란 중지(衆志)가 상동한 것일 뿐"[25]이라는 말을 추가한 것에 주목할 필요가 있다. 이는 『민약론』에도 없는 부분으로, 그가 일반의지로서 '연합'적 의미에 대해 모르지 않았음을 말

23 물론 루소가 일반의지를 확인할 수 있는 방법으로 다수결을 제시한 바 있는 것이 사실이지만, 이것이 곧바로 일반의지라고 할 수는 없다. 루소가 말하듯이 "의지는 투표수가 아니라 그 표들을 결합시키는 공동이익으로 인해 일반적인 것"이 되기 때문이다. 루소, 『사회계약론』, p. 43.

24 小原薫, 「あるべき政治社会の「理議」を求めて: 中江兆民の政治社会像についての一考察」, 『北大法学論集』 40(1990), pp. 2458-2461.

25 中江兆民, 『民約譯解』, p. 108.

해 준다. 또한 그가 중지가 '상동'한 것으로 일반의지를 설명할 때, 조민에게도 공지가 단순히 개별적인 것들의 합이라거나 개별적인 것들의 최대공약수 내지 수적 우위를 의미하는 것을 넘어선다. 여기서 조민이 일반의지인 공지에 대해 협찬을 가장 많이 얻은 것이라고 설명하면서도, 동시에 '공'과 연결한 열쇠를 찾을 수 있다.

이를 위해서는 '공'의 논리를 좀 더 면밀히 살펴볼 필요가 있다. 우선, '공'에 대한 주희(朱熹)의 논의를 참고하는 것이 실마리가 될지도 모른다.[26] 주희 역시 공과 사의 문제를 보편과 특수의 문제로 읽는다. "군자는 두루 사랑하고 편당하지 않으며, 소인은 편당하고 두루 사랑하지 않는다"는 공자(孔子)의 말을 주희는 '주(周)'는 널리[普遍] 하는 것이며, '비(比)'는 편당하는 것으로 바꿔 읽고, 여기서 주(周)를 공(公)으로, 비(比)를 사(私)로 해석한다.[27] 주지하듯이 성리학은 공을 인간의 '본연지성'으로, 사를 '기질지성'의 발현으로 구별하고, 개체적 욕망인 사를 억제하고 다스림으로써 공의 영역을 확대하는 논리로 이해한다.

---

26 루소와 주자의 공통점에 대해서는 이상익 역시 주장한 바 있다. 이상익, 「루소와 주자의 정치철학」, 김용민 외, 『루소, 정치를 논하다』(서울: 이학사, 2017), pp. 294-296. 그는 세 가지 공통점을 들고 있다. 첫째, 둘 다 인간성을 도덕적 본성과 육체적 본능의 두 측면에서 설명하고, 도덕적 본성에서 공론 또는 일반의지의 성립 근거를 도출한 것이다. 둘째, 루소가 일반의지는 항상 올바르며 파괴될 수 없다고 했는데, 이는 주자가 공론은 항상 올바르며 인위적으로 조작될 수 없는 것이라고 본 것과 마찬가지라는 것이다. 셋째, 루소가 대중은 일반의지를 잘 모를 수 있으므로 '현명한 입법자'가 필요하다고 했는데, 이 점은 주자가 공론의 주체로 '사람'을 설정한 것과 동일하다는 것이다. 이상익은 차이점 역시 지적한다. 첫째, 루소의 일반의지는 경우에 따라 특정한 집단의 특수의지로 제한될 가능성이 있으나, 유교의 공론은 그 범위가 시공간적으로 제한되지 않는다. 둘째, 루소의 일반의지는 결국 '다수결'을 승인하고 있으나, 주자의 공론은 '천하지소동시자(天下之所同是者)'라는 말에 함축되어 있듯이 '만장일치'를 지향하는 차이를 보인다는 것이다.

27 주희, 성백효 역주, 『논어집주』(서울: 전통문화연구회, 1990), p. 42.

그러나 주희가 사를 배제하고 공만을 인정한 것은 아니다. 주희는 공론을 "모든 사람이 하나같이 하는 말[萬口一辭]"이라고 하며, 이는 "모든 사람의 마음이 동의하는 바의 것[人心之所同然者]"이라고 파악한다.[28] 이때 모든 사람에게 내재된 천리가 주권자의 자의를 규제하는 근거로 작동한다.[29] 따라서 공(= 천리)이란 단순히 사(= 민심/민의)를 따르는 것이 아니다. 기본적으로 민심은 위태로운 것이기 때문이다. 주희가 "천리에 따르고 인심에 부합하여 천하 사람들이 모두 함께 옳다고 여기는 것"을 공론이라 할 때, 천리와 인심은 대립적이거나 동일한 것이 아니다. 주희는 공자가 말한 "여러 사람이 다 싫다고 하더라도 반드시 살피고, 여러 사람이 다 좋다고 하더라도 반드시 살펴야 한다"라거나, 마을 사람들이 다 좋아하는 것이나 다 싫어하는 것보다는 마을 사람 가운데 선한 자가 좋아하고 악한 자가 싫어하는 것을 택하겠다고 한 점을 들어 공론을 천리에 어긋나지 않으면서도 민심을 따르는 것으로 파악한다. 따라서 위태로운 민의 목소리로부터 천리에 일치하는 합리적 핵심을 포착해 내는 것이 과제가 된다. 그에게 천리와 민의가 중첩되는 곳이 바로 공론이다. 민의 공통된 의견이 곧바로 옳음을 보장하는 것은 아니며, 위태로운 인심 속에서 은미한 도심을 파악하는 것이 정치의 핵심이었다.

28 야마다 히로오(山田博雄)는 『맹자』「고자편」에 나오는 마음이 똑같이 여기는 바[心之所同然]를 '의(義)'와 '이(利)'라고 해석한 것과 논리적 유사성과 차이점을 지적한다. 山田博雄, 『中江兆民翻訳の思想』, p. 116.

29 '만구일사의 공론'으로 유교적 공공성을 파악하는 논의로는 박영도, 「주권의 역설과 유교적 공공성의 문법: 그 구조와 동학」, 『사회와 철학』 제27집(2014); 나종석, 「주희 공(公) 이론의 민주적 재구성의 가능성」, 『철학연구』 제128집(2013) 참고. 박영도는 이러한 공론이 함축하는 공공성을 '숙의적 공공성'이라 하고, 나종석은 '공생적, 연계적 공공성'이라고 명한다.

조민의 경우 역시 공은 사를 배제하는 것도 아니고, 그렇다고 단순한 사를 합한 것만도 아니다. 또한 사적인 것들 중에서 다수의 동의를 얻은 것에 그치지 않는다. 여기서 조민에게 공과 사는 '의(議)'하는 과정에서 등장하는 맥락이었음을 다시 상기할 필요가 있다. 그 과정에서 사는 공의 일부로 변할 수 있다. 즉, 기존의 '사'와 논의를 거친 '사'는 다른 형태를 띤다. 그리고 이 과정을 거쳐 다수의 협찬을 얻은 것이 공의 성격을 담보한다. 주의해야 할 점은 여기서 '의(議)'한다는 것이 단순히 서로 충분히 논의한다는 의미가 아니라는 것이다. 이때 의는 글자 그대로 옳음[義]을 말하는[言] 것에 가깝다. 따라서 이는 서로 소통을 통해 다수의 의견을 만들어 가는 과정이라기보다, 인심 속에 가려진 도심을 찾아 나가는 비판적 과정과 유사한 것으로 보는 것이 적절할지 모른다.

루소의 전체의지와 일반의지의 구별을 조민은 사 안에서 공을 발견하는 성리학적 사유 속에서 풀어낸다. 즉, 루소가 개별의지 속에서 일반의지를 발견해 내는 것이 정치의 역할인 것처럼,[30] 조민이 사 속에서 공을 발견해 내는 것이 정치의 역할이 된다. 이는 조민이 일반의지를 번역하면서 '중지'와 '공지'라는 말을 동시에 사용했는데, 이것이 자

30 "인민은 언제나 알아서 좋은 것을 원하지만, 언제나 알아서 그것을 분간하는 것은 아니다. 일반의지는 언제나 바르지만, 일반의지를 인도하는 판단이 언제나 밝은 것은 아니다. 인민이 대상을 있는 그대로 보게 해야 하고, 때로는 보아야만 하는 방식으로 보게 해야 한다. 인민이 찾고 있는 바른길을 보여 주어야 하고, 개별의지의 유혹으로부터 인민을 보호해야 한다. (…) 개별자들은 좋은 것을 보면서도 거부하고, 공중은 좋은 것을 원하지만 보지 못한다. 양쪽 모두 똑같이 안내자가 필요하다. (…) 입법자가 필요한 이유가 바로 이것이다." 루소, 『사회계약론』, pp. 51-52. 물론 이러한 입법자가 현실적으로 가능하다고 루소가 생각했는지에 대해서는 해석이 갈린다.

의적 선택이 아니었다는 점에서도 확인된다.[31] 앞서 논의를 통해 다수의 협찬을 얻은 것을 '공지'라고 했을 때, 야마다 히로오는 그가 의도적으로 '중지'와 구별하여 번역한 것으로 파악한다. 이러한 구별에서 조민은 '중(衆)'과 '공(公)'의 차이를 염두에 두고 있었다는 것이다. 이는 질적인 변화로서 일반의지의 뜻을 '공'이라는 표현 속에서 재차 강조한다. 그리고 이는 '의'한다는 행위를 통해서 가능해진다. 이때 '의'는 단순히 서로 다른 의견을 소통한다는 의미를 넘어, 보편적인 공을 찾는 과정에 가깝다. 따라서 조민이 말하는 공체(=公)란 각체(=私)로 이루어진 정부이지만 이는 각체의 단순한 합도 아니고 각체를 배제하는 것도 아니다. 조민은 루소의 사상 속에서 중요한 부분인 전체와 개인 간의 관계를 놓치고 있다고 평가되기도 하지만 일반의지를 공으로, 정부를 공체로 해석하는 발상에서 루소식 논의를 전개한다.

그렇게 보면 당시 조민이 비판하고자 했던 공리주의자들과의 차이 역시 분명해진다. 메이지유신 이후 주자학을 대신해 벤담(Jeremy Bentham), 밀(John Stuart Mill) 등의 공리주의가 당시 일본의 사상계를 휩쓸었다.[32] 그러나 조민은 공리주의가 기초하는 이익[利]의 관점이 도리[義]의 관점과 만나지 않으면 안 된다고 생각했다. 조민이 보기에 공리주의가 개별의지의 합인 전체의지라면, 루소식 공화주의는 일반의지에

31 山田博雄, 『中江兆民翻訳の思想』, pp. 146-147. 야마다 히로오는 더 적극적으로 해석해 '중지(衆志)'와 '공지(公志)'의 차이를 양과 질의 차이로까지 보고 있다. 즉, 조민이 일반의지를 어느 경우에는 '중지'로 어느 경우에는 '공지'로 번역하는데, 중지가 양적인 것이라면 공지는 질적인 것으로 파악한다. 미야무라 하야오는 이에 대해 조민의 '다수결 원리에 우선하는 토론의 원리'에 대한 이해의 결여를 지적한다. 宮村治雄, 『開国経験の思想史—兆民と時代精神』, p. 120.

32 당시 공리주의의 영향에 대해서는 山下重一, 『スペンサーと日本近代』(東京: 御茶の水書房, 1983), pp. 60-62, 조민의 공리주의 비판에 대해서는 小原薫, 「あるべき政治社会の「理義」を求めて」, pp. 2453-2455 참고.

해당한다고 보았을지도 모른다.[33] 조민은 루소의 논리를 번역하면서 이를 공과 사의 의미라는 성리학적 함의로 되살리고 있다.

이는 『민약역해』 책머리인 「민약일명원정(民約一名原政)」에서 조민이 정(政)이 올바름[正]을 얻을 수 있는가, '의(義)'와 '이(利)'가 합치될 수 있는가라는 질문으로 시작하는 것에서도 드러난다. 이 부분은 『사회계약론』 첫머리에서 루소가 '정의/법(droit)'과 '이익(intérêt)'이 분리되지 않도록 정당성이 인정하는 바와 이익이 규정하는 바를 결합시키겠다고 밝힌 대목을 옮긴 것으로,[34] 여기서도 조민의 유교적 사유가 짙게 배어나온다. 조민은 루소의 논의를 '공의(公義)'와 '사리(私利)'의 구도로 바꾸었다. 이는 분명 맹자식 '의(義)'와 '이(利)'의 관계를 연상케 하는데,[35] 그렇다고 맹자식 의리론을 그대로 가져온 것은 아니었다. 맹자가 '이(利)'가 아니라 '의(義)'에 방점을 찍는다면 조민의 문제의식은 '사리(私利)'를 배제하는 것이 아니라, 어떻게 '의(義)'와 '이(利)'를 합치시킬 것인가, 즉 공과 사를 합치시킬 것인가에 있었기 때문이다.

---

33 조민은 『민약역해』 1권 6장 해에서 "벤담은 말(末)을 논하고, 루소는 본(本)을 논한다. 벤담은 단지 이(利)를 논하고, 루소는 이와 더불어 의(義)를 논한다"고 설명하고 있다. 中江兆民, 『民約譯解』, p. 91.

34 『사회계약론』을 시작하는 이 대목을 김영욱은 "나는 인간은 있는 그대로 두고 법은 바꿀 수 있는 것으로 생각하면서, 정치 질서에 정당하고 확실한 운영 원칙이 있을 수 있는지 따져 보고자 한다. 나는 이 연구 내내 권리가 허용하는 것과 이익이 명령하는 것을 결합하려 애쓸 것인데, 그래야 정의와 유용성이 결코 분리되지 않을 것이기 때문이다"로 옮긴다. 루소, 『사회계약론』, p. 10. 이때 droit와 intérêt에 대해서는 김영욱의 옮긴이 주 4, 5, 6 참조. 루소, 『사회계약론』, pp. 180-184.

35 『孟子』 「梁惠王」: "王亦曰仁義而已矣, 何必曰利."

4. 대의민주주의의 수용과 '공의'

하지만 조민이 공과 사의 의미를 성리학적 사유 속에서 풀어낸다는 사실이 조민이 사용하는 '공' 개념의 특이성을 보장해 주는 것은 아니다. 조민의 특이성을 보기 위해서는 보다 넓게 이 시기 지식인들에게 '공' 개념이 어떤 의미였는지 살펴볼 필요가 있다. 주지하듯이 막부 말기부터 메이지 시기까지 내려오는 과정에서 어떻게 새로운 정치 체제를 만들 것인가 고민하는 가운데 '공'이라는 말이 자주 등장한다. 가령 '공의(公義)'라는 말이 대표적인데, 이는 민심을 반영하는 개념으로 자주 사용되었다. 천황이 1868년 발표한 「5개조의 서약문(五箇条の御誓文)」에서 "널리 회의(會議)를 일으켜 만기'공론'(萬機公論)으로 정해야 한다"는 말에 따라 전국에서 '공의소(公義所)'를 설치하기에 이르렀을 뿐 아니라, 민권론자들 역시 '공의'를 위해 국회를 개설해야 한다고 주장한다.[36]

> 작금(昨今) 민심이 흉흉하여 상하가 서로 의심하므로, 자칫하면 땅이 무너지고, 기와가 쓰러져 손댈 수 없는 조짐이 보이는 상황에 이르렀습니다. 이는 필경 천하의 여론공의(輿論公議)가 막혀 있기[壅塞] 때문으로 실로 유감스러울 뿐입니다. (…) 이를 고치지 않으면 국가는 망하게 될 것입니다. 신들이 애국의 충정을 억누를 수 없어 이를 구할 길을 강구(講求)하

36 이하 근대 일본에서의 공의에 대한 논의로는 노병호, 「공의여론과 민의」, 『일본사상』 제17호(2009); 박훈, 「근대 일본의 공론정치와 민주주의」, 『동아문화』 제57집(2019) 등 참고. 이때 역시 공과 사의 대비 속에서 논해지는데, 「5개조의 서약문」의 원안인 「의사지체대의」의 "만기공론으로 결정하며, 비밀리에[私に] 논해서는 안 된다"라는 문장에서 보듯이 '공의'는 '비밀리에' 혹은 '은밀히'라는 사(私)의 논리를 지양한, 명명백백하고 깨끗한 방법 및 제도의 확립을 과제로 하고 있다. 노병호, 「공의여론과 민의」, pp.270-271.

매, 그 길은 오로지 '천하의 공의'를 펼치는 데 있을 뿐입니다. '천하의 공의'를 펼치는 길은 민선의원(民撰議院)을 세우는 데 있을 뿐입니다.[37]

이처럼 '공론(公論)', '공의(公議)'라는 말은 전통적인 용법이면서도 새로운 서구의 정치 형태를 도입하기 위해 자주 사용된 상투어였다.[38] 공의 논리는 막부 말기부터 메이지 시기까지 의회의 필요성을 강조하기 위한 논리로 동원되었다. 조민 역시 민선의회 설립을 주장하기 위해 루소의 『사회계약론』을 번역한 것이었다.[39] 조민이 공이 아닌 것을 사라고 말하며, '거국의 민으로부터 나온 것'이 공이고 '일부의 민으로부터 나온 것'이 사라고 설명할 때, 이는 당시 도식적인 공과 사의 구도를 염두에 둔 것이라고 할 수 있다. 하지만 조민에게 이는 단순히 여론을 반영하라는 차원, 즉 공의여론이라는 말로 정부를 압박하기 위한 수

37 「民撰議院設立建白書」, 『明六雜誌』 3(1874), 山室信一·中野目徹 校註, 『明六雜誌』 上(東京: 岩波書店, 1999), pp.130-137.

38 물론 당시 가토의 민선의회 설립 논쟁에서 볼 수 있듯이 공의가 반드시 옳다고 할 수 없다는 것이 비판자들의 견해였다. "국가 치안의 기초를 단단히 하기 위해서, 공의를 확장하는 것만큼 좋은 것은 없다. 그러나 이때 한 가지 어려움이 있다. 이 어려움이란 무엇인가. 즉, 공의가 반드시 지론명설(至論明說)이라 말할 수 없다는 데 있다. 구주문명개화의 각국에서도 이를 면할 수 없다. 하물며 개화미전인 우리나라에서랴." 加藤弘之, 「民選議員ヲ設立スルノ疑問」(1874), 明治文化研究会 編, 『明治文化全集』 4券 憲政篇(東京: 日本評論社, 1992), p.368. 민선의회 설립 논쟁에서 천(天), 인민에 대한 관점에 대해서는 김도형, 「1874년 가토 히로유키의 민선의원설립 시기상조론에 관한 일고찰」, 『인문연구』 제72호(2014) 참고.

39 조민이 운영하던 불학숙은 정치가를 길러 낼 것을 기치로 삼았고, 그 불학숙에서 발행한 잡지 『정리총담』은 1회에 프랑스 인권선언을, 2회부터 『민약역해』를 실었다. 즉, 『민약역해』는 단순히 교육용이 아니라 지극히 현실 정치적인 목적을 가진 텍스트였다. 이는 당시 국회 개설을 둘러싸고 대립이 심화하는 가운데 그 정당성을 뒷받침하기 위한 현실적 의도 속에서 루소의 『사회계약론』이 원용되었음을 보여 준다.

단적 차원에 그치는 것이 아니었다. 보다 근본적으로 '공의'로 재현될 수 있는 하나의 집합체를 상정한 것이었다. 그런 점에서 전통적으로 공(公)이 군주를 비롯한 통치자 자신 혹은 통치자 관련 사물에 관계된 것이라고 한다면, 조민은 이러한 공의 가치를 전복시킨다.

> 공화정치라는 말[字面]은 라틴어 '레스 푸블리카(res publica)'를 번역한 것이다. '레스(res)'는 사물[物]이고, '푸블리카(publica)'란 말은 공중(公衆)이다. 따라서 '레스 푸블리카'란 즉 공중의 사물로, 공유물(公有物)이라는 뜻이다. 공유라는 뜻을 가지고 정체를 만들어 공화공치(共和共治)라는 이름으로 삼은 것이다. 그 본뜻은 다음과 같다. 정권을 전국 인민의 공유물로 삼아, 유사(有司)가 사적으로 하지 않을 때는 모두 '레스 푸블리카'이고, 모두 공화정치이다. 군주의 유무는 묻지 않는 것이다.[40]

그는 '공화정치'라는 말의 어원을 설명하며, '공중의 사물', '공유물'로서 '레스 푸블리카'라는 의미에 대해 말한다. 이때 '공화공치'란 '사적'인 것과 대비되는 공유물이다. 그런데 이때 공화정치에서 군주가 있느냐 없느냐가 중요한 것이 아니라, 사적인 통치가 아닌 공적인 지배가 공화정치의 핵심이라고 보았다. 이 글에서도 공화국을 설명하며 '공'과 '사'의 대비가 분명히 나타난다.

조민은 공화정에 대해 단지 그 이름이나 형식에만 얽매여 너무 많은 기대를 하는 것도, 너무 가혹한 비평을 하는 것도 비판한다. 이때 그가 염두에 둔 것은 영국 모델이었다. 그는 영국이 이름으로는 입헌

40 中江兆民, 「君民共治ノ說」(1881), 『中江兆民全集』 14卷(東京: 岩波書店, 1985), pp. 10-11.

군주제를 하고 있지만 진정으로 공화정치를 하고 있는 나라라고 생각했다. 영국에서 실제로는 국왕이 재상을 지명하지만 이는 '국회[議院]의 여망이 속하는 바' 바깥에서 취할 수 없다. 이는 '거국인민이 공선(公選)' 하는 바로, 그 원리는 미국에서 대통령을 뽑는 것과 다르지 않다. 영국의 법률 역시 '거국인민의 대리인[代員]이 토론, 의정(議定)하는 바'로서 한두 관리[有司]에 의해 좌우되는 바가 아니다. 따라서 재상을 뽑는 자도 인민이고, 법률을 세우는 자 또한 인민이다. 이렇게 행정과 입법은 모두 인민의 '공유물'이 된다. 군주는 단지 행정과 입법 사이에서 이를 화해·조정시키는 역할에 지나지 않는다. 이로써 공화정치와 '군민공치(君民共治)'는 배치되는 것이 아니다.[41]

공과 사의 구도 속에서 정권이 단순히 군주나 관리들의 사적 소유물이 아니라 공적 가치를 구현해야 한다는 논의는 물론 새로운 것이 아니다. 하지만 조민은 이를 공화국이란 무엇인가라는 논의를 통해 정체 구별을 넘어 군주와 공화의 융합을 시도한다. 이때 둘을 매개했던 것이 공의 논리였다.

정당론 역시 그런 점에서 공에 대한 조민의 사유를 잘 보여 준다.[42] 그는 당파를 형성하는 과정을 단순히 정치적 견해를 같이하는 결사를 넘어 진리를 찾아 나가는 과정으로 파악한다. 그는 정치의 당파

41 中江兆民, 「君民共治ノ説」, pp.11-12. 이는 "정부 형태가 어떻든 법에 따라 다스려지는 모든 국가를 공화국이라 부른다. 이런 국가에서만 공공 이익이 지배하고 공적인 일이 중요한 문제가 되기 때문이다"라거나 "공화정이란 말로 내가 뜻하는 것은 귀족정이나 민주정뿐만 아니라 전반적으로 일반의지, 곧 법에 따라 지도받는 모든 정부이다. 정부가 합법적인 정부가 되려면 주권자와 혼동되어서는 안 되며 주권자의 집행인이 되어야 한다. 그러면 군주정일지라도 공화정이 된다"는 루소의 논의와 다르지 않다.

42 이하 루소의 정당에 대한 이해와 '이(理)'의 문제는 何鵬挙, 「'理'の探索と国会: 中江兆民の憲政論における政道と政体」 참고.

를 크게 두 가지로 나누어, '자연(自然)의 당파'와 '사의(私意)의 당파'로 구별한다.[43] 서로 경쟁해 스스로 그 진리로 삼는 바를 주장하면서 자신과 의견을 같이하는 자들이 모여 하나의 당을 이루는 것을 학술의 당파라 설명한다. 그는 정치의 당파도 이와 같다고 말한다. 즉, "자연의 당파가 그 목적으로 삼는 바는 당파를 중히 여기는 데 있지 않고, 진리를 중히 여기는 데 있다. 진리를 중히 할 때는 하물며 자신의 당 중에 그렇지 않은 바가 있고, 다른 당 중에 옳은 바가 있음을 알아차릴 때는 갑자기 뜻을 고쳐 이를 따라도 조금도 마음에 개의하는 바가 없다." 반면 사의의 당파는 이와 다르다. 사의의 당파란 "그 목적하는 바가 진리를 구하는 데 있지 않고, 자신의 사욕을 나타내는 데 있다." 진리를 발견할 수 있는지 아닌지는 애초부터 관심이 아니므로 이를 사의의 당파라고 한다는 것이다. 따라서 사의의 당파의 본원은 "자연의 이(理)에서 나온 것이 아니라, 필경 정(情)으로 돌아가 성(性)에 어긋나게 날조"하는 식으로 될 수밖에 없다.[44]

조민에게 국회는 단순히 국민의 대표자가 의사를 표명하는 장으로서만이 아니라, 오히려 '이(理)'를 논의하고 발견하는 장소다. 국회가 '진리를 중시하는' 학파와 같은 정당에 의해 조직될 때, '이(理)'에 접근할 가능성이 높아질 것이다.[45] 물리학이란 물질 운동에서의 진리를 찾는 것이고, 화학은 사물들의 이합변화에 대한 진리를 찾는 것이며, 점성학은 별의 운행에 대한 진리를 찾는 것과 마찬가지로, 정치적 정당은 그 진리로서 주장을 찾아 나가는 것이다. 이때도 사의(私意)와 이(理) 내지 공(公)의 가치가 대비된다.

---

43 中江兆民, 「政党ノ論」(1882), 『中江兆民全集』 14巻(東京: 岩波書店, 1985), p. 96.

44 中江兆民, 「政党ノ論」, pp. 97-98.

45 何鵬挙, 「'理'の探索と国会: 中江兆民の憲政論における政道と政体」, p. 31.

그렇다면 이때 진리는 어떻게 찾을 수 있는가? 기본 과정은 물론 토론이 맡는다. 하지만 여기서 토론은 앞서 일반의지를 찾아 나가는 과정에서 '의'가 담당했던 바와 마찬가지로, 각자의 의견을 합의 과정을 거쳐 하나로 모여 내는 것과 다르다. 그가 토론을 강조한 이유는 단순히 자신의 의견을 이야기하는 과정 자체를 중요하게 생각했기 때문이 아니라, 토론을 통해 사를 넘어 공에 도달할 수 있다는 점 때문이었다. 그가 생각하는 '대의정치의 비결'이란 여러 소인(小人)의 흉복 안에 있는 '사리사욕' 덩어리를 국회라는 큰 냄비에서 끓이고 또 끓여 구름이 되고 안개가 되어 푸른 층루인 내각에까지 충상(沖上)시키는 것이다. 물론 그 역시 끓이는 과정에서 분뇨를 저을 때와 마찬가지로 '암모니아 가스'가 발생하는 것은 어쩔 수 없다고 보았다. 하지만 이러한 과정을 통해야만 비로소 사리사욕, 즉 이기심이 공공심으로 발현될 수 있다.[46]

5. '일대뇌수(一大腦髓)'로서의 국회

논쟁적이긴 하지만, 루소가 현실 정치에서 대의제를 차선책으로 제시한 거라고 해석할 수 있다면, 조민 역시 보통선거제를 통해 '공'을 달성하고자 했다. 그러나 국회를 대의하는 기관으로 삼아 인민들의 뜻을 대신 논의케 하는 것으로는 불가능했다.

일국의 정치기관 중 가장 적절히 인민의 머리 위에 관계해 온 것은 국회

46 中江兆民, 「君子小人」(1890), 『中江兆民全集』 12卷(東京: 岩波書店, 1984), pp. 87-88.

다. 무엇 때문인가? 국회라는 것은 국민 의욕의 표발소(標發所)이기 때문에 새로운 법률을 만든다든가 구래의 법률에 대해 변혁할 때는 반드시 국회의 의견을 거치지 않으면 안 된다. 또한 국회는 국민 지갑의 보관소로서, 조세를 징수할 때는 국회의 승인을 거치지 않으면 안 된다. 요컨대 국회는 전 국민의 의욕(意欲)으로부터 성립된 정사(政事)적 일대뇌수(一大腦髓)라 할 수 있는 것으로, 다른 행정관 즉 내각의 여러 성 및 지방 관청은 정사적 수족(手足)이라면, 일일이 명을 뇌수로부터 들어서 운동하는 것만이 가능할 뿐이다.[47]

여기서 국회가 국민 의욕의 '표발소(標發所)', 국민 지갑의 '보관소' 역할을 하는 점도 중요하지만, 더 중요한 것은 '일대뇌수(一大腦髓)'라는 표현이다. 루소가 그러한 것처럼 조민 역시 신체적 표현으로 정치체를 설명하는 비유를 자주 사용한다. 여기서 전 국민의 의욕으로부터 성립된 '일대뇌수'라는 표현은 루소식의 일반의지를 설명하는 것으로, 이러한 이미지는 앞서 『민약역해』에서 『사회계약론』 원문에 없는 부분을 조민이 추가해 국회[議院]를 '심복(心腹)'으로, 법률[律例]을 '기혈(氣血)'로 비유하며 심장과 혈액의 유비를 통해 정치체를 설명한 것에서 한발 더 나아간다.[48] 이제 일반의지로서 뇌수는 행정관이나 내각이라는 수족에 명을 내리는 것으로 상정되며, 행정관과 내각은 일반의지의 명을 일일이 받들어 운동하는 것만이 가능하다.

이처럼 국회가 한 국가의 '일대뇌수'라면 국회를 구성하는 의원의 역할은 무엇인가? 우선, 조민이 상정하는 대의민주주의란 의원들에게

47 中江兆民, 「国会論」(1888), 『中江兆民全集』 10卷(東京: 岩波書店, 1983), p. 46.
48 김태진, 「나카에 조민의 루소 수용」, pp. 55-58.

대의 기능을 일임하는 것이 아니었다. 조민은 의원의 역할을 설명하기 위해 다음과 같이 유한위임과 무한위임을 구별한다.

> 유한위임(有限委任)이란 선거인이 대의사(代議士)를 고름에 '이러이러한 사항에 관해서는 이러이러해야 한다'고 미리 시사(時事)의 요강을 정해, 이를 대의사에게 명하는 것이다. 고로 이 법에 의하면 대의사라는 것은 선거인의 뇌수(腦髓)에서 사고한 조건을 자기의 입술과 혀[脣舌]로 진술하는 것이다. 무한위임(無限委任)이란 선거인인 자가 오직 대의사의 논지[論綱]를 듣는 것만으로 선거해, 일체의 사항을 대의사로 하여금 국회 중에서 임기응변으로 논술하게 한다. 유한위임의 법에 의하면 선거인은 호령자(號令者)이고, 대의사는 수령자(受令者)이다. 선거인이 장교라면, 대의사는 전령사(傳令使)이다. (…) 무한위임의 법에 의하면 선거인은 신용자(信用者)이고, 대의사는 수신자(受信者)이다. 선거인은 군주이고, 대의사는 재상이다.[49]

조민은 여기서 유한위임이라는 말로 기속위임(Le Mandat Impératif)을 설명한다. 이것은 예상할 수 있듯이 대의민주주의를 어떻게 받아들일 것인가 하는 문제의식과 관련된다. 결국 조민 역시 의원[代議士]의 역할을 무엇으로 할 것인가, 의원은 일반의지와 어떤 관계에 있는가라

49 中江兆民, 「選挙人の目さまし」(1889), 『中江兆民全集』 10卷(東京: 岩波書店, 1983), pp.88-89. 루소는 "주권은 본질적으로 일반의지에 있으며, 의지는 결코 대표되지 않는다. 의지는 그 자체이거나, 아니면 다른 것이다. 중간은 없다. 그러므로 인민의 대의원(député)은 인민의 대표자(représentant)가 아니며, 그럴 수도 없다. 그는 인민의 간사(commissaires)일 뿐이다. 대의원은 어떤 것도 최종적으로 결정할 수 없다. 모든 법은 인민이 직접 재가하지 않으면 무효이며, 그런 것은 절대로 법이 아니다"라고 말한다. 루소, 『사회계약론』, p.117.

는 현실적 문제에 직면한다. 이때 조민은 의원을 단순히 정부의 견제 기능을 위한 것에 한정하지 않는다. 인민과 의원의 관계는 단순히 인민을 대표해 대의하는 존재가 아니었다. 인민은 명령을 내리는 호령자(號令者)이고, 대의사는 그 명령을 받는 수령자(受令者)이다. 즉, 선거인이 '뇌수'에 해당한다면 대의사란 '입술과 혀'로 이를 진술할 뿐이다. 조민은 더 나아가 "회의 중에 의안이 나와, 만일 선거인에게 촉탁(囑託)받은 요강의 조건에 포함되는 정신을 응용하기 불가한 경우 대의사는 문서에 의해 선거인의 의견을 자문 구하거나 철도편을 이용해 스스로 선출지에 갈 여유는 충분하다"[50]라고까지 말한다. 즉, 의원의 뜻이 선거인의 뜻과 달라서는 안 된다. 그가 보기에 유한위임론이야말로 평민주의에 가장 적합한 것이었다. "행정관으로서 의정의 권을 잡게 하는 것이 전체정치가[專政家]의 말이고, 국회로서 의정의 권을 전유하게 하는 것이 무한위임론자의 말이며, 국민으로서 의정의 권을 감독케 하는 것이 유한위임론자의 말로, 요컨대 유한위임론은 평민주의에 가장 적합한 것"이라 설명한다.[51]

조민은 선거 동안만 자유로울 뿐 의회 의원이 선출되는 즉시 노예가 된다는 루소의 비판을 연상케 하는 논의로 결론을 맺는다. 맹목적으로 선거만 하는 행위는 "자기의 뇌수를, 그리고 자기의 지갑을 대의사에게 맡김으로써 의정의 권리를 포기해" 버리는 것으로, 투표 때만 일시 각성하고 또 잠들어 버리는 것과 같다는 것이다. "이같이 일생을 보내고자 한다면 나는 이렇게 말하겠다. 과연 공들은 4년에 하루만 자유인이고 그 사이는 항상 노예일 뿐이라고."[52]

50 中江兆民,「選挙人の目さまし」(1889),『中江兆民全集』10卷(東京: 岩波書店, 1983), p. 90.

51 中江兆民,「選挙人の目さまし」, p. 97.

조민의 이러한 결론이 루소의 논의를 곡해한 것일 수도 있으나, 어쩌면 이는 중요한 문제가 아닐지도 모른다. 왜냐하면 조민이 받아들인 루소는 18세기 루소 사상 그 자체가 아니라, 그가 프랑스에서 유학했던 1872~1874년에 그곳에서 활약하던 공화주의자들의 해석을 거쳤기 때문이다. 요네하라 켄(米原謙)이 지적하듯이, 조민은 당시 아콜라(Émile Acollas), 베롱(Eugène Véron), 바르니(Jules Romain Barni) 등 프랑스 공화주의자들의 글을 읽고 감명을 받았으며, 그들의 루소 해석에 많은 영향을 받았다. 19세기 말 프랑스의 공화주의자들은 루소의 논의를 기속위임론의 근거로 삼았다. 이는 국민대표라는 관념에 저항해 선거인의 의지가 무엇보다 중요함을 강조한 급진공화파의 주장이었다. 이들은 루소를 통해 일반의지는 양도될 수 없으며, 자기 자신에 의해서만 대표될 수 있다는 기속위임의 논리를 바탕으로 대의제를 이야기했다.[53] 조민이 이야기하는 대의제에도 같은 시기 프랑스 공화주의의 영향이 짙게 배어 있다. 이는 단순히 통치를 의회에 일임한다는 논의를 넘어, 인민이 뇌수가 되어 대의원을 입과 혀처럼 부릴 수 있어야 했다. 그리고 이 인민의 일반의지 = 공지란 적극적으로 공의 가치 속에서 만들어져야 했다.

6. '일반의지'와 '공지' 사이

국회에서의 합의와 '이' 내지 '공'을 결부시켜 사유하는 조민의 사상은 주권의 존재를 '이성'에서 구해, '이성의 발견'을 대의정체의 임무

52 中江兆民, 「選挙人の目さまし」, pp. 122-123.

53 米原謙, 「フランス時代の中江兆民」, 『社會思想史研究』 12(1988), pp. 97-107.

로 보는 기조의 주장을 상기시킨다.[54] 물론 그렇다 하더라도 조민의 '공'에 대한 관념이 기조식 이성과 동일하게 파악될 수 있는 것은 아니다.[55] 그것은 적극적으로 파악되고 재현되어야 할 가치로서, 인민의 이름을 대신한다. 그것은 어떻게 구성되는가, 어떻게 확인되는가라는 문제에 대한 답을 줄 수는 없지만, 분명히 존재하고 추구해야 할 가치였다. 조민은 국회란 무엇인가, 인민들의 뜻이 정치에 어떻게 반영되어야 하는가라는 물음을 던지는 과정에서 루소의 일반의지 개념을 '공'이라는 논의 속에 녹여 내고 있다. 어쩌면 이때 '공지' 안에는 조민이라는 이름 그대로 집합적 인민, 즉 '수많은 인민[兆民]'의 목소리가 '공'이라는 이름으로 들어 있었는지도 모른다.

물론 조민이 국회의 윤허를 얻는 것으로 일반의지를 생각했다고 볼 여지는 있다.[56] 조민은 주권의 양도 불가능성을 이야기하는 대목에서 다음과 같이 원문에 없는 부분을 추가했다.

> 중지(衆志)로서 군권(君權)을 발한다. 이때 지(志)가 되는 것은 공이 아니라면 사로, 거국의 민으로부터 이를 발하거나 일부의 민으로부터 이를 발한다. 거국의 민으로부터 발하는 것은 공이 되고, 이를 율례(律例)로 삼는다. (…) 일부의 민으로부터 발하는 것은 사사로이 원하는 바에 지나지 않으며, 그것이 아니라면 이사(吏士)의 교령(敎令)일 뿐이다. 모두 의원(議

54 조민 역시 루소에 대한 비판들을 잘 알고 있었다. 당시 루소 비판에 관해서는 宮村治雄, 『開国経験の思想史—兆民と時代精神』 참조.

55 何鵬挙, 「'理'の探索と国会: 中江兆民の憲政論における政道と政体」, p. 30.

56 루소가 "인민이 주권체로서 정당하게 집회를 여는 순간 정부의 모든 관할권은 중단되고, 행정권이 연기되며, 가장 미천한 시민의 인격도 최고 행정관의 인격과 마찬가지로 신성불가침한 것이 된다"라고 인민집회에 신적 폭력의 성격을 부여한 데까지 조민이 나아간 것은 물론 아니다.

院)의 윤준(允准)을 얻지 않은 것은 공지라 할 수 없다. 의원의 윤준을 얻으면 이 또한 거국의 지[擧國之志]가 된다.[57]

여기서 보듯이 '의원의 윤준'이 거국의 지, 즉 공지 = 일반의지를 확인하는 길이 된다. 그러나 조민에게서 국회의 역할이란 무엇인지 재고해 본다면 이야기가 간단하게만 설명될 수 없다. 조민에게 국회는 단순히 '대의사'들의 재현 기구만이 아니었다. 의회란 일반의지를 체현하는 공간이기 때문이다. 그렇게 보면 루소의 일반의지와 조민의 공지 사이에 공통적인 면이 보인다. 즉, 대표/대의(representation)의 불가해성이라는 점이다.[58] 대표/대의란 것이 어원상 "현재(present)하지 않는 무언가를 다시(re) 보이게 한다"는 의미임을 생각할 때 누군가를 대신해 논의하는 것조차 '누가', '어떻게' 대신할 것인지 그렇게 간단한 문제가 아니다. 마찬가지로 일반의지 역시 결국 무엇인가 재현하는 절차를 거칠 수밖에 없다고 할 때, 재현 절차를 쉽게 설명할 수 없는 것도 어쩌면 당연할지 모른다. 조민은 일반의지의 이러한 양상을 공의 논리로 설명한다. 이는 일반의지의 아포리아를 보여 주는 것이기도 하다. 그런 점에서 조민의 루소 이해는 루소의 일반의지 논의가 가진 아포리아를 '공사(公私)' 논의를 통해 보여 주는, 그것이 꼭 루소 본인의 생각과 맞지 않을지도 모르지만, 훌륭한 해석 중 하나라고 할 수 있다.[59]

---

57 中江兆民, 「民約譯解」, p.109. "의지는 일반적이거나 일반적이지 않거나 둘 중 하나이기에, 그것은 인민 단체의 의지든지 아니면 단지 그 한 부분의 의지일 뿐이다. 앞의 경우에 이 의지는 선포되어 주권 행위가 되며, 법을 만든다. 뒤의 경우에 그것은 개별의지일 뿐이거나 행정직의 행위일 뿐이다. 그것은 기껏해야 명령이다." 루소, 『사회계약론』, pp.36-37.

58 representation 개념이 왜 '대의'로 번역되었는가의 문제에 대해서는 본서 제2장 이관후의 논의 참조.

그동안 '동양의 루소' 조민에게서 '동양'적인 측면, 즉 루소의 사상을 동양식으로 전유했다거나 '루소'적인 측면, 즉 당시 일본에는 적합하지 않았던 루소의 논의를 그대로 도입하려 했다는 견해 중 어느 한 부분만 강조되어 왔다. 그러나 '동양의 루소'라는 조민의 별명은 오히려 동양'과' 루소의 '만남'이라는 보다 적극적인 의미로 해석되어야 한다. 즉, '공'이라는 세계가 '일반의지'라는 세계와 만나 새롭게 세계를 해석하고 추동시키는 과정으로서 '만남'이 그것이다. 조민은 의회를 통해 이를 찾을 수 있다고 보았지만, 단순히 대신 논의(代-議)하는 대의사들을 의회라는 공간에 보내면 자연스럽게 찾을 수 있다고 본 것은 아니다. 조민에게도 인민이 어떻게 공지를 만들어 낼 수 있는가는 여전히 문제로 남지만, 그것은 '공'이라는 이름으로 어떻게 '대표(represent)'될 수 있는가 하는 일종의 '지적 실험'이었을지도 모른다.

---

59 루소 역시 인민의 대의원은 인민의 '대표'가 아니라 '대리'일 뿐임을 강조한다. 조민은 "국회란 우리 인민을 대신해[代] 정부의 역인(役人)이 하는 일을 지켜보는 모습이 되고, 국회 중에 들어간 인물은 명대인(名代人) 혹은 대의사(代議士)로, 우리 인민의 명대(名代)가 되어 정사를 평의하는 것"이라고 설명한다. 中江兆民, 「平民の目さまし」(1887); 中江兆民, 『民約論』, p.11.

제7장

몽테스키외의 『법의 정신』 번역

19세기 말 20세기 초 일본과 중국의 번역본들

소진형

1. 동아시아의 민주주의 제도 수용 단계에서 『법의 정신』의 번역 의미

몽테스키외(Charles-Louis de Secondat, Baron de La Brède et de Montesquieu)의 『법의 정신(*De l'esprit des lois*)』(1748)은 근대 민주주의 학술사에서 독특한 지위를 갖는다. 몽테스키외는 입법, 행정, 사법 권력의 분립을 주장한 첫 번째 정치철학자로 알려져 있다.[1] 그는 정체(政體)를 폭군정, 입헌군주정, 민주정으로 구분하고 설명하는 과정에서, 그리고 영국의 정치 제도를 설명하는 부분에서 민주정의 특징으로 삼권분립(三權分立)을 언급한다. 사실 『법의 정신』의 핵심 주장은 각 국가의 서로 다른 법과 제도의 성질이 기후와 풍토에서 기원한다는, 바꿔 말하면 기후와 풍토, 환경에 따라 적합한 정체가 다르다는 것이다.[2] 이러한 결정론적 설

---

* 이 글은 소진형, 「몽테스키외 『법의 정신』의 동아시아적 번역과 번역의 연쇄: 19세기 말 20세기 초 일본과 중국의 『법의 정신』 번역서의 정치개념을 중심으로」, 『한국동양정치사상사연구』 제20권 2호(2021)를 수정·보완한 것이다.

1 일반적으로 몽테스키외는 왕과 국회의 이권 분립을 주장했다고 알려져 있는 존 로크와 대비되어 최초로 삼권분립을 주장한 학자로 설명된다. Britannica, “Seperation of Powers”, https://www.britannica.com/topic/separation-of-powers (검색일: 2021. 9. 10) 참고.

2 『법의 정신』은 일반적으로 삼권분립을 강조한 책으로 이해되고 있지만, 18~19세기 유럽의 맥락에서 이 책은 풍속, 기후와 국가 형태의 관계를 조망했다는 측면에서 주목받았다. 특히 유럽과 대비되는 다른 지역의 국가 형태를 풍속, 기후 등과 연결시킴으로써 유럽 중심주의를 강화하는 방향으로 독해된다. 『법의 정신』의 기후, 풍속과 정체(政體)의 관계에 대해서는 Joseph Bien, “Montesquieu On Fundamental Law and Custom”, *The Southwestern Journal of Philosophy* 3-3(1972); Frederick G. Whelan, “Oriental Despotism: Anquetil-Duperron's Response to Montesquieu”, *History of Political Thought* 22-4(2001); 島田孝右, 「モンテスキュ―著『法の精神』と日本」, 『専修商学論集』 84(2007); Simon Kow, “Enlightenment Universalism? Bayle and Montesquieu on China”, *The European Legacy* 19-3(2014); Jean-Patrice Courtois, “The Climate of the Philosophes during the

명에도 불구하고 민주주의 제도 및 영국 정치 제도에 대한 몽테스키외의 설명으로 인해 이 책은 삼권분립을 주장한 최초의 책으로 이해되어 왔다.

동아시아에서『법의 정신』의 번역은 1875~1876년 일본에서, 그리고 1900년대 중국에서 이루어졌다. 일본에서는 가 노리유키(何禮之), 스즈키 유이치(鈴木唯一)에 의해 번역되었고, 중국에서는 역서휘편사(譯書彙編社), 장샹웬(張相文)과 청빙시(程柄熙) 및 옌푸(嚴復)에 의해 번역되었다. 가 노리유키, 스즈키 유이치, 옌푸의 경우는 토머스 뉴전트(Thomas Nugent)의 영어 번역본을 중역하였고,[3] 역서휘편사와 장샹웬·청빙시의 번역은 가 노리유키의 일본어 번역을 중역한 것이다. 시기에서 확인되듯이 일본과 중국의『법의 정신』번역은 특정 시기에 집중되어 있다. 일본의 경우 1874년「민선의원설립건백서(民撰議院設立建白書)」사건을 계기로 자유민권운동이 시작되었고, 서구 민주주의에 대한 관심이 서양의 법과 정치 제도에 대한 번역으로 이어졌다.[4] 중국의 경우 1895년부터 서양의 정치 개념에 대한 관심이 갑자기 증가하면서, 20세기 초 지식인들은 서양의 법, 정치, 경제에 대한 번역이 본격적으로 이루어질 필요성을 느끼고 있었다.[5] 일본 유학생들로 구성되어 있던 역서휘편사는 이런 맥락에서 일본어로 번역된 서양의 정치, 경제, 법에 관한 책들

Enlightenment", *MLN* 132-4(2017); 宮永孝,「カントの目に映じた日本」,『社会志林』67-3(2020) 참조.

3 Charles de Secondat Montesquieu, *The Spirit of Laws*, translated by Thomas Nugent (Kitchener: Batoche Books, 2001[1752]).

4 이 시기 서양 민주주의 제도의 번역서에 대해서는 澤大洋,「明治最初期の選挙制度論の発展」,『選挙研究』5(1990) 참조.

5 19세기 말 20세기 초 서양에 대한 중국의 관심 증가에 대해서는 진관타오, 이기윤 옮김,「중국 사회 근대적 전환의 역사단계: 키워드 중심의 관념사 연구」,『개념과 소통』제4호(2009) 참조.

을 중국어로 옮겼고, 옌푸는 말할 것도 없이 이 시기의 가장 중요한 번역자 중 한 명이었다.[6]

이렇게 『법의 정신』은 일본과 중국에서 서양의 정치 제도인 민주주의에 관한 관심이 불붙기 시작할 때 번역되었고, 삼권분립으로 대표되는 이상적 민주주의 제도를 구현한 미국의 법사상에 큰 영향을 주었다고 이해되었음에도 불구하고 그 후에는 동아시아에서 몽테스키외에 대한 관심이 그다지 크지 않았다. 미야자와 도시요시(宮澤俊義)가 1928년과 1930년 프랑스어판을 저본으로 번역하기까지 사상가로서 몽테스키외나 정부 형태, 헌법의 근간으로서 삼권분립은 학술적 차원에서도 진지하게 언급되지 않았던 것으로 보인다.[7] 그럼에도 불구하고 『법의 정신』이 정치학·법학 교과서나 교양서 차원에서 근대 정치 체제, 특히 권력분립론의 기원처럼 지속적으로 언급된 점은 주목할 만하다. 몽테스키외는 입법권, 행정권, 사법권의 분립을 주장하지 않았음에도 불구하고 일반적으로 '『법의 정신』= 삼권분립의 근거'라는 도식을 세워 민주주의 제도에 있어 중요한 원리를 제공한 저술로 인식되어 왔고, 정치학·법학 교양서에 『법의 정신』이 언급될 때는 필수적으로 그 지점이 강조된다는 것을 확인할 수 있다.[8]

---

6 장샹웬은 서양의 지리학에 특히 관심이 많은 인물로 알려져 있다. 필자가 확인한 자료에는 장샹웬이 『법의 정신』을 번역한 계기가 분명히 드러나 있지 않다.

7 예를 들어, 일본에서 몽테스키외에 대한 본격적인 학술적 관심은 1920년대 이후 급속하게 증가한 것으로 보인다. 번역서를 제외하고 몽테스키외에 대해 언급한 저서는 가타오카 고우키(片岡綱紀)가 1880년에 편찬한 『내외대가논설집(内外大家論説集)』 정도다.

8 1945년 이전 일본에서는 『법의 정신』 번역서 및 미야자와 도시요시(宮澤俊義)가 1936년 출판한 개론서에 해당하는 『몽테스큐 「법의 정신」(モンテスキュ—「法の精神」)』 외에는 다음과 같은 정치학·법학 개론서 및 교양서 등에서 소개되고 있다. 今中次麿, 『政治思想史』(東京: 岩波書店, 1927); 村瀬武比古, 『政治学要綱』(東京:

본장은 그러나 이러한 인식의 기원을 밝히기보다 『법의 정신』의 '번역'과 그 언어, 구체적으로는 19세기 말 20세기 초 『법의 정신』 번역서들의 정치 개념어 비교 및 분석에 초점을 맞추고자 한다. 개념 번역의 특성을 파악해야만 각 정치 개념어 및 인접어, 정의(定意)의 유통 방식 혹은 정치 레토릭에 대한 연구가 가능하기 때문이다. 본장은 특히 『법의 정신』 2권 2장의 번역어에 주목하고자 하는데, 이 부분에서 몽테스키외가 소개한 정부의 형태 중 동아시아에서 여전히 생소한 민주정, 즉 democracy에 대한 논의가 이루어진다.[9] 이러한 문제의식하에 가 노리유키[10]가 번역한 『만법정리(萬法精理)』(1875~1876), 스즈키 유이치[11]의

文精社, 1926); 高橋清吾, 『欧洲政治思想史』(東京: 早稲田大学出版部, 1921); 野村淳治, 『憲法講義』(東京: 西北書院, 1938). 이 외에도 クールト·シユテルンベルヒ, 藤本直 訳, 『政治学説史』(東京: 政治学普及会, 1925); レーモンド·ゲッテル, 鷲野隼太郎 訳, 『政治思想史』 上巻(東京: 聚英閣, 1928); モンテスキウ, 木村幹 訳, 『世界大思想全集 5: 「法の精神」, 「君主論」』(東京: 春秋社, 1928); カスパリー, 藤本直 訳, 『政治学説史大要』(東京: 刀江書院, 1933); 豊島与志雄·大井征, 『仏蘭西文学の知識』(東京: 非凡閣, 1934); 刀江書院 編, 『社会哲学叢書』 第1(東京: 刀江書院, 1936) 참조.

9 『법의 정신』 번역 비교를 시도한 선행 연구로는 후지모토 겐이치(藤本健一)의 가 노리유키와 옌푸 번역의 비교 연구(2014)가 있다. 이 연구는 법률 용어를 비교하고, 전용어, 신조어, 일본식 법률 한자어 등의 빈도수에 초점을 맞춤으로써 일본 번역어의 영향력을 보여 주는 것이 목적이다.

10 가 노리유키는 에도 막부 말기부터 메이지 시대까지 활동한 일본의 번역가이자 관료, 교육자다. 나가사키의 당통사(唐通事) 집안에서 태어나 열다섯 살 무렵까지 중국어를 수학했고, 그 후 영어를 공부하여 외교 교섭 시 통역으로 일했으며, 이와쿠라 사절단의 통역으로 수행했다. 또한 그는 1871년부터 1879년까지 법, 경제, 정치 분야의 책을 번역했다. 가 노리유키의 자세한 이력과 번역에 대해서는 許海華, 「幕末明治期における長崎唐通事の史的研究」(関西: 関西大學校 博士學位論文, 2012), pp. 108-112 참조.

11 스즈키 유이치는 영문학자로, 1871년 논리학을 연구하기 위해 영국으로 유학 갔다가 1872년 귀국 명령을 받고 돌아와 문부성편집료(文部省編輯寮), 번역국(飜譯局)에서 근무하다가, 번역국이 폐지된 후인 1875년 10월 퇴관한다. 『율례정의』

『율례정의(律例精義)』, 가 노리유키의 『만법정리』를 재중역한 역서휘편사의 번역, 장상웬과 청빙시의 공동 번역 및 옌푸의 『법의(法意)』를 대상으로 정치 개념의 번역어를 비교하고자 한다.

프랑스어 원본에서 영어 번역으로, 영어 번역에서 일본어 번역으로, 일본어 번역에서 중국어 번역으로 이어지는 번역의 연쇄에서 본 연구가 주목하는 것은 번역서들이 원본을 충실하게 번역하고 있는지 여부와 번역서 간 번역어의 차이이다. 본장이 다루는 번역서들이 출현한 시기는 번역 대상이 되는 사회 및 문화 전 분야에 대한 번역어가 확립되기 전이라고 할 수 있다. 출발어와 번역어의 언어적 불균형 상황에서 충실하게 번역한다는 것은 쉬운 일이 아니다. 따라서 이 시기의 번역은 번역과 번안의 중간 단계가 많이 보이는데, 번안에 가까울수록 번역자의 의도가 잘 드러난다. 또 번역자가 개념이나 설명에 주석을 달아 부연하는 경우 번역자의 의도를 확인할 수 있다.

『법의 정신』의 초기 번역본들은 번역 과정에서 다른 번역을 참조하거나 중역함에도 불구하고 한자 번역어 사이의 차이가 눈에 띈다. 민주 제도와 관련한 번역어의 차이는 번역자가 속한 집단의 언어적 관습, 번역자가 독자로 상정하는 집단의 상식 등과 밀접한 관계가 있다. 그러나 이 글에서는 언어적 관습 혹은 언어적 맥락의 재구성을 유보한 채 텍스트 간 번역어 선택의 차이를 드러내는 데 초점을 맞추고자 한다. 19세기 말 20세기 초 언어적 관습을 재구성할 정도로 연구가 충분히 진척되지 않았고, 그런 상황에서 번역어의 언어적 맥락을 제시하는 것은 정치 사건으로 개념들을 환원시키거나 선입견을 줄 수 있기 때문이다.

는 1875년 7월에 발간되는데, 그가 번역국에 근무할 당시 번역한 것이다. 스즈키 유이치의 『율례정의』에 대해서는 馬場愼, 「鈴木唯一と律例精義」, 『法政論叢』 23(1987) 참조.

2. 동아시아에서 번역된 『법의 정신』의 미국적 기원

일본과 중국에서 『법의 정신』에 대한 최초의 관심은 미국과 밀접한 관련이 있다. 앞서 말했듯이, 삼권분립은 미국 정치 제도의 핵심으로 이해되었기 때문이다. 이는 19세기 말 유럽이나 미국에서도 동일하게 이해되었던 것으로 보인다. 스펄린(Paul Merrill Spurlin)이 1940년에 저술한 『미국에서의 몽테스키외, 1760~1801(*Montesquieu in America, 1760-1801*)』에는 미국의 민주주의 제도가 권력 분립과 균형에 대한 몽테스키외의 이론에 토대를 둔 것으로 보이는 많은 책이 언급되어 있다.[12] 삼권분립과 미국 정치 체제의 관계에 대한 인식은 서양의 제도를 이해하기 위해 미국 및 유럽에 파견되었던 일본의 이와쿠라 사절단(岩倉使節団)에도 영향을 미쳤다. 이때 사절단의 한 명이었던 기도 다카요시(木戸孝允)는 『법의 정신』이 미국의 법과 정치 제도를 이해하는 데 필수적인 책이라고 보았던 듯하다. 『법의 정신』을 동아시아에서 최초로 번역한

12 스펄린은 18세기 미국이 정부 체제, 특히 헌법에 관심을 갖기 시작하면서 몽테스키외에 대한 미국인들의 관심이 시작되었고 지속되었다고 지적한다. 이에 대해서는 Paul Merrill Spurlin, *Montesquieu in America, 1760-1801* (Louisiana: Louisiana University Press, 1940), p.5 참조. 몽테스키외의 『법의 정신』이 미국 정치 체제의 토대가 되었다는 주장은 19세기 말 20세기 초 자료들에서도 지속적으로 발견된다. 그에 대해서는 William Bondy, *The Separation of Governmental Powers in History, in Theory, and in the Constitution, Studies in History, Economics and Public Law* (New York: Columbia College, 1896); Archibald Cary Coolidge, *Theoretical and Foreign Elements in the Formation of the American Constitution* (Freiburg I. B.: Chr. Lehmann, 1892); Frank J. Goodnow, *The Principle of the Administrative Law of the United States* (New York: G. P. Putnam's Sons, 1905); Albert Bushnell Hart (ed.), *American History Told by Contemporaries, Vol. II: Building of the Republic, 1689–1783* (New York: The Macmillan Company, 1898); Henry Sumner Maine, *Popular Government* (London: J. Murray, 1897); Francis Newton Thorpe, *The Constitutional History of the United States* (Chicago: Callaghan & Co., 1901) 참조.

가 노리유키는 당시 사절단의 서기로 동행했는데, 번역서 서문에서 『법의 정신』을 번역하게 된 이유에 대해 다음과 같은 일화를 밝히고 있다. 미국에서 그는 기도 다카요시와 함께 미국의 법학자 새뮤얼 테일러를 만나 서양의 정치 제도가 발달한 이유에 대해 묻는다. 그리고 서양 정치 발전의 근간에 몽테스키외의 사상이 있다는 이야기를 듣는다. 이에 기도는 가에게 『법의 정신』 번역에 대해 말했고, 가는 토머스 뉴전트의 영어 번역본을 저본으로 삼아 번역했다.[13]

『법의 정신』은 『만국공법(萬國公法)』(1864)에서 『율례정의(律例精義)』라는 이름으로 소개된 이래, 일본에서 1875년 가 노리유키와 스즈키 유이치에 의해 각각 『만법정리(萬法精理)』(1875~1876), 『율례정의』라는 이름으로 출판되었다.[14] 이 가운데 『만법정리』는 이후 중국인 일본 유학생들이 서양의 정치, 법률, 경제 등의 저술을 중국어로 빠르게 중역하여 전파하려는 목적으로 조직된 역서휘편사가 일부 번역했고,[15] 1903년 2월 상해남양공학(上海南洋公學)의 교사이자 지리학자였던 장샹웬과 그의 동료 청빙시가 일부 번역했다.[16] 『법의 정신』 중국어 번역이 일본

13 何礼之, 『萬法精理』 巻1, 「序」. 기도의 일기에 새뮤얼 테일러에 대한 직접적인 언급은 없다. 다만 1872년 음력 1월 22일 자 일기에서 그는 가에게 「5개조의 서약문(五箇条の御誓文)」을 언급하면서 서양의 기본법과 정치 제도를 조사해야 한다고 설명한다. 가 노리유키의 『법의 정신』에는 기도의 서문이 포함되어 있다. 기도의 언급에 대해서는 木戸孝允, 『木戸孝允日記』 2(東京: 早川良吉, 1933), pp.141-142 참조.

14 스즈키 유이치의 『율례정의』는 전체 31권 중 앞의 5권만 번역한 것이다. 『만법정리』는 가 노리유키가 번역을 시작해 1권부터 20권까지는 본인이, 21권부터 31권까지는 스즈키 유이치가 번역했다. 『만법정리』의 번역에 대해서는 藤本健一, 「中国近代法律新語の研究—中日近代法律新語の成立及び相互の影響を中心に—」(大東文化大學大學院 博士學位論文, 2015), p.101 참조.

15 1900년 12월에서 1901년 4월에 걸쳐 1권부터 3권까지 『譯書彙編』 1-3期에 게재되었다.

어 중역이라는 점을 비판한 옌푸는 기존 번역과 차별점을 두기 위해 번역서 제목을 『만법정리』가 아닌 『법의』로 바꾸어 1904년에서 1909년에 걸쳐 번역·출판했다.

가 노리유키와 스즈키 유이치가 『법의 정신』을 번역한 1875년은 「민선의원설립건백서」가 나오면서 메이지 정부가 이에 대응해 〈헌법 정체 수립의 조칙(立憲政體樹立の詔)〉(1875. 4)을 발표했고, 헌법 제정과 의회제에 대한 구체적인 논의에 사람들의 관심이 높았던 시점이다. 이런 배경과 더불어 가 노리유키를 지원한 기도가 이와쿠라 사절단 중 미국 체류 기간이 제일 길었고, 미국의 「독립선언문」, 헌법 등에 크게 영향을 받았다는 점, 그리고 자유주의적 성향이 강했다는 사실이 『만법정리』의 번역과 출간에 큰 영향을 미쳤을 것으로 추측된다. 스즈키의 번역본과 비교할 때 가 노리유키 번역의 특징들이 드러나는데, 스즈키는 『만국공법』에서 『법의 정신』을 『율례정의』로 소개한 것에 따라 책 제목을 정한 데 반해, 가는 새롭게 책의 제목을 선택한 것이 가장 먼저 눈에 띈다. 그가 왜 『만법

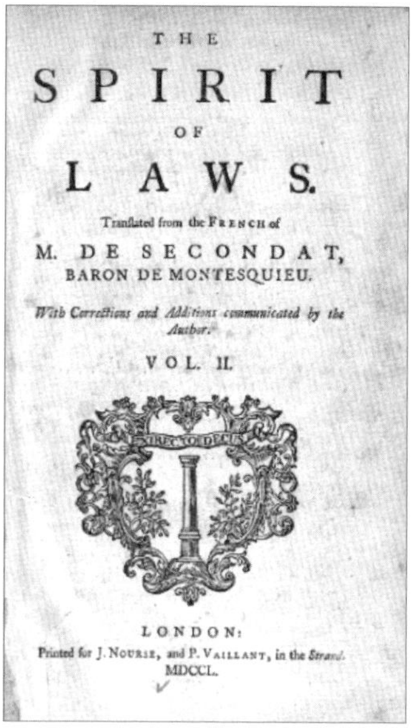
THE SPIRIT OF LAWS.
Translated from the FRENCH of
M. DE SECONDAT, BARON DE MONTESQUIEU.
With Corrections and Additions communicated by the Author.
VOL. II.
LONDON:
Printed for J. NOURSE, and P. VAILLANT, in the Strand.
MDCCL.

〈그림 7-1〉 토머스 뉴전트, *The Spirit of Laws*(1750), 필라델피아 The Library Company 소장

16 『법의 정신』의 중국어 번역의 역사에 대해서는 孟德斯鳩, 張雁深 譯, 「關于譯本的簡單說明」, 『論法的精神』(北京: 商務印書館, 1961) 참조. 옌푸가 『만법정리』의 번역을 비판할 때 장샹웬을 주로 공격하기 때문에 『법의 정신』 번역서를 논할 때 장샹웬만 언급되는 경향이 있다.

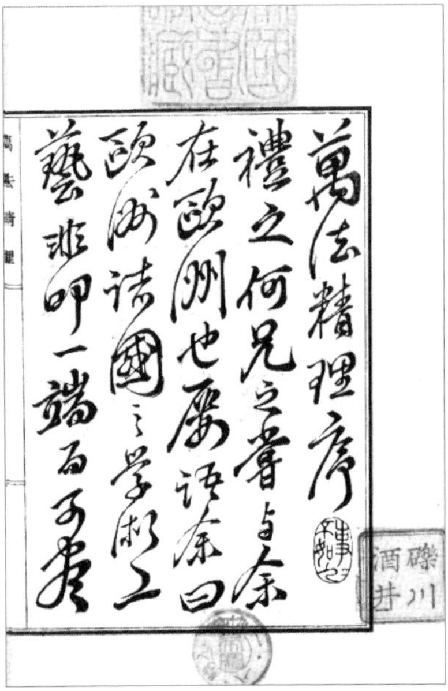

何禮之重譯

萬法精理

明治八年五月禀准

〈그림 7-2〉 몽테스키외, 가 노리유키 번역, 『만법정리』(1875), 일본 국립국회도서관 소장

정리』로 정했는지도 기록이 남아 있지 않아 정확히 알 수 없으나, 일단 '만법'은 모든 법이라는 의미이고 '정리(精理)'는 정교한 원리라는 의미이기 때문에 각각 '모든 법(laws)'과 '정신(spirit)'에 대응되는 번역어라는 점을 추측할 수 있다. 즉, 『율례정의』의 '율례'가 '모든 법'을, '정의'가 '정신'을 잘 번역한 것이 아니라는 문제의식하에 선택되었을 가능성이 있다.

『법의 정신』은 역서휘편사, 장샹웬·청빙시, 옌푸의 번역으로 중국에 본격적으로 소개되었지만, 대중에게 알려진 것은 량치차오(梁啓超) 때문이다. 량치차오는 『음빙실문집유편(飮冰室文集類編)』에서 삼권분립과 몽테스키외를 다음과 같이 설명한다.

1778년 미국이 독립하여 새로운 정책을 세우고 대통령을 선출하고 국무

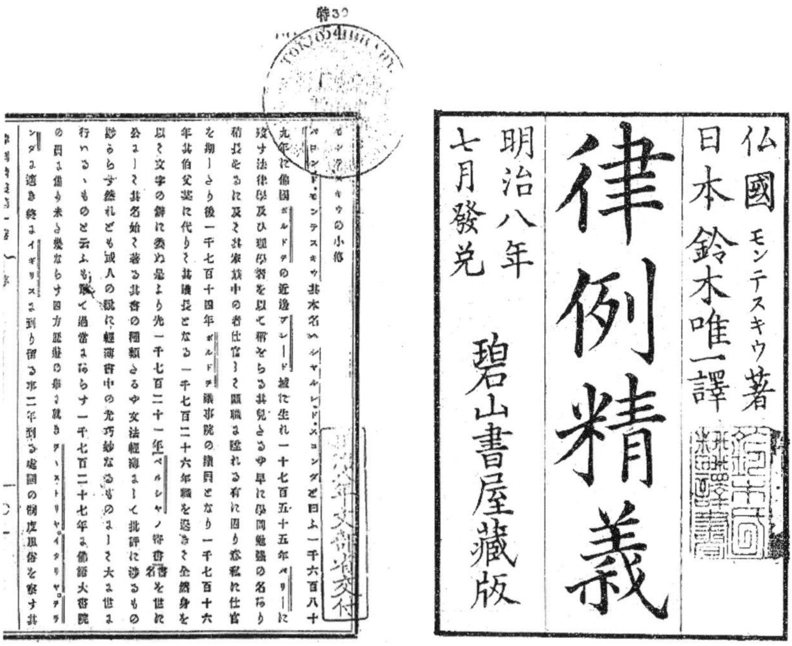

仏國 モンテスキウ著
日本 鈴木唯一譯
律例精義
明治八年
七月發兌
碧山書屋藏版

〈그림 7-3〉 몽테스키외, 스즈키 유이치 번역, 『율례정의』(1875), 일본 국립국회도서관 소장

대신으로 행정을 맡기고 상하 양 의원을 설치하여 입법을 담당하게 하며 독립된 법원을 설치해 사법을 담당하게 하니, 셋은 각기 그 권한을 행사하되 서로 침범하지 않기 때문에 이로 인해 삼권정립(三權政立)의 제도라 하는데, 세계에 보편적이다. 지금 문명국이라고 부를 때는 그 국가의 중추가 되는 조직에 다소 차이가 있더라도 모두 삼권 범위의 의미에서 벗어나지 않는다. 정술(政術)이 진보하면 내란은 거의 종식된다. 이러한 복을 만든 자가 누구인가. 몽테스키외이다.[17]

량치차오의 설명은 다음과 같은 측면에서 주목할 만하다. 하나는

17 梁啓超, 『飮冰室文集類編』 下(東京: 下河辺半五郎, 1904), pp. 157-158.

몽테스키외의 핵심 주장을 삼권분립으로 이해한다는 점이고, 또 하나는 삼권분립을 미국의 헌정 체제와 연결시킨다는 점이다. 가 노리유키가 이 책을 번역한 계기와 량치차오의 몽테스키외에 대한 이해는 몽테스키외의 사상을 미국 정치 제도와 연결시킨다는 공통점이 있다. 즉, 동아시아에서 『법의 정신』에 대한 주목은 당시 새로운 강대국으로 떠오른 미국에 대한 관심에서 시작되었다고 해도 과언이 아닐 것이다.

한편 역서휘편사가 1900년에 25년 전 번역된 노리유키의 번역본을 저본으로 삼아 중역을 시도했다는 것은 그사이 번역본이 나오지 않았다는 의미다. 이는 1870년대 말부터 1900년까지 적어도 일본에서 『법의 정신』은 더 이상 관심 대상이 아니었다는 방증이 된다. 이를 보여 주는 예 중 하나가 야노 후미오(矢野文雄)가 1881년에 간행한 『역서독법(譯書讀法)』이다. 이 책은 당시 쏟아져 나오는 번역서 중 어떤 책들을 선별하여 어떤 순서로 읽을지 자세히 설명하는데,[18] 야노는 이 책의 제10장 중 법률서를 소개한 부분에서 몽테스키외의 『법의 정신』을 포함시키지 않았다. 한편 가 노리유키가 번역한 벤담(Jeremy Bentham)의 『민법논강(民法論綱)』이 법률서적부의 첫 번째 책이라는 점이 눈에 띈다. 이처럼 일본 안에서 『법의 정신』에 대한 관심은 생각보다 저조했던 것 같다. 『법의 정신』을 삼권분립과 관련된 저술로서 주목한 것은 1928년 미야자와 도시요시가 이 책을 『법의 정신(法の精神)』이라는 제목으로 번역하면서부터 본격적으로 이루어졌다.

1928년 미야자와 도시요시가 번역한 『법의 정신』이 이와나미 서점(岩波書店)의 문고판으로 출간되었다는 사실은 시사하는 점이 많다.

18 야노 후미오의 『역서독법』에 대해서는 카토 슈이치, 타지마 테츠오·박진영 옮김, 「메이지 초기의 번역: 왜, 무엇을, 어떻게 번역했는가」, 『현대문학의 연구』 제24권(2004), pp. 478-479 참조.

하나는 '문고판' 형태로 출판되었다는 것에서 유추할 수 있는 사실인데, 문고판은 『법의 정신』이 대중의 교양 영역에서 다뤄지기 시작했다는 것을 방증하기 때문이다. 이 시기에 일본 헌법 연구의 초점이 독일학 중심으로 옮겨 가 더 이상 프랑스나 미국의 법 이론이 강조되지 않았다. 따라서 『법의 정신』이 문고판으로 출판되었다는 것은 몽테스키외가 다이쇼-쇼와 초기에 교양으로 받아들여진 결과라고 볼 수 있다. 『법의 정신』의 교양화는 이 시기 몽테스키외가 정치학, 정치사상 교과서, 사회철학총서 안에서 다뤄지는 사상가가 되었다는 점과 맥을 같이 한다.[19]

동시에 『법의 정신』이 교양 영역에서 다뤄진다는 것은 삼권분립을 근대 정치의 토대로서 대중에게 인식시킬 필요가 있다는 지식인들의 의지와 관련 있을 수 있다. 일본에서 보통선거 확립, 그리고 그에 따른 정치적 혼란, 독일 법의 지향 속에서도 19세기 말 20세기 초와 같은 관심은 아니지만 여전히 몽테스키외는 삼권분립을 언급하는 사람들에 의해 회자되며, 근대 정치의 토대를 제공한 사상가로 확고히 자리 잡았다. 또한 미야자와의 『법의 정신』이 1936, 1948, 1949년 계속 중간(重刊)되었고, 그가 1936년 이와나미 서점에서 『몽테스큐 「법의 정신」(モンテスキュ一「法の精神」)』이라는 해설서를 출간했다는 점을 볼 때 몽테스키외는 1930년대 전후로 "읽히는" 정치사상가로서의 지위를 가지게 되었다고 할 수 있다.

헌법학자들 역시 정치 체제에 대해 논할 때 몽테스키외를 언급하는 모습을 확인할 수 있다. 예를 들어, 1931년 경성제국대학 법문학회

---

19 1920년대 이후 『법의 정신』은 정치학 교과서나 교양서에 포함되는 형태로 대중에게 인식되었다. 관련해서 주석 8에 제시된 문헌 참조.

에서 출간한 『법정논찬(法政論纂)』의 첫 번째 논문은 경성제대에서 헌법학과 행정학을 가르친 기요미야 시로(淸宮四郞)의 「법의 정립, 적용, 집행(法の定立, 適用, 執行)」이다. 그는 이 논문에서 미야자와의 번역을 인용하면서 다음과 같이 말한다.

> 권력분립설의 대표자인 몽테스키외가 『법의 정신』 제11편 6장에서 각 국가는 입법권, 만민법에 관한 사항을 집행하는 권, 시민법에 대한 사항을 집행하는 권의 삼권의 권력이 있다고 하니, 그 각각에 있어서 각기 다른 기관을 설치하는 것이 필요하다. (…) 그의 주요한 설명이 가치가 있는 이유는 (…) 전일하게 정치상의 이상을 강조했다는 데 있다.[20]

기요미야는 이 이상의 설명이나 분석은 더하지 않으며, 『법정논찬』에 실린 다른 논문들 역시 마찬가지다. 『법정논찬』에 실린 법학 논문들의 참고문헌을 보면 몽테스키외를 제외하고 거의 모두 독일 문헌이다. 여기서 정치학 및 헌법학에서 몽테스키외의 위상이 특이하다는 점을 알 수 있다.

3. 『법의 정신』 번역과 번역어들의 경쟁

『법의 정신』 번역의 역사는 중역의 역사인 동시에 서양의 정치 개념에 대한 번역어 간 경쟁의 역사이기도 하다. 앞에서 언급했듯이 가노리유키, 스즈키 유이치, 옌푸의 경우 토머스 뉴전트의 영어 번역을

20 淸宮四郞, 「法の定立, 適用, 執行」, 『法政論纂』(東京: 刀江書院, 1931), p.6.

중역한 것이며, 역서휘편사와 장샹웬·청빙시는 가 노리유키의 중역을 재중역한 것이다. 미야자와 도시요시와 『법의 정신』을 한국어로 처음 옮긴 신상초는 둘 다 프랑스어판을 저본으로 한다고 밝히고 있으나, 미야자와 도시요시의 경우 앞부분을 번역할 때 스즈키 유이치의 번역본을 어느 정도 참조한 것으로 보이며, 신상초의 번역은 미야자와 도시요시의 중역에 가깝다.[21] 옌푸는 가 노리유키 및 장샹웬·청빙시의 번역을 비판하면서 번역어의 기준을 삼았기 때문에, 가능하면 이들과 겹치지 않는 번역어를 선택했다는 점에서 역설적으로 영향을 받았다고 할 수 있다.

번역어를 비교해 보지 않은 상태에서 『법의 정신』이 언급되는 방식만 보면 마치 19세기 말 20세기 초의 동아시아인들이 몽테스키외의 사상을 그대로 받아들인 것처럼 인식할 만한 함정이 있다. 예를 들어, 『만국공법』에 실려 있는 『법의 정신』에 대한 소개, 기도 다카요시와 가 노리유키의 새뮤얼 테일러와의 만남, 왕타오(王韜)가 1890년에 편찬한 『중정법국지략(重訂法國志略)』에서 이 책이 각국 법률의 득실을 상세히 논했다는 설명, 황쭌셴(黃遵憲)이 일본에 사절로 갔을 때 몽테스키외나 루소 등의 저서를 읽고 마음이 변했다고 한 일화[22] 등은 그 어디에

21 신상초는 역자 서문에서 파리의 르 푀브(Le Feuve)에서 출판된 1816년 프랑스어본을 저본으로 하고 있으며, 미야자와 도시요시가 이와나미 문고로 출판한 일역본을 많이 참고했다고 설명한다. 신상초 역, 『법의 정신』(서울: 을유문화사, 1963), p. 1. 그러나 실제로 이 번역은 프랑스어본을 참고하여 미야자와 도시요시의 번역을 윤문한 것이라고 봐도 과언이 아니다. 미야자와 도시요시 역시 번역할 때 스즈키 유이치의 『율례정의(律例精義)』(1875)를 많이 참고했고, 스즈키 유이치의 번역어 및 번역 스타일이 미야자와의 번역에 반영되어 있다. 그리고 그 번역 방식이 신상초의 번역에도 그대로 반영되어 있기 때문이다. 세 번역자의 번역이 유사하다는 사실은 『법의 정신』 1권 1장을 비교해 보면 확인할 수 있다.

22 鄒振環, 『影向中國社會的一百種譯作』(北京: 中國對外飜譯出版公司, 1996), p.141.

도『법의 정신』에 대해 구체적인 언급이 없음에도 불구하고 당대인들이 몽테스키외 사상에 영향을 받았을 것이라는 오해를 하게 만든다.[23]

따라서 번역본들의 비교는 두 차원에서 당대인들이 서양의 정치 개념 및 제도를 어떻게 이해했을지 이해하는 단초를 제공한다. 하나는 번역자가 서양의 정치 개념 및 제도를 어떻게 이해하고 무엇을 전달하고자 했는지이고, 다른 하나는 번역서를 읽는 독자의 이해다.『법의 정신』 초기 번역의 재미있는 점은 번역자들의 번역어 선택이 상이하다는 사실이다. 예를 들어, 1875년에『법의 정신』을 번역하여 출판한 가 노리유키와 스즈키 유이치는 같은 책을 번역했다고 믿기지 않을 정도로 다른 번역어를 선택한다.[24] 이는 가 노리유키의 번역본을 재중역한 역서휘편사와 장샹웬·청빙시의 번역에서도 마찬가지다. 역서휘편사와 장샹웬·청빙시는 가 노리유키가 전용·차용하거나 조어를 만든 단어들

---

23 1900년대 한국의 신문이나 잡지에도 몽테스키외가 언급되는 방식을 보면, 구체적인 내용 없이 삼권분립을 주장하거나 서양 정치사상을 대표하는 인물처럼 묘사될 뿐이다. 예를 들어,『황성신문』 1906년 11월 7일 자의「일본유신삼십년사(日本維新三十年史)」에서는 일본 유신 전후의 사법권에 대해 설명하는 과정에서 몽테스키외를 언급한다. 이 기사에 따르면 국가권력은 몽테스키외가 주장한 것처럼 삼권분립이 되어야 하지만, 국가 조직이 완비되지 않은 상태에서는 시행할 수 없다. 일본의 경우도 막부 시대에는 정부 조직이 불안정해 민법을 시행할 수 없었다. 이런 방식의 서술은 몽테스키외에 대해 실제로 설명하는 것은 없으나 그의 이론이 삼권분립이라는 전제 위에 그 조건을 언급하고, 메이지유신 이후 서양의 법제도를 받아들여 사법권이 독립되었다는 내러티브를 제공함으로써 마치 메이지 정부가 몽테스키외의 영향을 받아 삼권분립을 성취한 것처럼 보이게 만든다.

24 개념어뿐만 아니라 동사의 선택에서도 두 사람은 상당한 차이를 보인다. 예를 들어, '사물의 본성'에 해당하는 번역어가 가의 경우 '사물의 천연(事物ノ天然)', 스즈키는 '물리의 자연(物理の自然)'으로, '상상하다'를 가는 '窺ヒ測ル'로, 스즈키는 '想像する'로 번역한다. 이러한 번역의 차이는 초기 번역에서 나타날 수 있는 단순한 차이라고도 할 수 있지만, 같은 해 두 사람이 같은 책을 서로 다른 제목으로 출간했고, 다른 어휘를 선택한다는 점에서 양자의 번역어가 경쟁하는 정치적 구도를 보여 준다고도 가정할 수 있다.

〈표 7-1〉『법의 정신』 번역어 비교

뉴전트	가 노리유키	스즈키 유이치	역서휘편사	장샹웬·청빙시	옌푸
the nature of things	事物ノ天然	物理の自然	一定之法	事物之天然	自然萬物之理
law	法	法	法	法	法
Deity	上帝	神	天	神明	天
a prime reason	道理ノ元素	一箇根本の理	理	理	至道
God	上帝	上帝	天	眞宰	上帝
the universe	天地萬物	宇宙	×	諸物	宇宙
power	大能	能	×	×	能
the law of nature	性法	性法	性法	性法	形氣自然之法
positive laws	人法	製作法	人法	人法	人爲之經制
the republican government	共和政治	共和政治	共和政治	共和政治	公治
monarchical government	立君政治	一君政治	立君政治	立憲政治	君主形質
a despotic government	專制政治	君主特裁	專制政治	專制政治	專制形質
democracy	民主政治	庶民共和	民主政治	民主政治	庶建民主
aristocracy	貴族政治	貴顯共和	貴族政治	貴族政治	賢政民主

을 선택적으로 받아들인다. 〈표 7-1〉은 『법의 정신』 1·2권에 나오는 개념 중 가 노리유키, 스즈키 유이치, 역서휘편사, 장샹웬·청빙시, 옌푸의 번역어 일부를 간단히 비교해 보여 준다.

먼저 'law'의 번역어는 모든 번역자가 '法'으로 선택하고, 자연법(the law of nature), 실정법(positive laws), 공화정부(the republican government)의 경우 대부분의 번역자가 '성법(性法)', '인법(人法)', '공화정치(共和政治)'로 번역한다는 점이 눈에 띈다. 데모크라시(democracy)의 경우 스즈키 유이치와 옌푸를 제외한 나머지 번역가들은 '민주정치'로 번역한다는 점 역시 주목할 만하다. 스즈키 유이치의 경우 데모크라시를 '서민공화'로 번역한 뒤 공화정체의 두 형태인 민주정체와 귀족정체를 각기 '서민공화'와 '귀현공화'로 번역한다. 이러한 번역은 민주정체와 귀족정체를 공화정의 하위 분류로 이해하게 한다.[25]

그 외 번역어는 확정되지 않은 것처럼 보이는데, 정치 개념의 경우 입헌군주정(monarchical government)에 대한 번역으로 가 노리유키, 역서휘편사는 '입군정치', 스즈키 유이치는 '일군정치'로 번역하는 반면 장샹웬·청빙시는 '입헌정치'로, 옌푸는 '군주형질'로 번역한다. 번역자가 '입헌'에 초점을 맞추느냐 '군주'에 초점을 맞추느냐에 따라 번역어가 달라지는 것이 아닌가 한다. 예를 들어, 입군정치는 군주를 '세운다[立]'는 것을 강조한 점에서 '입헌'을 강조한 것이라고 볼 수 있다. 한편 '일군정치'는 군주에 초점을 맞춘 번역이며, '입헌정치'는 번역어에 군주를 포함하지 않는다. 옌푸의 번역인 '군주형질'은 군주제의 본질이라는 의미로 이해되는데, 그가 『법의 정신』에서 '형질'을 '본성'의 번역어로 사용했기 때문이다. 실제 번역어의 선택 여부와 관계없이 개념어들은 대체로 정의와 함께 나오기 때문에 독자가 내용을 이해하는 데는 큰 어려움이 없을 수 있다. 그러나 번역어의 의미가 얼마나 정확하게 전달되는가와 별개로 번역자들이 선택한 번역어는 각각의 번역자가 독자들에게 개념을 전달하기 위해 중요하게 생각한 것이 서로 달랐음을 말해 주는 것이기도 하다. 그 외에도 God을 '상제', Deity를 '신'이라고 번역한 것이나 power를 '능(能)'이라고 번역한 것처럼, '신'을 '상제'로, 신적 속성을 가진 영적 존재들을 '신'으로, '권능(omnipotence)'을 '능'으로 번역해 온 천

25 19세기 말부터 20세기 초까지 일본과 중국에서 번역어로서 민주와 공화에 대해서는 陳力謂, 『近代知の飜訳と伝播: 漢語を媒介に』(東京: 三省堂, 2019); 송경호·김현, 「근대적 기본개념으로서 '민주주의(民主主義)'의 개념사: 19-20세기 일본에서의 번역과정을 중심으로」, 『한국정치학회보』 제55집 2호(2021) 참조.

주교의 한역서학서(漢譯西學書)의 영향으로 보이는 번역어도 다수 확인된다.

한편 이러한 간단한 비교를 통해 중국에서 일본의 번역서들을 재번역할 때 일본식 조어를 수용한 것도 있고 그렇지 않은 것도 있음을 확인할 수 있다. 중국 번역자들이 일본 번역어를 다 수용하지 않은 이유는 이미 중국에서도 서양 서적에 대한 번역이 상당수 이루어져 일본어와 별개로 용어들이 정립된 경우도 있고, 일본식 조어가 중국어의 관점에서 볼 때 의미가 다가오지 않는 경우도 있었기 때문인 것 같다. 분명히 이 번역들은 근대 번역어가 정립되기 전에 이루어졌기 때문에 전근대 언어에 새로운 의미를 부여함으로써 개념의 의미를 확장시키고 새로운 개념어를 조합해 만듦으로써 어휘를 늘리고 있지만, 아직 서양식 제도에 충분히 노출되지 않은 대중이 이 번역본들을 읽을 경우 많은 오해를 불러일으킬 가능성이 있었다.

〈그림 7-4〉 몽테스키외, 옌푸 번역, 『법의』(1904~1909), 일본 국립국회도서관 소장

이러한 문제는 번역가들의 서로에 대한 비판에서도 잘 드러난다. 예를 들어, 옌푸는 장샹웬의 번역이 자의적이라고 비판했는데, 이는 장샹웬만의 문제가 아니며 옌푸를 포함해 『법의 정신』을 번역한 모든 번역자에게서 나타난다. 신조어를 만들거나 번역과 번안 사이를 오가는 번역을 시도한 것은 기본적으로 번역자 본인이 갖고 있는 기존 어휘만으로는 정확한 번역과 의미 전달이 어려웠기 때문일 것이라 생각되며, 더 나아가 번역에 번역자의 정치적 목적이 반영되어 무리한 번안이나

〈표 7-2〉『법의 정신』 1권 1장 첫 번째 문단 번역 비교

번역자	번역 내용
뉴전트	법은 가장 일반적인 의미에서 사물들의 본성으로부터 나오는 필연적인 관계이다. 이러한 의미에서 모든 존재는 각자의 법을 갖고 있다. 신은 신의 법을, 물질의 세계는 그 법을, 인간보다 우월한 지적 존재는 그들의 법을, 짐승들은 그들의 법을, 인간은 인간의 법을 갖는다.
가 노리유키	법이란 그 넓은 의미에서 취하여 말하면 사물의 천연에 속하여 조금도 떨어질 수 없는 것에 관계된다. 그 의미는 그러한 까닭에 천지 사이의 만물마다 그 법이 있다는 것이다. 그러므로 상제의 법이 있고, 물체의 법이 있고, 예철자(叡哲者)의 법이 있고, 인류의 법이 있고, 금수의 법이 있다.
스즈키 유이치	법은 그 가장 넓은 의미에서 물리의 자연으로부터 나온 것과 관계된 것으로, 그 의미는 우주에 존재하면 존재하는 자의 법도 존재한다는 것이다. 신에게는 신의 법이 있고, 물질계에는 물질계의 법이 있고, 인간보다 뛰어난 지적 존재[有知者]에게는 인간보다 뛰어난 지적 존재의 법이 있고, 금수에게는 금수의 법이 있고, 인간에게는 인간의 법이 있다.
역서휘편사	사람들이 항상 하는 말이 있는데, 모두 말하기를 기수(氣數), 기수라고 한다. 하늘과 땅 사이의 사물들이 모두 조화의 무심(無心)으로부터 나온다고 가정해 보자. 아, 망령되도다, 이 말이여. 양간(兩間) 만물이 우연으로부터 나올 수 있단 말인가? 그럴 수 없다. 법이 없는데도 생존할 수 있는 자가 있단 말인가. 그러므로 법이란 것은 조금도 떨어질 수 없으며, 떨어질 수 있다면 법이 아니다. 신령, 인류, 나는 것, 뛰는 것, 헤엄치는 것은 그 의지한 바로서 세운 것을 모두 법으로 삼는다.
장샹웬·청빙시	법은 사물의 천연(天然)으로부터 생겨난다. 극양(極兩)의 사이에서 생겨난 사물은 각각 그 법을 갖고 있어 스스로 설 수 있으니 법이란 떨어질 수 없는 것이다. 이런 이유로 신명(神明)은 법으로 밝게 비춘다. 물체(物體)는 법으로 질서를 이룬다. 사람의 지혜를 넘어서는 자라도 법 밖에서 총명할 수 없다. 인민이 무리를 이룬다고 하더라도 법을 업신여기고 종족(種族)이 될 수 없다. 금수에까지 이르면 법이 없는 것 같아도 날고 달리고 군집을 이루는 것은 역시 그 법이 은밀하나 서로 통섭되어 있기 때문이다.
옌푸	법은 그 최대 의미에서 말하면 만물 자연의 원리로부터 나온다. 하늘이 만물을 낳을 때부터 질서[倫脊]가 있었다. 질서가 있으면 법은 저절로 질서를 채우므로 (따로) 만들 필요가 없다. 우주에 법이 없는 사물은 없다. 사물이 생기고 법이 형성된다. 하늘에는 천리가 있고, 형체를 가진 존재[形]에는 형체를 가진 존재의 원리가 있다. 형이상자에게는 그 고유한 원리가 있고 형이하자에게도 그 원리가 있다. 그러므로 금수초목에 이르기까지 모두 그렇지 않음이 없고, 사람에게서 더욱 드러난다. 원리가 있으면 법이 있다.

원본과 관계없는 내용을 기술한 예도 발견된다. 이를 이해하기 위해서는 번역어 비교만으로는 부족하고 문장 번역을 대조해 문장 안에서 개

념어들이 어떻게 사용되며, 번역자들이 어떤 뉘앙스를 의도했는지 살펴볼 필요가 있다. 〈표 7-2〉는 번역본 『법의 정신』 1권 1장의 첫 번째 문단을 우리말로 옮긴 것이다.

위 번역 중에서 가장 눈에 띄는 것은 역서휘편사의 번역이다. 이 번역은 번안을 넘어 아예 다른 글을 기술하고 있다. 몽테스키외는 이 부분에서 사물의 본성과 법의 관계를 설명한다. 그런데 역서휘편사는 존재가 있으면 존재의 법도 반드시 존재한다는 것을 강조하기 위해 기수(氣數)라는 말로 요약되는 중국의 우주발생론과 역학적(易學的) 세계관을 비판하는 것으로 번역을 시작한다. 여기에서 우주발생론이란 무극으로부터 태극, 음양, 오행, 만물의 단계적 출현을 의미하는데, 이 이론은 도가와 유가 모두에서 광범위하게 받아들여졌다. 이 번안은 본성에 대한 번역을 하지 않는 반면, 존재와 존재의 법칙을 연관 짓는 논리를 선택한다. 다시 말해, 이 번안이 중점을 두는 것은 인과율이며, 이들이 공격하는 것은 존재와 세계가 우연성에 의해 출현했다는 중국의 전통적 사유다.

이와 같은 의도적 번역은 장샹웬·청빙시, 그리고 옌푸에게서도 나타난다. 장샹웬·청빙시와 옌푸는 신학적 용어에 대한 번역을 회피하는 면모를 보인다. 이런 점은 지리학자였던 장샹웬이나 옌푸가 생각하고 있던 정치와 과학적 사유의 관계를 짐작하게 한다. 중국 번역본에서 보이는 의역은 『법의 정신』 1권 1장을 비교적 충실하게 번역한 일본 번역자들과 달리 신학적 전제들을 피하고자 전혀 다른 텍스트로 만들었다고 볼 수 있다. 즉, 중국의 번역자들은 일본어 번역본을 그대로 옮기거나 번역어를 그대로 수용하지 않고 자신들의 방식으로 재번역하는 모습을 보인다.

4. 『법의 정신』의 민주주의 제도에 대한 번역어 선택과 번안

몽테스키외는 '정부의 본성으로부터 직접 도출된 법에 대하여'라는 제목이 붙여진 『법의 정신』 2권에서 세 가지 정부 형태, 즉 공화정, 입헌군주정, 그리고 전제정의 본성과 제도에 대해 논한다. 이 중 특히 2장 '공화정, 그리고 민주주의와 관련된 법에 대하여'는 민주주의 제도들, 특히 투표권에 대해 자세한 설명을 담고 있다. 실례로 몽테스키외는 공화국에서 최고 권력(supreme power)을 인민 전체(the body of the people)가 가질 경우 민주정(democracy), 일부가 가질 경우 귀족정(aristocracy)이라고 규정한다. 인민은 어떤 점에서 주권자(the sovereign)이고 다른 점에서는 신민(the subject)인데, 주권의 행사는 투표를 통해서만 이루어지기 때문에 투표권을 정하는 법이 민주정에서 매우 중요하다. 투표가 어떻게, 누구에 의해, 누구에 대해, 무엇에 대해 행해져야 하는가를 정하기 때문이다. 몽테스키외는 투표권을 행사하는 국민의 수를 결정하지 않았던 로마가 몰락했다는 점을 지적하고, 세르비우스 툴리우스(Servius Tullius)와 솔론(Solon)의 사례를 들면서 투표권이 재산(property)을 가진 계급에게만 주어졌다는 점을 강조한다.

한편 몽테스키외는 2권 2장에서 추첨에 의한 투표(the suffrage by lot)와 선택에 의한 투표(the suffrage by choice)를 소개하며 추첨에 의한 투표가 민주주의 정신에 가장 부합한다고 지적하는 동시에, 추첨 제도는 문제가 많기 때문에 이를 보완하기 위해 선출 제도와 심사 제도가 어떻게 작동하는지도 자세히 설명한다. 또한 비밀투표와 공개투표를 소개하면서, 공개투표가 민주정의 기본법으로 간주되어야 한다고 주장한다.

몽테스키외가 소개하는 민주정의 특징은 동아시아에 생소하기 때문에 이에 대한 번역어의 선택이 어려울 수밖에 없었다. 먼저 주권자와 군주를 구분할 수 있는 단어가 존재하지 않고, 투표 제도와 관련된 용어들 및 서양의 관직명, 그리고 국민, 인민, 시민을 구분할 수 있는 용어 역시 부재했다. 〈표 7-3〉은 가 노리유키, 스즈키 유이치, 역서휘편사, 장샹웬·청빙시 등이 번역한 2권 2장(1장 포함)의 개념들 중에서 선거 제도 관련 용어들을 정리한 것이다.

인민의회(the assemblies of the people), 의회(the public assembly)는 '공회'나 '국회'로 번역되었다. 주권(the rights of sovereignty)은 '군권(君權)' 혹은 '국주(國主)와 관계된 권리'로 설명되는데, 이 번역은 민주정체에서 대통령 혹은 수상에 해당하는 대표(representative)를 군주와 연관시켜 이해한다는 것을 보여 준다. 현재 장관으로 번역되는 minister나 관청에서 일하는 관리에 해당하는 magistrate를 보면 행정 관련 직위의 번역어가 통일되지 않았다는 것을 확인할 수 있다.

입법자(legislator)에 해당하는 번역어 역시 일정하지 않은데, 중국 번역들의 경우 가 노리유키의 '제법자(制法者)'를 번역어로 받아들이지 않고 '법 제정을 잘하는 자'라고 굳이 풀어 쓰거나 '현명한 군주'로 바꾸었다. 이렇게 번역할 경우 입법자는 정치 체계 내 지위로 인식되지 않는다는 문제가 있다. '공적인(public)'에 해당하는 '공연(公然)' 역시 흥미로운데, 여기에서는 '공연'이 비밀 혹은 은밀(secret)의 반대인 '공개적인'이라는 의미로 사용된다. 공은 원래 국가 또는 관(官)과 관련된 용어로 사(私), 즉 사적인 것이나 이기적인 것의 반대말로 사용되었는데,[26] '공연'은 그 연장선상에서 의미가 확장된 것이라고 볼 수 있다.

투표와 관련된 번역 역시 흥미롭다. 먼저 election의 번역어는 '천

26 동아시아에서의 공사 관념에 대해서는 미조구치 유조, 고희탁 옮김, 『한 단어 사전, 공사』(서울: 푸른역사, 2013); 미조구치 유조, 정태섭·김용천 옮김, 『중국의 공과 사』(서울: 신서원, 2004) 참조.

〈표 7-3〉『법의 정신』 2권 2장 선거 제도 관련 번역어 비교

뉴전트	가 노리유키	스즈키 유이치	역서휘편사	장샹웬·청빙시	옌푸
the assemblies of the people	國人ノ其公會	国民の會	公會	公會	國會
the rights of sovereignty	君權	國主だるの權利	君權	君權	無上主權/主治之權/主權
citizen	國民	國民	全國人民	–	–
the public assemblies	公會	國會	–	公會	國會
minister	執政官(各局長官)	宰相	行政官	行政官	有司, 公僕
magistrate	執政官	官長/共官長	官吏	行政官	職守者
council	議政官	評議會	議政官	議政官	–
senate	元老院	上院	元老院	元老院	樞府
election	薦擧/選擧/公選	選擇, 경우에 따라 發言으로도 번역	薦擧/選擧	薦擧/選擧	選擧
legislator	制法者	立法者	善法制者	賢明之君	立法之家
suffrage	司選	可否推擧	司選	選	投軌衆決之制
the right of suffrage	司選ノ權利	推擧の權	司選之權利	司選之權	公治擧權
the principal citizen	國民	上等の國人	國民	巨擘	–
vote	選擧ノ權	發言	發言權	發言	探丸出占
the suffrage by lot	抽籤ノ法	拈鬮	爲投票法	投票之法	鬮
the suffrage by choice	人才拔擢ノ制度	簡選	簡選	簡選	選

거' 또는 '선거', '선택'인데, 이 단어들은 원래 과거시험을 보지 않고 추천에 의해 관료로 뽑히는 경우에 사용한다. 다시 말해 '추천'과 '선출'이 모두 포함된 단어라고 할 수 있다. 그런데 『법의 정신』 번역본들에서는 이 단어들을 '선출', 즉 '누군가를 뽑다'에 방점을 두어 번역한다. 한편 참정권(the right of suffrage)에서 서프리지(suffrage)에 해당하는 번역어는

‘사선’ 혹은 ‘추거’인데, ‘추거’는 동아시아에서 기본적으로 개인의 ‘추천’이라는 의미인 반면, ‘사선’의 ‘사(司)’는 ‘관청’이라는 의미로 사용되었기 때문에 독자에게 ‘추거’보다 공식적이고 국가와 연관된 행위라는 뉘앙스를 담고 있다. 귀족정에서 이루어지는 선택에 의한 투표(the suffrage by choice)는 ‘인재 발탁의 제도’나 ‘간선’으로 번역되는데, 선거, 천거, 선택이 이미 election의 번역어로 선택된 상황에서 ‘선택(choice)’에 해당하는 적절한 번역어를 찾기 어려웠기 때문 아닌가 싶다.

선거 관련 번역어 중 가장 흥미로운 것은 투표(vote)와 추첨에 의한 선거(the suffrage by lot)이다. 가 노리유키를 제외한 다른 번역자들은 투표를 ‘발언’으로 번역하고 있다. ‘투표’는 이른 시기에 vote의 번역어로 자리 잡았다. 예를 들어 가 노리유키와 스즈키 유이치의 번역서 출간과 비슷한 시기에 나온 『부음삽도영화자휘(附音插圖英和字彙)』 초판본(1873)을 보면 vote의 번역어가 ‘투표’, ‘투명’, ‘선거’로 나온다. 다만 좀 더 이른 시기 사전인 호리 다츠노스케(堀達之助)의 『영화대역수진사서(英和對譯袖珍辭書)』(1862)에서는 vote를 ‘소리[声]’로, voter를 ‘발언하는 사람(發言スル人)’으로 번역하고 있다. 마지막으로, 추첨에 의한 선거의 경우 가 노리유키만 ‘추첨’이라는 표현을 사용하고 중국 번역본들은 ‘투표’로, 스즈키 유이치는 ‘염구(拈鬮)’로 번역한다. 염구는 『홍루몽(紅樓夢)』이나 『삼국연의(三國演義)』에 나오는 제비뽑기를 지칭하는 백화소설(白話小說)적 표현이다. 중국 번역본은 추첨과 투표를 구분하지 않고 모두 ‘투표’라고 번역한 것이 특징적이다.

옌푸의 번역은 다음과 같은 두 가지 특징이 있다. 첫째, 정치 제도 및 관직에 대한 옌푸의 번역어는 기존 용어에서 선택한 경우든 신조어든 서구의 제도 혹은 민주주의 제도를 상상하기 어렵게 만든다. 그 이유는 옌푸가 번역의 기준으로 신(信)·달(達)·아(雅)를 제시하고, 가능한

한 중국 고전의 언어처럼 번역하고자 했기 때문이다. 둘째, 다른 번역본들과 달리 개념어를 일관되지 않게 번역하거나 서로 다른 개념을 같은 단어로 번역한다. 다른 번역자들은 개념어의 경우 가능한 한 텍스트 내에서 일관성을 유지하려고 노력한다. 그러나 옌푸는 계속 번역어를 바꿔 사용하는 것을 볼 수 있는데, 이는 한 대상을 지칭할 때 동일한 단어를 반복하지 않음으로써 유려함과 세련됨을 지향하는 것일 수 있으나 독자 입장에서는 민주주의 제도를 개념적·체계적으로 이해하기 어려운 방식이다.

민주주의 제도와 관련된 번역어 및 번역을 살펴보면, 번역자들이 그 제도를 이해하고 번역하기 쉽지 않았다는 점을 확인할 수 있다. 예를 들어, election을 선거(選擧), 천거(薦擧), 선택(選擇)으로 번역할 때, 이 번역어들은 분명 과거제 등을 통해 등용하는 방식이 아닌 추천 방식으로 관료가 되는 제도와 관련된 것으로 독해되었을 가능성을 내포한다. 따라서 투표와 관련된 번역서를 읽은 당대 독자들은 투표 제도를 ① 일종의 추천 제도이며, ②그 추천을 통해 선출되는 것은 정치 대표가 아닌 행정 관료라고 이해했을 가능성이 크다.

번역자들은 ②에 대해 큰 문제의식을 갖고 있지 않았던 것 같다. 왜냐하면 몽테스키외의 원본에서도 선출된 직위들은 언급되지만, 그 직위의 의미에 대해서는 서술하지 않기 때문이다. 번역자들이 선거/천거 등의 번역어에서 문제를 느낀 지점은 ①로, 이를 보완하기 위한 번안이나 추가 설명을 시도하는 지점들이 번역본에서 드러난다. 예를 들어, 가 노리유키는 몽테스키외가 설명하지 않은 추첨과 투표 과정을 자세하게 서술함으로써 이 문제를 상쇄하고자 하며, 옌푸는 '투표해서 대중이 결정하는 제도(投匭衆決之制)'라는 표현 등을 사용함으로써 '선거'라는 말을 보완하고자 한다. 한편 스즈키 유이치는 '추첨'이나 '투표'라는 용어를 번역하지 않거나 몽테스키외의 서술 부분을 요약함으로써 이러한 오해를 증폭시킨다.

몽테스키외는 서문에서 조국애와 평등애를 '정치적 덕성'이라고 명명한 이유에 대해 언급하면서 새로운 사상을 설명하기 위해서 신조어를 만들거나 기존 단어에 새로운 뜻을 부여해야 했으며, 그의 용어 선택을 이해하지 못하는 사람들을 위해 말도 안 되는 것들을 말해야 했고, 이는 세계에 있는 모든 국가에서 분노를 불러일으킬지도 모르겠다고 말하는데,[27] 이는 『법의 정신』의 모든 번역자가 직면했던 문제였을지도 모르겠다.

5. 『법의 정신』의 비일관적 번역어와 민주주의에 대한 이해

지금까지 몽테스키외의 『법의 정신』이 번역되는 과정, 논쟁사, 그리고 번역과 번안이 이루어지는 과정에서의 문제를 살펴보고, 특히 민주정체의 번역에서 어떤 개념들이 문제가 되었는지 살펴보았다. 몽테스키외의 『법의 정신』이 서구 민주주의 제도의 핵심이라고 생각되는 삼권분립을 설명한 책이라는 인식은 동아시아 지식인들이 오랫동안 공유해 온 바이다. 그러나 이러한 인식이 일종의 전제처럼 받아들여졌으나, 『법의 정신』에 대한 학술적 관심은 실제로 미미하다. 또한 『법의 정신』의 번역 역사 역시 주목받았다고 보기 어렵다. 그 이유는 일본의 경우 번역자들이 유명한 번역자나 이론가가 아니었다는 점, 그리고 몽테스키외의 『법의 정신』이 이론적 무기로 사용하기에 여러 가지 한계가 있

27 Montesquieu, *The Spirit of Laws*, pp. 14-16.

었다는 점 때문이었을 것이다. 예를 들어, 『법의 정신』은 일본 입장에서 천황제의 이론적 토대가 되기도 어렵고, 진보 입장에서 구체제에 대한 비판의 도구로 사용하기도 어려웠으며, 무엇보다 동아시아 국가들의 풍속에 대한 몽테스키외의 서술은 동아시아인들이 받아들이기 어려웠을 것이다.

그럼에도 불구하고 근대 초기 일본과 중국에서 『법의 정신』의 번역은 나름대로 논쟁의 장을 형성하고 있었다는 점에서 충분히 주목할 만하며, 1930년대 전후로 본격적으로 보급화가 이루어지면서 몽테스키외의 '풍속'보다 '삼권분립'이 더 중요하게 다뤄지기 시작했다는 점에서도 이러한 변화의 원인은 탐구할 만한 가치가 있다고 생각한다. 또한 『법의 정신』 초기 번역들은 번역 방식, 번역어 선택 등에서 19세기 말 20세기 초 동아시아인들이 서양의 정치 제도를 어떻게 이해했을지에 대한 단서를 보여 준다는 점에서 중요하다. 근대 초기 서양 정치사상 서적들의 번역이 곧 정치사상에 대한 이해의 정도를 보여 주는 것은 아니라는 점, 그리고 번역된 정치사상 서적의 개념을 살펴볼 때, 민주정체 및 그 제도를 구체적으로 이해할 수 있도록 번역되지 않았다는 점을 염두에 둘 필요가 있다. 그렇지 않으면 마치 정치사상의 변화가 제도나 국가 형태의 변화와 직결된다고 오해할 수 있기 때문이다.

부록

1. represent/representative 관련 근대 한중일 사전 용례
2. democray/republic 관련 근대 일본 사전 용례

1. represent/representative 관련 근대 한중일 사전 용례

나라	연도	사전	저자/편자/역자	표제어	설명
일본	1867	和英語林集成	平文 編譯	daikuan(代官)	A lientenant or defuty officer, who superintends the affairs of an estate or fief belonging his master, an agent
일본	1869	英和對譯袖珍辭書	荒井郁之助 編	represent	言ヒ顯ス, 顯ス, 名代スル, 扮スル
				representative(n)	名代人
일본	1873	附音插圖英和字彙	柴田昌吉	representation	言顯スル, 表スル, 呈スル, 代理スル, 書顯ス, 陣說スル, 目前二出ス
				representative(n)	代理人
일본	1882	英和字彙	柴田昌吉, 子安峻	represent	言顯スル, 表スル, 呈スル, 代理スル, 書顯ス, 陣說スル, 目前二出ス, 奏スル, 眞中スル
				representative(n)	代理
일본	1883	英華字典	Wilhelm Lobscheid, 井上哲次郎 訂增	represent	to exhibit by resemblane 表樣, 表形, 象形, 象樣; to supply the place of 代替; to represent in words 表, 陳, 呈, 說, 稱, 話; to represent in colors 畵形; to represent to the emperor 奏皇上, 奏聞主上; to represent fully 表明白; to represent tho the throne 具奏; to represent a character 扮, 扮狀; those who represent female actors 扮旦; to represent the people 代民辨事, 代民理事; the British parliament represents the people 英國議事亭代百姓議事
				representation	resemblance 像似; representation by words 講, 說; representation to an official 陳者, 呈者; representation by image 以像象之, 象樣, 象之; representation by picture 畵之; a theretical representation 演戲, 演扮; the representation of a certan character 扮某狀; the representation of a state 理國者; representation of the people 代民理事, 民委員者

나라	연도	사전	저자/편자/역자	표제어	설명
일본	1883	英華字典	Wilhelm Lobscheid, 井上哲次郎 訂增	representative(n)	委員, 代理嘅, 替理者, 替辨事者; there presentatives of the people 民委員; that by which anything isexhibitedor shown 表樣, 像, 樣子
일본	1885	英和對譯辭典	Noah Webster	represent	言顯ス, 表スル, 代理スル, 書顯ス
				representative(n)	代理人
일본	1888	和譯字彙	F. Warrington Eastlake, 棚橋一郎 共譯	represent	象ドル, 表スル, 呈スル; 言顯ハス, 說ク, 陳スル, 具申スル, 具象スル; 代ル, 代理スル; 打扮スル; 表白スル, 記號トスル
				representation	表スルㇷ, 象表, 代表, 陳說; 畵, 像; 打扮, 扮裝; 解說; 再現力; 衆代議士, 衆代理者
				representative(n)	代表者, 委員; 代議士, (法) 代理人, 國會下議員(合衆國ニテ)
일본	1894	英和新辭林	F. Warrington Eastlake	represent	1. 再ビ現ス, 表示スル, 象リ形スル, 描寫スル, 打扮する 2. 代理スル, 代表スル 3. 表白スル, 陳述スル 4. (哲) 再現スル
				representation	1. 再現, 表示, 表樣, 表白, 陳述 2. 描寫, 肖像 3. 打扮, 演戯 4. 代表, 代表者 5. (哲) 再現力
				representative(n)	代表者, 代理者; 代議士
일본	1896	和英大辭典	Frank Brinkley	daigi(代議)	the punction of a popular representative. to act as a popular representative, delegate or deputy; to represent; to partake in the making and administration of laws
				daigiseitai (代議政體)	the represntative system of government; a parliamentary government
				daigishi/daiginin (代議士/代議人)	a member of parliament; a popular representative

나라	연도	사전명	저자/편자/역자	표제어	설명
중국	1815	A Dictionary of the Chinese Language in Three Parts	Robert Morrison	代	to change, for, in the place of
				代人做事	to do something for a person
중국	1847-1848	English and Chinese Dictionary	Walter Henry Medhurst	represent	形容, 以象其樣, 陳明, 謹題, 敬題, 代人理事(to represent another)
				representation	象樣, 扮戲, 演扮
				representative	替人管事者
중국	1866-1869	英華字典/ English and Chinese Dictionary with the Punti and Mandarin Pronunciation	Wilhelm Lobscheid	represent	表樣, 表形, 象形, 象樣, 表, 陳, 呈, 說, 稱, 話, 奏, 代民辦事, 代民理事
				representation	像似, 講, 說, 呈者, 以像象之, 象樣, 象之, 畫之, 演戲, 演扮, 扮某狀, 理國者(the representation of a state), 代理民事, 民委員者(ditto of the people)
				representative	委員, 代理嘅, 替辦事者, 民委員, 表樣, 像, 樣子
중국	1872	英華萃林韻府/ Vocabulary and Hand-book of the Chinese Language	Justus Doolittle	represent	形容, 象, 奏事, 當做, 充, 充當(to stand for), 代人理事(to stand for another), 敬題, 謹題, 只當, 當眞
				representation	象樣
				representing	當(to stand for)
				representative	替人管事者
중국	1899	華英字典集成	鄺其照	represent	形容, 以形表之, 象, 代替, 說, 稱
				the British Parliament represents the people	英國議事亭代百性議事
				the representation of the people	代民理事
				representation	像, 樣, 說, 陳, 代辦之, 演戲
				representative	委員, 代理者, 像, 模樣

나라	연도	사전명	저자/편자/역자	표제어	설명
중국	1908	英華大辭典	顏惠慶	represent	象表, 以同樣物表示, 表樣, 象形, 以同形者顯示, 描寫, 畫形, 繪畫, 模製, 製像, 雕刻, 扮演, 裝扮, 打扮, 扮作, 假作, 扮鬼臉, 扮演拿波倫, 代表, 代理, 代替(To speak and act with authority in behalf of), 君爲民之代表(The king represents the people), 講, 述, 說, 話, 呈, 表示, 表說, 描摹, 形容, 表, 陳, 呈, 奏皇上, 敬陳, 作爲記號, 爲表記, 文字爲思想之表記, 使知覺感觸, (心)使再現
				representation	象表, 表示, 表率, 繪畫, 陳述, 代表 等(The act of representing in any sense of the verb), 畫, 繪圖, 照像, 肖像, 模型, 雛形(A likeness, a picture, or a model), 戲, 演戲, 扮戲(A dramatic performance), 陳說, 表述(A description or statement), 代表人, 代理人, 代表, 代理(The body of those who act as representatives of a community or society)
				representative	象示的, 堪爲表率的(Fitted to represent), 表相同的, 示相等的, 表象的(Exhibiting a similitude), 代表他人之權勢性質的(Bearing the character or power of another), 表樣的, 代表的, 代表國民之議院(s, A parliament representative of the people), (活)合爲羣族之表率的(Serving or fitted to present the full characters of the type of a group), 再現的(Giving or existing as, a transcript of what was originally representative knowledge), 代表者, 代表之物(One who or that which represents anything), 表示同形相等者(That which exhibits a likeness or similitude), 代辦者, 授權代爲主理者, 代表人(An agent, deputy, or substitute, who supplies the place of another, or thers, being invested owith his or their authority), 代替人, 接代人(One who represents, or stands in the place of another), 嗣子爲故父之接代(as, the son is the real representative of a deceased father), 庶民院代表員, 代議院代表員, 下議院議員(A member of the lower or popular house in a state legislature, or in the national congress), 羣族眞相代表物(That which presents the full character of the type of a group)

나라	연도	사전명	저자/편자/역자	표제어	설명
중국	1916	English-Chinese Dictionary of the Standrd Chinese Spoken Language (官話) and Handbook for Translators	Karl Ernst Georg Hemeling	represent	扮, 取, 代表(新)(as an electoral district, another person)
				representation	訴說的話, 詞(statement), 象表(that which represents, as a picture, etc.), 代表團(新)(body of representatives), 演戲, 少數代表(部定, Constit.)(~ of minority (Constit. law), 比例代表(部定, Constit.) Proportional ~(Constit. law), 代議權, 代選議權(Right of ~)
				representative	代表的(新), 代表議會(~ assembly), 複象才(部定), 復呈才(新)(~ faculty), 畫圖比例分數(新), 代表政府(部定, Constit.)(~ government), 代表顯族(~ peers), 代表
한국	1880	한불자전/ Dictionnaire Coreen-Francais	Felix Clair Ridel	관련 표제어 없음	대의, 대리, 대표 관련 표제어 없음
한국	1890	한영영한자전/ A concise dictionary of the Korean languagee	Horace Grant Underwood	공사, 公事	a minister, a representative, an ambassador
				represent	대신 말하오, 대신 보살피오; 형상하오, 모양내오
				representative	형상하는
한국	1891	나한(羅韓)소사전/ Parvum Vocabularium Lation-Coreanum	Societatis Missionum ad Exteros	repræsento	형용하다
				repræsentatio	형용함이
한국	1891	영한자전/ English-Corean dictionary	James Scott	represent	1. stand for. 대신하다 2. report. 고하다, 보장하다, 아뢰다
				representation	모양, 보장, 소지
한국	1897	한영자전/ A Korean-English dictionary	James Scarth Gale	관련 표제어 없음	대의, 대리, 대표 관련 표제어 없음
한국	1911	한영자전/ A Korean-English dictionary	James Scarth Gale	관련 표제어 없음	대의, 대리, 대표 관련 표제어 없음

<table>
<tr><th>나라</th><th>연도</th><th>사전명</th><th>저자/편자/역자</th><th>표제어</th><th>설명</th></tr>
<tr><td rowspan="2">한국</td><td rowspan="2">1914</td><td rowspan="2">영한자전/
An English-Korean dictionary</td><td rowspan="2">George Heber Jones</td><td>represent</td><td>대리하다(代理), 표하다(表), 대표하다(代表), 대신하다(代身), 그리다(畵之)</td></tr>
<tr><td>representative</td><td>대신(代身), 대리(代理), 대표자(代表者)</td></tr>
<tr><td rowspan="2">한국</td><td rowspan="2">1920</td><td rowspan="2">조선어사전</td><td rowspan="2">조선총독부</td><td>代理(대리)</td><td>代聽に同じ</td></tr>
<tr><td>代身(대신)</td><td>他人に代ること</td></tr>
<tr><td>한국</td><td>1924</td><td>삼천자전/
Present day English-Korean: three thousand words</td><td>James Scarth Gale</td><td>representative</td><td>총대(總代), 대표자(代表者)</td></tr>
<tr><td rowspan="3">한국</td><td rowspan="3">1925</td><td rowspan="3">영선자전/
An English-Korean dictionary</td><td rowspan="3">Horace Horton Underwood</td><td>represent</td><td>1. 형상하다, 본뜨다, 모양내다, 모제하다
2. 체하다, 노릇하다, -되다
3. 표준하다, 표시하다
4. 대신하다, 대리하다, 대표하다
5. 말하다, 이야기하다, 신립하다, 건의하다
6. 재현하다</td></tr>
<tr><td>representation</td><td>1. 대표, 대리, 대의제
2. 표상, 화사, 모형
3. 진정, 건의, 신립
4. 재현</td></tr>
<tr><td>representative</td><td>1. 형상하는, 표하는
2. 대리하는, 대표하는
3. 대리인, 대표자, 총대, 대의사, 명사, 표준자</td></tr>
<tr><td rowspan="5">한국</td><td rowspan="5">1928</td><td rowspan="5">최신선영사전
(最新鮮英辭典)</td><td rowspan="5">김동성</td><td>대리</td><td>a substitute, a representative,
a deputy, a proxy</td></tr>
<tr><td>대의</td><td>popular representation</td></tr>
<tr><td>대의사</td><td>a representative,
a member of parliament</td></tr>
<tr><td>대표</td><td>a representation</td></tr>
<tr><td>대표자</td><td>a representative, a delegate</td></tr>
<tr><td>한국</td><td>1931</td><td>한영대자전/
The unabridged Korean-English dictionary</td><td>James Scarth Gale</td><td>관련 표제어 없음</td><td>대의, 대리, 대표 관련 표제어 없음</td></tr>
</table>

2. democray/republic 관련 근대 일본 사전 용례

<table>
<tr><th>연도</th><th>사전</th><th>저자/편자/역자</th><th>표제어</th><th>설명</th></tr>
<tr><td rowspan="2">1869</td><td rowspan="2">和譯英辭書</td><td rowspan="2">高橋新吉 等編</td><td>democracy</td><td>共和政治</td></tr>
<tr><td>republic</td><td>共和政治</td></tr>
<tr><td rowspan="3">1869</td><td rowspan="3">英和對譯袖珍辭書</td><td rowspan="3">蔵田屋清右衛門</td><td>democracy</td><td>共和政治</td></tr>
<tr><td>republic</td><td>共和政治</td></tr>
<tr><td>republican</td><td>仝上ヲ好ム人</td></tr>
<tr><td rowspan="2">1871</td><td rowspan="2">和譯英辭林</td><td rowspan="2">高橋良昭 [ほか編]</td><td>democracy</td><td>共和政治</td></tr>
<tr><td>republic</td><td>共和政治</td></tr>
<tr><td>1872</td><td>和英語林集成</td><td>平文 編譯</td><td>minsei</td><td>ミンセイ, 民生, (tani),
n. People, men. 民政,
a popular or democratic government</td></tr>
<tr><td rowspan="2">1872</td><td rowspan="2">英和對譯辭書</td><td rowspan="2">荒井郁[之助] 編</td><td>democracy</td><td>共和政治</td></tr>
<tr><td>republic</td><td>共和政治</td></tr>
<tr><td rowspan="2">1873</td><td rowspan="2">英和小字典
(一名·小學校辭書)</td><td rowspan="2">江島喜兵衛</td><td>democracy</td><td>共和政事</td></tr>
<tr><td>republic</td><td>共和政事</td></tr>
<tr><td rowspan="2">1873</td><td rowspan="2">和譯英辭書</td><td rowspan="2">東京新製活版所 編</td><td>democracy</td><td>共和政治</td></tr>
<tr><td>republic</td><td>共和政治</td></tr>
<tr><td>1873</td><td>英國單語字類</td><td>外川正明 譯</td><td>republic</td><td>共和政治</td></tr>
<tr><td rowspan="2">1879-1881</td><td rowspan="2">英華和譯字典(乾)</td><td rowspan="2">津田仙[ほか] 譯[他]</td><td>democracy</td><td>government by the people,
民政, 衆人管轄, 百姓弄權,
ミンセイ, min-sei</td></tr>
<tr><td>republic</td><td>衆政之國, 衆政之邦, 公共之政,
キョウクワセイジノクコ,
kiyo-kuwa-sei-ji no kuni;
republic of letters, 衆儒,
衆儒者之稱, ガクシャノナカマ,
gaku-sha no nakama</td></tr>
<tr><td rowspan="2">1883</td><td rowspan="2">英華字典</td><td rowspan="2">羅布存徳 [他]</td><td>democracy</td><td>government by the people,
民政, 衆人管轄, 百姓弄權,
推民自主者</td></tr>
<tr><td>republic</td><td>衆政之邦, 衆政之國, 公共之政,
合衆政治之國, 民主之國; republic of letters, 衆儒, 衆儒者之稱</td></tr>
</table>

연도	사전	저자/편자/역자	표제어	설명
1884	英華學術辭書	矢田堀鴻 譯	republic	民主之國
1885	(訂譯) 大全英和辭書	箱田保顕纂 譯	democracy	共和政治(政治學)
			republic	共和政治
1885	新撰初學英和辭書	永井尚行 編	democracy	民政
			republic	共和政治, 共和國
1886	(袖珍挿圖) 和譯英辭書	長谷川辰二郎 編譯	democracy	共和政治, 民政
1887	英和對譯新辭書圖彙	箱田保顕 編譯	democracy	共和政治(政治學)
			republic	共和政治
1887	(袖珍挿畵) 新譯和英辭書	箸尾寅之助 編[他]	KYOWA 共和	Republican, democratic
			KYOWASEIJI 共和政治	Republican government
			MINSEI 民政	Democratic government
1888	(ウェブスター氏新刊大辭) 和譯字彙	F. Warrington Eastlake, 棚橋一郎 譯	democracy	共和政治, 民政, 共和黨ノ主義[合衆國ハ諸州ノ共和ヨリナリモノナルヲ以テ主權者州ニアリテ中央政府ニアラズトスル論]
			republic	共和政治, 共和國, 君民共治國, 代議政體國
1888	英和新國民大辭書	高杉東一 編譯[他]	democracy	民政, 共和政治
			republic	共和政治
1888	英和デスク辭書	中村國太郎 編譯	democracy	共和政治, 民政
			republic	共和政治
1889-1891	日本辭書 言海 (第1-4冊)	大槻文彦 編	きょう-くわ-せいち	共和政治 きょうわせいちニ同ジ
			きょう-わ-せいち	共和政治 政體ニ, 世襲ノ帝王無ク, 國民, 互ニ人物ヲ選擧シテ, 大統領トシ, 代ル代ル國政ヲ統べ行フモノ
1889-1892	漢語英譯辭典	John Harington Gubbins	Min-sei 民政	popular or democratic government
1889	新デスク辭書	杉江輔人 譯	democracy	共和政治, 民政
			republic	共和政治
1890	(新譯無雙) 英和辭書	棚橋一郎 編[他]	democracy	共和政治, 民政
			republic	共和政治

연도	사전	저자/편자/역자	표제어	설명
1892	英和デスク辭書	中村國太郎 編譯 [他]	democracy	共和政治, 民政
			republic	共和政治
1893	新選和英辭書	林曽登吉 編	KYO-WAKOKU, 共和國	A commonwealth, republic
			MINSEI, 民政	A popular or democratic government
1899	和佛辭書	織田信義 等	Kyo-wakokou, 共和國	Etat republicain, m.; republique, f.
			Minsei, 民政	Democratie, f.
1902	和英會話辭書	F. Warrington Eastlake	Kyo-wa, 共和	Republican; democratic. 美國には共和政治が行はれて居る America has a republican form of government
1905	和佛辭書	織田信義 等	Kyo-wakokou, 共和國	Republique, f.
			Minsei, 民政	Democratie, f.
1906	英華字典	羅布存徳 [他]	democracy	government by the people, 民政, 衆人管轄, 百姓弄權, 推民自主之國政
			republic	衆政之邦, 衆政之國, 公共之政, 合衆政治之國, 民主之國; republic of letters, 衆儒, 衆儒者之稱
1912	哲學大辭書 大日本百科辭書. 索引	大日本百科辭書 編輯部 編	democracy	民主政
			demokratie	民主國(政)
			republic	共和政治
			republik	共和國, 共和政治
1915	New English-Japanese Dictionary for Beginners	林弘之	democracy	民主政體, 民政主義
			republic	共和政治國, 共和國
1918	哲學大辭書 大日本百科辭書. 総目次	大日本百科辭書 編輯部 編	democracy	民主政
			demokratie	民主國(政)
			republic	共和政治
1918	武信和英大辭典	武信由太郎 編	Kyo-wa (共和)	Repub'lican, 共和國, a republic

연도	사전	저자/편자/역자	표제어	설명
1918	武信和英大辭典	武信由太郎 編	minsei (民政)	(2) [共和政治] n. Democ'racy; democrat'ic gov'ernment
			minshu (民主)	Democ'racy. 民主主義. democracy; democratism. 民主政體. democracy; government of the people, by the people, for the people
1923	現代國語辭書	松本重彦 編	キョーワ	共和(きょう一), 共同して政事を行ふこと
			ミンシュシュギ	民主主義
1926	法律辭書	渡部万蔵	民主國	Demokratie; Republik(獨), democracy; republic(英), democratie; republique(佛), democrazia; republica(伊), democratia(臘) [君主國] [希臘法]
			民主國體	Demokratie(獨), democracy(英), democratie(佛), democrazia(伊), democratia(臘) [國體]
1927	哲學大辭書 大日本百科辭書. 索引	大日本百科辭書 編輯所 編	democracy	民主政
			demokratie	民主教
			republic	共和政治
			republik	共和國, 共和政治
			republique	共和政治
1929	法律辭書(7版)	渡部万蔵	共和主義	Republikanismus(獨), republicanism(英), republicanisme(佛), repubblicanismo(伊) [共和國]の實現を要求する主義也
			民主國	Demokratie; Republik(獨), democracy; republic(英), democratie; republique(佛), democrazia; republica(伊), democratia(臘) [君主國] [希臘法]

연도	사전	저자/편자/역자	표제어	설명
1929	法律辭書(7版)	渡部万蔵	民主國體	Demokratie(獨), democracy(英), democratie(佛), democrazia(伊), democratia(臘) [國體]
1937	井上支那語辭典	井上翠 編著	共和	共和[共和國][共和記念弊] 民國元年鑄造ノ銀貨ナリ, 表ニ袁世凱ノ面像ヲ鑄セリ

참고문헌

서론

마루야마 마사오·가토 슈이치, 임성모 옮김, 『번역과 일본의 근대』, 서울: 이산, 2000.
윤상인, 「[주제서평] 번역과 이데올로기: 마루야마 마사오·가토 슈이치, 『번역과 일본의 근대』, 임성모 옮김(이산, 2000)」, 『당대비평』 제13호, 2000.
임성모, 「옮긴이의 말」, 마루야마 마사오·가토 슈이치, 임성모 옮김, 『번역과 일본의 근대』, 서울: 이산, 2000.

제1장

버나드 마넹, 곽준혁 옮김, 『선거는 민주적인가: 현대 대의 민주주의의 원칙에 대한 비판적 고찰』, 서울: 후마니타스, 2004.
얀 베르너 뮐러, 노시내 옮김, 『누가 포퓰리스트인가: 그가 말하는 '국민' 안에 내가 들어갈까』, 서울: 마티, 2017.
에드먼드 버크, 이태숙 옮김, 『프랑스 혁명에 관한 성찰』, 파주: 한길사, 2017.
우디 그린버그, 이재욱 옮김, 『바이마르의 세기: 독일 망명자들과 냉전의 이데올로기적 토대』, 서울: 회화나무, 2018.
존 던, 강철웅·문지영 옮김, 『민주주의의 수수께끼』, 서울: 후마니타스, 2014.
존 스튜어트 밀, 서병훈 옮김, 『대의정부론』, 파주: 아카넷, 2012.
카를 슈미트, 나종석 옮김, 『현대 의회주의의 정신사적 상황』, 서울: 길, 2012.
카를 슈미트, 김도균 옮김, 『합법성과 정당성』, 서울: 길, 2015.

카스 무데·크리스토발 로비라 칼트바서, 이재만 옮김, 『포퓰리즘』, 파주: 교유서가, 2019.

홍철기, 「비밀 투표는 '민주적'인가?: 존 스튜어트 밀과 카를 슈미트의 비밀 투표 비판」, 『정치사상연구』 제24권 1호, 2018.

홍철기, 「비밀투표는 어떻게 민주적 제도가 되었는가?: 서양 전근대 투표절차에서의 공개성과 비밀주의를 중심으로」, 『현대정치연구』 제14권 2호, 2021.

J. G. A. 포칵, 곽차섭 옮김, 『마키아벨리언 모멘트: 피렌체 정치사상과 대서양의 공화주의 전통』, 파주: 나남, 2011.

Ankersmit, F. R., *Aesthetic Politics,* Stanford: Stanford University Press, 1996.

Ankersmit, F. R., *Political Representation,* Stanford: Stanford University Press, 2002.

Bagehot, Walter, *Physics and Politics: Thoughts on the Application of the Principles of "Natural Selection" and "Inheritance" to Political Society,* New York: D. Appleton and Company, 1873.

Bernstein, Hilary, "The Benefit of the Ballot? Elections and Influence in Sixteenth-Century Poitiers", *French Historical Studies* 24(4), 2001.

Bluntschli, Johann Kaspar, *Allgemeines Staatsrecht,* München: Literarisch-Artistische Anstalt, 1857.

Bourke, Richard, *Empire and Revolution: The Political Life of Edmund Burke,* Princeton: Princeton University Press, 2015.

Brito Vieira, Mónica and David Runciman, *Representation*, Hoboken: Wiley, 2013.

Burke, Edmund, *The Writings and Speeches of Edmund Burke, Vol. IX. I: The Revolutionary War, 1794–1797. II: Ireland*, edited by R. B. McDowell, Oxford: Clarendon Press, 1991.

Burke, Edmund, *The Writings and Speeches of Edmund Burke, Vol. III. Party, Parliament, and the American War*, edited by W. M. Elofson and John A. Woods, Oxford: Clarendon Press, 1996.

Conway, Martin, "Democracy in Western Europe after 1945", in *Democracy in Modern Europe: A Conceptual History,* edited by Jussi Kurunmäki, Jeppe Nevers, and Henk te Velde, New York: Berghahn, 2018.

Crook, Malcom and Tom Crook, "The Advent of the Secret Ballot in Britain and

France, 1789–1914: From Public Assembly to Private Compartment", *History* 92(4), 2007.

Crook, Malcom and Tom Crook, "Reforming Voting Practices in a Global Age: The Making and Remaking of the Modern Secret Ballot in Britain, France, and the United States, c. 1600–c. 1950", *Past and Present* 212, 2011.

Elster, Jon (ed.), *Deliberative Democracy*, Cambridge: Cambridge University Press, 1998.

Finer, Herman, *The Theory and Practice of Modern Government,* London: Methuen & Co., 1932.

Guizot, François, *The History of the Origin of Representative Government in Europe,* translated by Andrew R. Scoble, Indianapolis: Liberty Fun, 2002.

Hamilton, Alexander, "From Alexander Hamilton to Gouverneur Morris, 19 May 1777", Founders Online, National Archives, 2018. at https://founders.archives.gov/documents/Hamilton/01-01-02-0162 (검색일: 2021. 8. 1).

Hofmann, Hasso, *Repräsentation: Studien zur Wort- und Begriffsgeschichte von der Antike bis zum 19. Jahrhundert,* Berlin: Duncker & Humblot, 1974.

Jellinek, Georg, *Allgemeine Staatslehre,* Berlin: O. Häring, 1905.

Kelsen, Hans, *Allgemeine Staatslehre,* Berlin: Springer, 1925.

Kelsen, Hans, *Vom Wesen und Wert der Demokratie,* Tübingen: J. C. B. Mohr, 1929.

Kim, Minchul, "Condorcet and the Viability of Democracy in Modern Republics, 1789–1794", *European History Quarterly* 49(2), 2019.

Laski, Harold J., *The Foundations of Sovereignty and Other Essays,* New York: Harcourt, Brace and Company, 1921.

Loewenstein, Karl, "Militant Democracy and Fundamental Rights, I/II", *American Political Science Review* 31(3/4), 1937.

Maier, Clara, "The Weimar Origins of the West German *Rechtsstaat*, 1919–1969", *The Historical Journal* 62(4), 2019.

Medearis, John, *Joseph A. Schumpeter,* New York: Continuum, 2009.

Miller, Jennifer M., *Cold War Democracy: The United States and Japan,* Cambridge: Harvard University Press, 2019.

Nippel, Wilfried, *Ancient and Modern Democracy: Two Concepts of Liberty?*, translated by Keith Tribe, Cambridge: Cambridge University Press, 2015.

Novalis, *Novalis Werke,* München: C. H. Beck, 1981.

Palonen, Kari, *Parliamentary Thinking: Procedure, Rhetoric and Time,* Cham: Palgrave Macmillan, 2018.

Pitkin, Hanna Fenichel, *The Concept of Representation,* Berkeley: University of California Press, 1967.

Podlech, Adalbert, "Repräsentation", in Otto Brunner, Werner Conze & Reinhart Koselleck (hrsg.), *Geschichtliche Grundbegriffe: Historisches Lexikon zur politisch-sozialen Sprache in Deutschland*, Bd. 5, Stuttgart: Klett-Cotta, 1984.

Post, Gaines, *Studies in Medieval Legal Thought: Public Law and the State 1100–1322,* Princeton: Princeton University Press, 1964.

Przeworski, Adam, Susan C. Stokes, and Bernard Manin (eds.), *Democracy, Accountability, and Representation,* Cambridge: Cambridge University Press, 1999.

Rosanvallon, Pierre, *Populist Century: History, Theory, Critique,* Cambridge: Polity, 2021.

Rosenblum, Nancy, *On the Side of the Angels: An Appreciation of Parties and Partisanship,* Princeton: Princeton University Press, 2008.

Runciman, David, "Hobbes's Theory of Representation: Anti-Democratic or Proto-Democratic?" in *Political Representation,* edited by Ian Shapiro, Susan C. Stokes, Elisabeth Jean Wood, and Alexander S. Kirshner, Cambridge: Cambridge University Press, 2010.

Runciman, David, "The Paradox of Immediacy", *Political Theory* 38(1), 2010.

Schumpeter, Joseph A., *Capitalism, Socialism and Democracy,* New York: Harper & Brothers, 1942.

Selinger, William, *Parliamentarism: From Burke to Weber,* Cambridge: Cambridge University Press, 2019.

Sintomer, Yves, "Random Selection, Republican Self-Government, and Deliberative Democracy", *Constellations* 17(3), 2010.

Urbinati, Nadia, *Representative Democracy: Principles and Genealogy,* Chicago: The University of Chicago Press, 2006.

Wolikow, Claudine, "1789–an III: l'émergence de la 'démocratie représentative'", in *L'an I et l'apprentissage de la démocratie,* sous la direction de Roger Bourderon, Saint-Denis: Éditions PSD, 1995.

제2장

김육훈, 『민주공화국 대한민국의 탄생』, 서울: 휴머니스트, 2012.
김윤식, 『운암집』 권12, 한국고전종합DB.
마루야마 마사오, 김석근 옮김, 『문명론의 개략을 읽는다』, 서울: 문학동네, 2007.
박경리, 『토지』 6권, 서울: 솔, 1993.
박은식, 『한국독립운동지혈사』, 서울: 소명출판, 2008.
백승현·임성호, 「대의(代議) 개념에 대한 사상사적 및 경험론적 논쟁: 전환기의 새로운 대의 개념을 위한 서설」, 『고황정치학회보』 제2권, 1999.
버나드 마넹, 곽준혁 옮김, 『선거는 민주적인가: 현대 대의 민주주의의 원칙에 대한 비판적 고찰』, 서울: 후마니타스, 2004.
서울대 정치학과 독립신문강독회, 『독립신문 다시 읽기』, 서울: 푸른역사, 2004.
송건호, 『송건호 전집 3』, 파주: 한길사, 2002.
송건호, 『송건호 전집 4』, 파주: 한길사, 2002.
송석윤, 「대표제 개념의 헌법사적 연구」, 『헌법학연구』 제6집 1호, 2000.
안국선, 『政治原論』, 서울: 관악사, 2004[1907].
안창호, 『나의 사랑하는 젊은이들에게』, 서울: 지성문화사, 1987.
양승태·안외순, 「안국선과 안확의 근대 정치학 수용 비교 분석」, 『온지논총』 제17집, 2007.
유길준, 허경진 옮김, 『서유견문』, 서울: 서해문집, 2004[1895].
이동수, 「대의민주주의를 넘어서」, 『OUGHTOPIA』 제20집 1호, 2005.
존 스튜어트 밀, 서병훈 옮김, 『대의정부론』, 파주: 아카넷, 2012.
채백, 『독립신문 연구』, 서울: 한나래, 2006.
최경숙, 『황성신문연구』, 부산: 부산외국어대학교출판부, 2010.
테렌스 볼·리처드 대거·대니얼 오닐, 정승현 외 옮김, 『현대정치사상의 파노라마』, 파주: 아카넷, 2006.
한림과학원 편, 『동아시아 개념연구 기초문헌해제』, 서울: 선인, 2010.

홍철기, 『「대표의 개념」과 『선거는 민주적인가』: 정치적 대표와 대의 민주주의의 미래』, 『진보평론』 제61호, 2014.
A. 토크빌, 임효선·박지동 옮김, 『미국의 민주주의 I』, 서울: 한길사, 1997.
福澤諭吉, 『福澤諭吉著作集 第1巻, 西洋事情』, 東京: 慶應義塾大学出版会, 2002.
福澤諭吉, 『福澤諭吉著作集 第4巻, 文明論之概略』, 東京: 慶應義塾大学出版会, 2002.

Birch, Anthony H., *Representation,* London: Macmillan, 1972.
Birch, Anthony H., *Representation and Responsible Government,* London: George Allen & Unwin, 1979.
Burke, Edmund, "Speech to the Electors of Bristol", *Speeches and Letters on American Affairs,* London: Everyman Edition, 1961[1774].
Dreyer, Frederick, *Burke's Politics: A Study in Whig Orthodoxy,* Waterloo: Wilfrid Laurier University Press, 1979.
Finer, Samuel E., *The History of Government from the Earliest Times Vol.2: Ancient Monarchies and Empires,* Oxford: Oxford University Press, 1997.
Finer, Samuel E., "The Contemporary Context of Representation", in *Representatives of the People?*, edited by Vernon Bogdanor, London: Gower, 1985.
Mill, John Stuart, "Considerations on Representative Government", *On Liberty and Other Essays,* Oxford: Oxford University Press, 2008[1861].
Palonen, Kari, "Reinhart Koselleck on Translation, Anachronism and Conceptual Change", in *Why Concepts Matter: Translating Social and Political Thought,* edited by Martin J. Burke and Melvin Richter, Leiden: Brill, 2012.
Pitkin, Hanna F., *The Concept of Representation,* Berkeley: University of California Press, 1967.
Runciman, David, "Hobbes's theory of representation: anti-democratic or proto-democratic?" in *Political Representation*, edited by Ian Shapiro, Susan C. Stokes, Elisabeth J. Wood, and Alexander S. Kirshner, Cambridge: Cambridge University Press, 2010.
Urbinati, Nadia, *Representative Democracy: Principles and Genealogy*, Chicago: The University of Chicago Press, 2006.
Urbinati, Nadia and Mark E. Warren, "The Concept of Representation in Contem-

porary Democratic Theory", *Annual Review of Political Science* 11, 2008.
Weale, Albert, *Democracy,* London: Macmillan, 2007.
Wheaton, Henry, 『萬國公法』(영인본), translated by William Martin, 서울: 亞細亞文化社, 1981[1864].
Wood, Gordon S. *Representation in the American Revolution,* London: University of Virginia, 2008[1969].

제3장

〈1차 자료〉

『書經』.
エミール·アコラス, 岸本辰雄·內藤直亮 譯,『佛國法典改正論』, 東京: 知新社, 1882.
トークヴィル, 肥塚竜 譯,『自由原論』, 東京: 有隣堂, 1882.
ヨハン·カスパルト·ブルンチェリー, 加藤弘之 譯,『國法汎論』, 東京: 文部省, 1872.
プロック, 加藤弘之 譯述,『西洋各國盛衰强弱一覽表』, 東京: 谷山楼, 1867.
加藤弘之,『立憲政體略』, 東京: 谷山楼, 1868.
吉野作造,『吉野作造評論集』, 東京: 岩波文庫, 1975.
戎雅屈·芦騒(ジャン·ジャック·ルーソー), 服部徳 譯,『民約論』, 東京: 有村壮一, 1877.
(和蘭)畢洒林, 西周 助譯,『和蘭畢灑林氏萬國公法』, 京都: 銭屋惣四郎[ほか5名], 1868.
西周, 大久保利謙 編,『百学連環』, 東京: 宗高書房, 1981[1870].
穗積陳重,『法窓夜話』, 東京: 有斐閣, 1916.
戎雅屈·婁騒(ジャン·ジャック·ルーソー), 原田潜 譯,『民約論覆義』, 東京: 春陽堂, 1883.
伊藤博文,『帝國憲法義解』, 東京: 國家學會, 1889.
蔣敦復 撰,「英志自序」,『嘯古堂文集』卷七, [出版地不明]: 上海道署, 1868.
井上毅,「地方自治意見書」,『井上毅伝 史料篇第二』, 東京: 国学院大学図書館, 1968.
戎雅屈·婁騒(ジャン·ジャック·ルーソー), 中江兆民 譯解,『民約譯解』, 東京: 仏学塾出版局, 1877.

シモン·ヒッセリングロ, 津田真道 譯,『泰西國法論』, 東京: 開成学校, 1868.
ヨハン·カスパルト·ブルンチェリー, 平田東助 譯,『國法汎論』, 東京: 司法省, 1888.
ヨング, 何礼之 譯,『政治略原』, 大坂: 敦賀屋九兵衛, 1873.
恵頓, 大築拙蔵 譯,『恵頓氏萬國公法』, 東京: 司法省, 1882.
恵頓, 丁韪良 譯,『萬國公法』, 東京: 万屋兵四郎, 1871[1864].
恵頓, 堤殻士志 譯,『萬國公法譯義』, 東京: 山城屋佐兵衛[ほか], 1869[1868].
黒田行元,『政體新論』, 京都: 文求堂, 1874.

Acollas, Émile, *Nécessité de refondre l'ensemble de nos codes et notamment le code Napoléon. au point de vue de l'idée démocratique*, Paris: Librairie Centrale, 1866.
Tocqueville, Alexis de, *Democracy in America*, translated by Henry Reeve, London: Saunders and Otley, 1835.
Tocqueville, Alexis de, *Democracy in America: Historical-critical edition of De la démocratie en Amérique*, edited by Eduardo Nolla, translated by James T. Schleifer, Indianapolis: Liberty Fund, 2010.
Wheaton, Henry and William Beach Lawrence, *Elements of International Law*, London: S. Low, 1863.
Young, Andrew W., *The Government Class Book: Designed for the Instruction of Youth in the Principles of Constitutional Government and the Rights and Duties of Citizens*, New York: Clark & Maynard, 1965[c.1859]

〈2차 자료〉

나인호,『개념사란 무엇인가: 역사와 언어의 새로운 만남』, 서울: 역사비평사, 2011.
박근갑·루치안 휠셔·롤프 라이하르트·김학이·고지현·고원·나인호·멜빈 릭터·이경구,『개념사의 지평과 전망』, 서울: 소화, 2009.
박병석,「중국 고대 유가의 '민' 관념: 정치의 주체인가 대상인가?」,『한국동양정치사상사연구』 제13권 2호, 2014.
베르너 콘체,「근대적 운동 속의 '민주주의'」, 라인하르트 코젤렉·오토 브루너·베르너 콘체 편, 나인호 옮김,『코젤렉의 개념사 사전 17: 민주주의와 독재』, 서울: 푸른역사, 2021.
성백효 역주,『현토완역 서경집전』, 서울: 전통문화연구회, 2012.
신철희,「'민'(demos) 개념의 이중성과 민주주의(demokratia)의 기원」,『한국정치연구』

제22권 2호, 2013.
이예안, 「[자료 정선] J.-J. Rousseau, *Du Contrat Social, ou Principes du droit politique*; 中江兆民, 『民約譯解』; 『皇城新聞』, 「盧梭民約」」, 『개념과 소통』 제9호, 2012.
진관타오·류칭펑, 양일모 외 옮김, 『(중국 근현대사를 새로 쓰는) 관념사란 무엇인가 1: 이론과 방법』, 서울: 푸른역사, 2010.
진관타오·류칭펑, 양일모 외 옮김, 『(중국 근현대사를 새로 쓰는) 관념사란 무엇인가 2: 관념의 변천과 용어』, 서울: 푸른역사, 2010.
페데리코 마시니, 이정재 옮김, 『근대 중국의 언어와 역사: 중국어 어휘의 형성과 국가어의 발전(1840~1898)』, 서울: 소명출판, 2005.
한스 마이어, 「역사운동의 지표로서 민주주의(19세기)」, 라인하르트 코젤렉·오토 브루너·베르너 콘체 편, 나인호 옮김, 『코젤렉의 개념사 사전 17: 민주주의와 독재』, 서울: 푸른역사, 2021.
홍태영, 『국민국가의 정치학: 프랑스 민주주의의 정치철학과 역사』, 서울: 후마니타스, 2008.
高澤弘明, 「西園寺公望のシラス論批判に関する一考察—『憲法義解』における井上毅の論旨をめぐって—」, 『法政論叢』 50(2), 2014.
野口忠彦, 「「民主主義」は適訳か. 「デモクラシー」訳語考序説 −1−」, 『政治·経済·法律研究』 12-1, 2009.
野口忠彦, 「「民主主義」は適訳か. 「デモクラシー」訳語考序説 −2−」, 『政治·経済·法律研究』 12-2, 2010.
野口忠彦, 「「民主主義」は適訳か. 「デモクラシー」訳語考序説 −3−」, 『政治·経済·法律研究』 13-1, 2010.
野口忠彦, 「「民主主義」は適訳か. 「デモクラシー」訳語考序説 −4−」, 『政治·経済·法律研究』 13-2, 2011.
野口忠彦, 「訳語「民主主義」使用の一般化」, 『政治·経済·法律研究』 16-1, 2013.
陳力衛, 「「民主」と「共和」: 近代日中概念の形成とその相互影響」, 『成城·経済研究』 194, 2011.

Bailey, Jackson H., "Prince Saionji and the Popular Rights Movement", *Journal of Asian Studies* 21, 1961.
Dewey, John, "Liberalism in Japan", in *John Dewey The Middle Works 1899–1924:*

Volume 11; 1918–1919, edited by Jo Ann Boydston, Carbondale: Southern Illinois University Press, 2008.
Ober, Josiah, "The Original Meaning of "Democracy": Capacity to Do Things. not Majority Rule", *Constellations* 15, 2008.
Spira, Ivo, *A Conceptual History of Chinese -Isms: The Modernization of Ideological Discourse, 1895–1925*, Leiden/Boston: BRILL, 2015.

〈데이터베이스〉
国立公文書館アジア歴史資料センター(https://www.jacar.go.jp/).
国立国会図書館デジタルコレクション(https://dl.ndl.go.jp/).
神戸大学附属図書館デジタルアーカイブ新聞記事文庫(http://www.lib.kobe-u.ac.jp/sinbun/).

〈신문 및 잡지〉
The Times.
『国家学会雑誌』.
『大坂毎日新聞』.
『福岡日日新聞』.
『時事新報』.
『二六新報』.

〈사전〉
イーストレーキ, 棚橋一郎 譯,『(ウェブスター氏新刊大辞)和訳字彙』, 東京: 三省堂, 1888.
ゼー·エッチ·ガビンス,『漢語英譯辭典』, 東京: 博聞本社, 1889~1892.
江島喜兵衛,『英和小字典(一名·小學校辭書)』, 東京: 江島喜兵衛, 1873.
桂川甫策 撰,『英仏單語便覽』, [出版地不明]: 理外無物楼, 1868.
高橋新吉·前田献吉·前田正名 編,『和譯英辭書』, Shanghai: American Presbyterian Mission Press, 1869.
高橋良昭 ほか 編,『(大正増補)和譯英辭林』, Shanghai: American Presbyterian Mission Press, 1871.
高杉東一 編譯,『英和新國民大辭書』, 大坂: 辻本尚書堂, 1888.

渡部万蔵,『法律辭書』, 東京: 法律辭書刊行会, 1926.
渡部万蔵,『法律辭書』, 東京: 法律辭書刊行会, 1929.
東京新製活版所 編,『和譯英辭書』, 東京: 東京新製活版所, 1873.
藤岡勝二,『大英和辭典』, 東京: 大倉書店, 1921.
羅布存徳, 井上哲次郎 訂增,『英華字典』, 東京: J.Fujimoto, 1883.
林曽登吉 編,『新選和英辭書』, 京都: 細川書房, 1893.
林弘之, *New English-Japanese Dictionary for Beginners*, 東京: 石塚猪男蔵, 1915.
武信由太郎 編,『武信和英大辭典』, 東京: 研究社, 1918.
棚橋一郎 編,『(新訳無双)英和辭書』, 東京: 戸田直秀, 1890.
杉江輔人 譯,『新デスク辭書』, 東京: 文海堂[ほか], 1889.
箱田保顕 纂譯,『(訂譯)大全英和辭書』, 東京: 誠之堂[ほか], 1885.
市川三喜·畔柳都太郎·飯島広三郎,『大英和辭典』, 東京: 富山房, 1931.
永井尚行 編,『新撰初學英和辭書』, 東京: 丸善商社, 1885.
長谷川辰二郎 編譯,『(袖珍挿圖)和譯英辭書』, 東京: 長谷川辰二郎, 1886.
蔵田屋清右衛門,『英和對譯袖珍辭書』, 東京: 蔵田屋清右衛門, 1869.
箸尾寅之助 編,『(袖珍挿畵)新譯和英辭書』, 大坂: 嵩山堂[ほか], 1887.
諸橋轍次,『大漢和辞典』, 東京: 大修館書店, 1960.
中村国太郎 編譯,『英和デスク辭書』, 東京: 大倉孫兵衛, 1888.
中村国太郎 編譯,『英和デスク辭書』, 東京: 大倉孫兵衛, 1892.
織田信義,『和佛辭書』, 東京: 丸善, 1899.
織田信義,『和佛辭書』, 東京: 丸善, 1905.
津田仙 [ほか]譯, 中村敬宇 校正,『英華和譯字典(乾)』, 東京: 山内輹, 1879~1881.
平文 編譯,『和英語林集成』, 神戸: 神戸市外国語大学研究会, 1872.
荒井欝[之助] 編,『英和對譯辭書』, 東京: 小林新兵衛, 1872.

제4장

〈1차 자료〉

スペンサー, 平松熊太郎 譯, 高田早苗 閲,『代議政體得失論』, 東京: 富山房, 1888.
國學院大學日本文化研究所 編,『近代日本法制史料集』第一 ロエスレル答議一, 東京: 國學院大學, 1979.
國學院大學日本文化硏究所 編,『近代日本法制史料集』第三 ロエスレル答議三, 東京: 國學院大學, 1980.
彌爾, 永峰秀樹 譯,『代議政體』1~4, 東京: 奎章閣, 1875~1878.
彌爾, 上田充 譯述,『綱目代議政體』, 大阪: 岡島寶玉堂, 1887(『日本立法資料全集』別巻827 復刻版).
弥児, 前橋孝義 譯,『代議政體』, 東京: 開新堂書店, 1890(『日本立法資料全集』別巻832 復刻版).
斯邊鎖, 鈴木義宗 譯述,『代議政體論』, 東京: 鈴木義宗, 1878.
斯邊鎖, 宮城政明 譯,『代議政體論覆義』, 東京: 加藤正七, 1883.
斯邊鎖, 島田豊 譯,『代議政體論』, 東京: 大倉書店, 1890.
斯邊鎖, 宮城政明 譯,『代議政體論』, 東京: 旭昇堂等, 1892.
ギゾー, 永峰秀樹 譯,『欧羅巴文明史』, 東京: 奎章閣, 1874~1877.
魏像, アンドリー 譯, 山口松五郎 重譯,『代議政體原論』, 東京: 加藤正七[ほか], 1883.
魏像, 漆間眞學 譯,『歐洲代議政體起原史』, 東京: 自由出版社, 1882~1883.

〈2차 자료〉
김태진,「마루야마 마사오의 관점에서 메이지유신을 읽는다: 박훈 지음,『메이지유신과 사대부적 정치문화』를 읽고」,『아시아리뷰』제10권 1호, 2020.
김태진,「[자료 정선] Thomas Hobbes, *Leviathan*: 홉스, 문부성 편집국,「주권론(主權論)」」,『개념과 소통』제26호, 2020.
나가누마 미카코, 김도형 외 옮김,『번역된 근대: 문부성〈백과전서〉의 번역학』, 서울: 성균관대학교출판부, 2021.
더글라스 하울랜드, 박은영 외 옮김,『서양을 번역하다: 문명개화 시대의 자유, 권리, 주권, 사회』, 서울: 성균관대학교출판부, 2021.
박훈,『메이지유신과 사대부적 정치문화』, 서울: 서울대학교출판문화원, 2019.
박훈,「근대일본의 공론정치와 민주주의」,『동아문화』제57집, 2019.
방광석,『근대일본의 국가체제 확립과정: 이토 히로부미와 '제국헌법체제'』, 서울: 혜안, 2008.
버나드 마넹, 곽준혁 옮김,『선거는 민주적인가: 현대 대의 민주주의에 대한 비판적 고찰』, 서울: 후마니타스, 2004.

서병훈, 「존 스튜어트 밀과 대의 민주주의」, 『수행인문학』 제36집, 2006.
서병훈, 「국민에 대한 거역? 존 스튜어트 밀의 '민주적 플라톤주의'」, 서병훈 외, 『왜 대의민주주의인가』, 서울: 이학사, 2011.
서병훈, 『위대한 정치: 밀과 토크빌, 시대의 부름에 답하다』, 서울: 책세상, 2017.
서병훈, 『민주주의: 밀과 토크빌』, 파주: 아카넷, 2020.
송석윤, 「대표제 개념의 헌법사적 연구」, 『헌법학연구』 제6권 1호, 2000.
양일모, 「J. S. Mill과 근대중국」, 『대동철학』 제17집, 2002.
오향미, 「정치적 '대표' 개념과 대의제」, 서병훈 외, 『왜 대의민주주의인가』, 서울: 이학사, 2011.
이관후, 「왜 대의민주주의가 되었는가?: 용례의 기원과 함의」, 『한국정치연구』 제25집 2호, 2016.
이태숙, 「존 스튜어트 밀의 의회론」, 『영국 연구』 제9호, 2003.
존 스튜어트 밀, 서병훈 옮김, 『대의정부론』, 파주: 아카넷, 2012.
타키 코지, 박삼헌 옮김, 『천황의 초상』, 서울: 소명출판, 2007.
프랑수아 기조, 임승휘 옮김, 『유럽 문명의 역사』, 파주: 아카넷, 2014.
홍철기, 「'대표의 허구'에 관한 연구: 토마스 홉스, 칼 슈미트, 한스 켈젠에게 있어서의 대리와 현시의 대표 이론」, 서울대학교 박사학위논문, 2016.
홍철기, 「대표민주주의의 역사와 이론: 직접 정치의 차선책에서 민주 정치의 최선책으로」, 『시민과 세계』 제32호, 2018.
홍철기, 「비밀 투표는 '민주적'인가?: 존 스튜어트 밀과 카를 슈미트의 비밀 투표 비판」, 『정치사상연구』 제24집 1호, 2018.
홍태영, 「기조(F. Guizot)의 이성의 주권론과 프랑스 정치문화」, 『정치사상연구』 제6집, 2002.
瀧井一博, 「象徴として天皇: 明治憲法下での議論」, 鈴木貞美·劉建輝 編, 『東アジアにおける知的交流: キイ·コンセプトの再検討』, 京都: 国際日本文化研究センター, 2013.
瀧井一博, 『ドイツ国家学と明治国制: シュタイン国家学の軌跡』, 東京: ミネルヴァ書房, 1999.
山室信一, 『法制官僚の時代』, 東京: 木鐸社, 1984.
山室信一, 「永峰秀樹訳「代議政体」の草稿(明治八年)について(資料)」, 『国学院法学』 19(3), 1981.

山室信一, 「永峰秀樹訳『代議政体』: ミル『代議政治論』の本邦初訳」, 『国学院法学』 49(2), 2011.
石田雄, 『日本近代史想史における法と政治』, 東京: 岩波書店, 1976.
澤大洋, 「明治最初期の選挙制度論の発展」, 『選挙研究』 5, 1990.
李セボン, 『「自由」を求めた儒者: 中村正直の理想と現実』, 東京: 中央公論新社, 2020.
沢田善太郎, 「有司専制: 明治期のJ·S·ミル受容と官僚制論」, 『ソシオロジ』 43(3), 1999.

Ankersmit, F. R., *Political Representation*, Stanford: Stanford University Press, 2002.
Freeden, Michael, *Ideologies and Political Theory: A Conceptual Approach*, Oxford: Clarendon Press, 1998.
Howland, Douglas, *Personal Liberty and Public Good: The Introduction of John Stuart Mill to Japan and China*, Toronto: University of Toronto Press, 2005.
Kantorowicz, Ernst H., *The King's Two Bodies: A Study in Mediaeval Political Theology*, Princeton: Princeton University Press, 1957.
Kelly, Duncan, "Carl Schmitt's Political Theory of Representation", *Journal of the History of Ideas* 65(1), 2004.
Krouse, Richard W., "Two Concept of Democratic Representation: Jame and John Stuart Mill", *The Journal of Politics* 44(2), 1982.
Kyu Hyun, Kim, *The Age of Visions and Arguments: Parliamentarianism and the National Public Sphere in Early Meiji Japan*, Cambridge: Harvard University Asia Center: Distributed by Harvard University Press, 2007.
Nicholson, Peter, "The Reception and Early Reputation of Mill's Political Thought", in *The Cambridge Companion to Mill*, edited by John Skorupski, New York: Cambridge University Press, 1998.
Pitkin, Hanna Fenichel, *The Concept of Representation*, Berkeley: University of California Press, 1972.
Schmitt, Carl, *Constitutional Theory*, translated by Jeffrey Seitzer, Durham: Duke University Press Books, 2008.
Skinner, Quentin, "Hobbes on Representation", *European Journal of Philosophy* 13(2), 2005.

제5장

〈1차 자료〉

イ.カ.ブルンチュリ, 従五位 加藤弘之 譯,『國法汎論』, 文部省, 1876.

イ.カ.ブルンチュリ, 平田東助 譯,『國法汎論』, 文部省, 1889.

加藤弘之,「民権進歩ノ状況東西相異ナレリ」,『史学会雜誌』17, 1891.

加藤弘之,『國體新論』(1874), 植手通有 編,『日本の名著 34 西周·加藤弘之』, 東京: 中央公論社, 1986.

〈2차 자료〉

가토 히로유키, 김도형 옮김,『도나리구사』, 서울: 도서출판 문사철, 2014.

가토 히로유키, 김도형 옮김,『입헌정체략·진정대의』, 서울: 세창출판사, 2017.

김도형,「1874年 加藤弘之의 民選議員設立 時機尙早論에 관한 一考察」,『인문연구』 제72호, 2014.

김도형,「근대 일본의 블룬칠리 수용과 한계에 관한 고찰: 가토 히로유키의 경우를 중심으로」,『日本文化研究』제73집, 2020.

나가누마 미카코, 김도형 외 옮김,『번역된 근대: 문부성 〈백과전서〉의 번역학』, 서울: 성균관대학교출판부, 2021.

박근갑,「한국에 건너온 블룬칠리 국가학」,『개념과 소통』제20호, 2017.

우남숙,「한국 근대 국가론의 이론적 원형에 관한 연구: 블룬츨리와 양계초의 유기체 국가론을 중심으로」,『한국정치외교사논총』제22집 1호, 2000.

이관후,「왜 '대의민주주의'가 되었는가?: 용례의 기원과 함의」,『한국정치연구』제25집 2호, 2016.

홍철기,「정치적 개념으로서의 '대의민주주의'의 역사: '대표', '민주주의', '토의에 의한 정부'의 개념사 및 지성사 연구에 대한 비판적 검토」,『한국정치연구』제30집 3호, 2021.

久保田哲,『帝国議会』, 東京: 中央公論新社, 2018.

山田央子,「ブルンチュリと近代日本政治思想: 国民観念の成立とその受容(下)」,『東京都立大学法学会雑誌』33(1), 1992.

安世舟,「明治初期におけるドイツ国家思想の受容に関する一考察—ブルンチュリと加藤弘之を中心として—」,『年報政治学·日本における西欧政治思想』, 東京: 岩波書店, 1975.
伊故海貴則, 「近世後期～幕末期における「議論」と「意思決定」の構造」, 『立命館大学人文科学研究所紀要』 115, 2018.
田頭愼一郎, 『加藤弘之と明治国家—ある「官僚学者」の生涯と思想』, 東京: 学習院大学, 2013.

제6장

〈1차 자료〉
中江兆民, 『中江兆民全集』, 東京: 岩波書店, 1983~1986.

〈2차 자료〉
김민철, 「루소의 사회계약 이론에 대한 역사적 독해」, 『역사비평』 제131호, 2020.
김민철, 「프랑스혁명에 대한 결산으로서의 19세기 정치사상」, 『사림』 제78호, 2021.
김석근, 「〈공공성〉, 공과 사 그리고 수기치인: '정의'와 '도덕' 담론과 관련해서」, 『오늘의 동양사상』 제22호, 2011.
김영욱, 「일반의지의 수학적 토대와 비관주의: 루소 『사회계약론』 2권 3장의 해석 문제」, 『한국정치연구』 제26집 1호, 2017.
김태진, 「나카에 조민의 루소 수용: 심장과 혈액의 은유와 집합적 신체(Body Politic)」, 『정치사상연구』 제23권 1호, 2017.
나종석, 「주희 공(公) 이론의 민주적 재구성의 가능성」, 『철학연구』 제128호, 2013.
노병호, 「공의여론과 민의」, 『일본사상』 제17호, 2009.
미조구치 유조, 고희탁 옮김, 『한 단어 사전, 공사(公私)』, 서울: 푸른역사, 2013.
미조구치 유조, 정태섭·김용천 옮김, 『중국의 공과 사』, 서울: 신서원, 2004.
박영도, 「주권의 역설과 유교적 공공성의 문법: 그 구조와 동학」, 『사회와 철학』 제27집, 2014.
박홍규, 「나카에 쵸민(中江兆民)의 평화이념과 맹자」, 『정치사상연구』 제11집 2호, 2005.
박훈, 「근대 일본의 공론정치와 민주주의」, 『동아문화』 제57호, 2019.
배병삼, 「유교의 공과 사」, 『동서사상』 제14집, 2013.

오근창,「일반의지의 두 조건은 상충하는가?: 루소와 자유롭도록 강제됨의 역설」,『철학사상』 제47호, 2013.
이상익,「루소와 주자의 정치철학」, 김용익 외,『루소, 정치를 논하다』, 서울: 이학사, 2017.
이예안,「나카에 조민의 '자유' 개념: 루소사상의 일본적 독해를 통한 개념 재구축」,『일본학』 제41호, 2015.
이예안,「中江兆民『民約譯解』의 번역과 정치사상: 법치주의와 덕치주의의 정치구상」,『일본사상』 제22호, 2012.
이혜경,「나카에 조민의 이상사회: 동양과 루소의 만남」,『철학사상』 제17호, 2003.
장 자크 루소, 김영욱 옮김,『사회계약론』, 서울: 후마니타스, 2018.
주희, 성백효 역주,『논어집주』, 서울: 전통문화연구회, 1990.
岡田清鷹,「『民約訳解』再考: 中江兆民と読者世界」,『Core Ethics』 6, 2010.
宮村治雄,『開国経験の思想史: 兆民と時代精神』, 東京: 東京大学出版会, 1996.
明治文化研究会 編,『明治文化全集』 4券 憲政篇, 東京: 日本評論社, 1992.
米原謙,「フランス時代の中江兆民」,『社會思想史研究』 12, 1988.
服部徳,『民約論』[1877],『日本立法資料全集』 別巻 833, 東京: 信山社出版, 2013.
山室信一·中野目徹 校註,『明六雑誌』 上, 東京: 岩波書店, 1999.
山田博雄,『中江兆民翻訳の思想』, 東京: 慶應義塾大学出版会, 2009.
山下重一,『スペンサーと日本近代』, 東京: 御茶の水書房, 1983.
小原薫,「あるべき政治社会の「理議」を求めて－中江兆民の政治社会像についての一考察」,『北大法学論集』 40, 1990.
松田宏一郎,「中江兆民における「約」と「法」」,『季刊日本思想史』 79, 2012.
原田潜,『民約論覆義』[1883],『日本立法資料全集』 別巻687, 東京: 信山社出版, 2011.
井上厚史,「中江兆民と儒教思想: 「自由権」の解釈をめぐって」,『北東アジア研究』 14·15, 2008.
井田進也,「明治初期『民約論』諸訳の比較検討」,『兆民をひらく: 明治近代の〈夢〉を求めて』, 東京: 光芒社, 2001.
井田進也,『中江兆民のフランス』, 東京: 岩波書店, 1987.
何鵬挙,「'理'の探索と国会－中江兆民の憲政論における政道と政体」,『相関社会科学』 24, 2014.
狭間直樹,「中江兆民『民約訳解』の歴史的意義について－「近代東アジア文明圏」形成史: 思想篇』, 石川禎浩·狭間直樹 編,『近代東アジアにおける翻訳概念の展開』, 京都: 京都大学人文科学研究所, 2013.

Leonhard, Jörn, "Translation as cultural transfer and semantic interaction: European variations of liberal between 1800 and 1830", in *Why Concepts Matter: Translating Social and Political Thought*, edited by Martin J. Burke and Melvin Richter, Leiden: Brill, 2012.

Pitkin, Hanna Fenichel, *The Concept of Representation*, Berkeley: University of California Press, 1967.

Richter, Melvin, "Introduction: Translation, the History of Concepts and the History of Political Thought", in *Why Concepts Matter: Translating Social and Political Thought*, edited by Martin J. Burke and Melvin Richter, Leiden: Brill, 2012.

제7장

〈1차 자료〉

カスパリー, 藤本直 譯,『政治学説史大要』, 東京: 刀江書院, 1933.

クールト·シユテルンベルヒ, 藤本直 譯,『政治学説史』, 東京: 政治学普及会, 1925.

モンテスキウ, 鈴木唯一 譯,『律例精義』, 東京: 瑞穂屋卯三郎, 1875.

モンテスキウ, 木村幹 譯,『世界大思想全集 5:「法の精神」,「君主論」』, 東京: 春秋社, 1928.

レーモンド·ゲッテル, 鷲野隼太郎 譯,『政治思想史』上巻, 東京: 聚英閣, 1928.

高橋清吾 編,『欧洲政治思想史』, 東京: 早稲田大学出版部, 1921.

堀達之助,『英和對譯袖珍辭書』, 江戸: [出版社不明], 1862.

今中次麿,『政治思想史』, 東京: 岩波書店, 1927.

刀江書院 編,『社会哲学叢書』第1, 東京: 刀江書院, 1936.

梁啓超,『飲冰室文集類編』下, 東京: 下河辺半五郎, 1904.

梁啓超, 夏曉虹 輯,『"飲冰室合集" 集外文』, 北京: 北京大學出版社, 2005.

孟德斯鳩, 嚴復 譯,『孟德斯鳩法意』, 上海: 商務印書館, 1931.

孟德斯鳩, 幾道嚴 (嚴復) 譯,『孟德斯鳩法意』, 上海: 商務印書館, 1906.
孟德斯鳩, 張相文·程柄熙 同譯,『萬法精理』(再版), 上海: 弘文堂, 1906.
孟德斯鳩, 張雁深 譯,『論法的精神』, 北京: 商務印書館, 1961.
孟德斯鳩, 何禮之 譯,『萬法精理』, 東京: 何礼之, 1875~1876.
木戸孝允,『木戸孝允日記』2, 東京: 早川良吉, 1933.
柴田昌吉,『附音挿圖英和字彙』, 横浜: 日就社, 1873.
신상초 역,『법의 정신』, 서울: 을유문화사, 1963.
野村淳治,『憲法講義』, 東京: 西北書院, 1938.
清宮四郎,「法の定立, 適用, 執行」,『法政論纂』, 東京: 刀江書院, 1931.
村瀬武比古,『政治学要綱』, 東京: 文精社, 1926.
坂崎斌 編,『譯書彙編』, 臺北: 學生書局, 2002.
片岡綱紀 編,『内外大家論説集』, 東京: 山中市兵衛, 1880.
豊島与志雄·大井征,『仏蘭西文学の知識』, 東京: 非凡閣, 1934.
『황성신문』(1906. 11. 7), https://nl.go.kr/newspaper/detail.do?content_id=CNTS-00093793190 (검색일: 2021. 9. 10).

Bondy, William, *The Separation of Governmental Powers in History, in Theory, and in the Constitution, Studies in History, Economics and Public Law*, New York: Columbia College, 1896.
Coolidge, Archibald Cary, *Theoretical and Foreign Elements in the Formation of the American Constitution*, Freiburg I. B.: Chr. Lehmann, 1892.
Goodnow, Frank J., *The Principle of the Administrative Law of the United States*, New York: G. P. Putnam's Sons, 1905.
Hart, Albert Bushnell, *American History Told by Contemporaries, Vol. II: Building of the Republic, 1689–1783*, New York: The Macmillan Company, 1898.
Maine, Henry Sumner, *Popular Government*, London: J. Murray, 1897.
Montesquieu, Charles de Secondat, *The Spirit of Laws*, translated by Thomas Nugent, Kitchener: Batoche Books, 2001[1752].
Spurlin, Paul Merrill, *Montesquieu in America 1760–1801*, Louisiana: Louisiana University Press, 1940.
Thorpe, Francis Newton, *The Constitutional History of the United States*, Chicago:

Callaghan & Co., 1901.

〈2차 자료〉

미조구치 유조, 고희탁 옮김, 『한 단어 사전, 공사』, 서울: 푸른역사, 2013.

미조구치 유조, 정태섭·김용천 옮김, 『중국의 공과 사』, 서울: 신서원, 2004.

박영철, 「엄복의 몽테스키외 번역과 중국의 근대화」, 『역사교육』 제92집, 2004.

송경호·김현, 「근대적 기본개념으로서 '민주주의(民主主義)'의 개념사: 19-20세기 일본에서의 번역과정을 중심으로」, 『한국정치학회보』 제55집 2호, 2021.

진관타오, 이기윤 옮김, 「중국 사회 근대적 전환의 역사단계: 키워드 중심의 관념사 연구」, 『개념과 소통』 제4호, 2009.

카토 슈이치, 타지마 테츠오·박진영 옮김, 「메이지 초기의 번역: 왜, 무엇을, 어떻게 번역했는가」, 『현대문학의 연구』 24, 2004.

宮永孝, 「カントの目に映じた日本」, 『社会志林』 67(3), 2020.

宮沢俊義, 『モンテスキュ―法の精神』, 東京: 岩波書店, 1936.

吉岡誠也, 「幕末開国と長崎通詞制度の課題: 長崎唐通事何礼之助の制度改革案を中心に」, 『論集きんせい』 38, 2016.

大淵利男, 「明治八年(一八七五年)刊孟徳斯鳩著何礼之重訳「万法精理」と財政論」, 『法学紀要』 24, 1982.

島田孝右, 「モンテスキュ―著『法の精神』と日本」, 『専修商学論集』 84, 2007.

藤本健一, 「厳復訳『法意』の法律語とその影響: 何礼之訳『萬法精理』との比較」, 『中国語研究』 56, 2014.

藤本健一, 「中国近代法律新語の研究―中日近代法律新語の成立及び相互の影響を中心に―」, 大東文化大學大學院 博士學位論文, 2015.

馬場慎, 「鈴木唯一と律例精義」, 『法政論叢』 23, 1987.

蕭高彦, 『探索政治現代性從馬基維利到嚴復』, 台北: 聯經出版公司, 2020.

孫應祥, 『嚴復年譜』, 福建人民出版社, 2003.

藪内吉彦, 「幕末における長崎での前島密の活躍: 何礼之·フルベッキとの英語師弟関係を中心に」, 『郵便史研究』 32, 2011.

王慶成·葉文心·林載爵 編, 『嚴復合集』 5, 台北: 財團法人辜公亮文教基金會, 1998.

佐光昭二, 「何礼之の大坂私塾について」, 『関西英学史研究』 1, 2005.

佐藤喜代治, 「漢語の源流: 「万法精理」の訳語について」, 『文芸研究』 60, 1968.

佐藤喜代治, 「「万法精理」の訳語について－続－」, 『国語学研究』 10, 1970.
朱鳳, 「何礼之とその翻訳書について: 『政治略原』の漢字翻訳語を中心に」, 『関西大学東西学術研究所紀要』 50, 2017.
陳力謂, 『近代知の飜訳と伝播: 漢語を媒介に』, 東京: 三省堂, 2019.
鄒振環, 『影向中國社會的一百種譯作』, 北京: 中國對外飜譯出版公司, 1996.
澤大洋, 「明治最初期の選挙制度論の発展」, 『選挙研究』 5, 1990.
皮後鋒, 『嚴復大傳』, 福州: 福建人民出版社, 2013.
許海華, 「長崎唐通事何礼之の英語習得[含何礼之履歴]」, 『関西大学東西学術研究所紀要』 44, 2011.
許海華, 「幕末明治期における長崎唐通事の史的研究」, 関西大學校 博士學位論文, 2012.

Bien, Joseph, "Montesquieu On Fundamental Law and Custom", *The Southwestern Journal of Philosophy* 3(3), 1972.
Britannica, "Seperation of Powers", https://www.britannica.com/topic/separation-of-powers (검색일: 2021. 9. 10).
Callanan, Keegan, "Montesquieu, liberalism and the critique of political universalism", Ph.D. dissertation, Duke University, 2011.
Courtois, Jean-Patrice, "The Climate of the *philosophes* during the Enlightenment", *MLN* 132(4), September, 2017.
Durkheim, Emile, *Montesquieu and Rousseau: Forerunners of Sociology*, Ann Arbor: University of Michigan Press, 1965.
Gilmore, Nathaniel K., "Montesquieu's considerations on the state of Europe", *Journal of the History of Ideas* 81, 2020.
Kow, Simon, "Enlightenment Universalism? Bayle and Montesquieu on China", *The European Legacy* 19(3), 2014.
Whelan, Frederick G., "Oriental Despotism: Anquetil-Duperron's Response to Montesquieu", *History of Political Thought* 22(4), 2001.

찾아보기

[ㅊ]

[ㅋ]

[ㅌ]

[ㅍ]

[ㅎ]

김범수

김범수는 서울대학교 외교학과에서 학사와 석사를 마친 후 미국 시카고대학교에서 정치학 석사·박사 학위를 받았다. 2010년부터 서울대학교 자유전공학부 교수로 재직 중이다. 현재 서울대학교 자유전공학부 학부장과 통일평화연구원 원장을 맡고 있다. 서울대학교 기초교육위원회 위원, 자유전공학부 부학부장 등을 역임했으며, 한국정치학회 부회장과 총무이사, 한국국제정치학회 연구이사, 한국정치사상학회 총무이사, 거버넌스 연구회 회장 등을 역임했다. 연구 주제는 정의론, 인권론, 평화론, 정체성의 정치, 민족주의, 다문화주의 등 현대정치 이론의 주요 분야를 포함한다.

대표 저서로 『한국 사회에서 공정이란 무엇인가』(2022), 『평화학이란 무엇인가』(2022, 공저), 『한일관계 갈등을 넘어 화해로』(2021, 공저), 『인권의 정치사상: 현대 인권 담론의 쟁점과 전망』(2010, 공저) 등이 있으며, 대표 논문으로 「칸트의 자유 개념과 평화론: 국가의 자유와 국제 공법의 양립가능성을 중심으로」(2019), “Are North Korean Compatriots ‘Korean’?: The Trifurcation of Ethnic Nationalism in South Korea during the Syngman Rhee Era (1948–1960)”(2019), “Bringing Class Back In: The Changing Basis of Inequality and the Korean Minority in Japan”(2008) 등이 있다.

홍철기

홍철기는 연세대학교 정치외교학과 학부를 졸업하고 서울대학교 정치학과 대학원에서 석사·박사 학위를 받았다. 현재 서강대학교 글로컬사회문화연구소 연구원, 서울대학교 한국정치연구소 객원연구원으로 재직 중이며, 서울대학교, 성균관대학교, 건국대학교 등에 출강했다. 주요 연구 주제는 민주주의, 포퓰리즘, 19~20세기 서양 정치사상사, 동아시아와 한국의 서양 정치 개념 및 이념 수용사 등이다.

대표 저서 및 역서로는 『현대정치의 위기와 비전』(2020, 공저), 『서양을 번역하다』(2021, 공역) 등이 있으며, 주요 논문으로는 「포퓰리즘 개념의 냉전 자유주의적 기원」(2022), 「비밀투표는 어떻게 민주적 제도가 되었는가?」(2021), 「슈미트의 『정치적 낭만주의』에서의 가톨릭 현실정치의 이론」(2020) 등이 있다.

이관후

이관후는 서강대학교 정치외교학과에서 학사와 석사를 마치고, 영국 런던대학교(UCL)에서 정치학 박사 학위를 받았다. 서강대학교, 경희대학교 등에 출강했고, 현재 건국대학교 상허교양대학 교수로 재직 중이다. 정치에 대한 관심이 현실 정치로도 이어져 국회의원 비서관, 행정안전부 장관 정책보좌관, 국무총리 연설비서관도 경험했다. 정치의 핵심이 '대표(representation)'에 있다고 여기고, 정치에서 대표 개념, 대표를 뽑는 제도와 대표자의 자질 등에 대한 연구를 지속하고 있다.

주요 공저로는 *South Korea' Democracy in Crisis* (2022), 『시민의 조건』(2022), 『탈서구중심주의와 그 너머』(2022), 『한국 민주주의, 100년의 혁명』(2019) 등이 있고, 역서로 『정치를 옹호함』(2021) 등이 있다. 최근 논문으로는 「한국 정치개혁의 전략적 변화 모색」(2022), 「한국정치의 맥락에서 본 개헌의 쟁점과 대안」(2020), 「연동형비례대표제와 주권의 재구성」(2019), 「통치 주체의 자격에 대한 역사적 고찰」(2019), 「시민의회의 대표성」(2018) 등이 있다.

송경호

송경호는 연세대학교 정치학과에서 박사 학위를 받았고 현재 연세대학교 정치학과 BK21 박사후연구원, 연세대학교 통일연구원 전문연구원으로 재직 중이다. 인권, 민주주의 등 19세기 동아시아의 정치 개념 수용에 관심을 두고 지성사·개념사 연구를 수행하고 있다.

주요 역서로는 『(완역) 서양사정』(2021, 공역), 『서양을 번역하다』(2021, 공역) 등이 있고, 주요 논문으로 「마리아 루스호 사건을 통해 본 메이지 일본에서의 인권 개념 수용」(2022), 「근대적 기본개념으로서 '민주주의(民主主義)'의 개념사」(2021), 「시큐리티(security)는 어떻게 '안보'가 되었을까?」(2020), "How Democracy Became *Minjujuui*: A Conceptual History of Democracy in Modern Korea with Focus on the Generalization Process of *Minjujuui*"(2023) 등이 있다.

김현

김현은 연세대학교 정치외교학과에서 학사를 마친 후 동 대학원에서 정치학 석사·박사 학위를 받았다. 현재 연세대학교 정치학과 BK21 박사후연구원으로 재직 중이다. 주요 연구 주제는 한국의 민주주의로, 이 주제를 정치사상사와 개념사 그리고 지방자치론의 다양한 차원에서 접근하는 연구를 하고 있다.

주요 논문으로 「지방자치이론에 관한 비판적 검토: 주민 주권론은 주민자치에 유용한 이론인가?」(2022), 「근대적 기본개념으로서 '민주주의(民主主義)'의 개념사」(2021), 「독립협회의 민주주의 사상의 급진화: 독립신문에 나타난 후견주의로부터 정치적 행동주의로의 전환을 중심으로」(2021) 등이 있다.

김태진

김태진은 서울대학교 외교학과에서 학사, 석사, 박사를 마친 후 이화여자대학교 정치외교학과 박사후연구원, 서울대학교 일본연구소 HK연구교수, 도쿄대학 외국인 연구원, 경희대학교 공공거버넌스 연구소 연구교수 등을 거쳐 2020년부터 동국대학교 일본학과 조교수로 재직 중이다. 전공은 일본 및 동아시아 정치사상사이며 정치, 종교, 문화 등에서의 신체 담론을 연구하고 있다.

공저서로는 『이용희의 정치학과 정치사상』(2023), 『근현대 동아시아 지식장과 정치변동』(2023), 『동양의 근대적 통치성』(2022), 『동북아 내셔널리즘의 형성과 변화』(2022) 등이 있으며, 역서로는 『번역된 근대: 문부성 〈백과전서〉의 번역학』(2021, 공역) 등이 있다. 주요 논문으로 「메이지 천황의 '신성'함의 기원들: 메이지헌법 신성불가침 조항의 의미에 대하여」(2021), 「천황의 세 신체: 메이지 천황은 어떻게 재현되는가?」(2021) 등이 있다.

김도형

김도형은 성균관대학교 철학과에서 학사를 마치고 동 대학교 동아시아학술원에서 석사 및 박사 학위를 받았다. 도쿄대학 리서치 펠로, 영남대학교 연구교수, 성균관대학교 HK연구교수 등을 거쳐 현재 세종대학교 국제학부 일어일문학 전공 조교수로 재직 중이다. 전공 분야는 일본 근대사상사이며, 지금은 주로 근대 일본에 수용된 서양사상의 변용과 그 동아시아적 영향 관계 등에 초점을 맞추어 연구를 진행하고 있다.

주요 저서 및 논문으로 『번역된 근대: 문부성 〈백과전서〉의 번역학』(2021, 공역), 『메이지유신의 침략성과 재인식의 문제』(2019, 공저), "Civilization Development and Religion in Modern Japan"(2022), "Just War and Anti-War: Two Stances of the Japanese Methodist Church toward the Russo-Japanese War"(2022), 「『국법범론』과 근대 일본의 대의제 인식: 가토 히로유키의 블룬칠리 번역수용을 중심으로」(2022), "COMPETITION AND HARMONY: Kato Hiroyuki's Naturalism and Ethics for Modern Japan"(2021), 「근대 일본의 블룬칠리 수용과 한계에 관한 고찰: 가토 히로유키의 경우를 중심으로」(2020) 등이 있다.

소진형

소진형은 이화여자대학교 신문방송학과에서 학사를 마치고 동 대학 정치외교학과에서 석사, 서울대학교 정치학과에서 박사 학위를 받았다. 현재 서울대학교 인문학연구원 선임연구원으로 재직 중이다. 전공 분야는 동아시아 정치사상사이며, 왕권 및 관료제, 조선 사회에 관심을 두고 연구해 왔다. 현재 주요 연구 관심사는 17세기부터 근대 초까지 유럽과 동아시아 사이의 번역, 지식의 유통, 변용이다.

공역서로 『서양을 번역하다』(2021)가 있고, 최근 논문으로 「조선 지식인의 서양 번역서 독해방식: 전병훈, 『정신철학통편(精神哲學通編)』의 사례를 중심으로」(2022), 「신유사옥(辛酉邪獄) 이전 천주교에 대한 국가적 대응과 그 정치적 의미: 천주교에 대한 여론형성과 사회의 보수화적 관점에서」(2022), 「조선후기 우주력과 정치에 대한 새로운 관념: 『경세지장』과 『황극일원도』를 중심으로」(2022), 「몽테스키외 『법의 정신』의 동아시아적 번역과 번역의 연쇄: 19세기 말 20세기 초 일본과 중국의 『법의 정신』 번역서의 정치개념을 중심으로」(2021) 등이 있다.